o
marxismo
ocidental

domenico losurdo

o marxismo ocidental

COMO NASCEU, COMO MORREU, COMO PODE RENASCER

TRADUÇÃO
ANA MARIA CHIARINI E DIEGO SILVEIRA COELHO FERREIRA

© desta edição, Boitempo, 2018
© Gius. Laterza & Figli, 2017
Todos os direitos reservados

Título original: *Il marxismo occidentale. Come nacque, come morì, come può rinascere*

Direção editorial Ivana Jinkings
Edição Isabella Marcatti
Assistência editorial Thaisa Burani e Artur Renzo
Tradução Ana Maria Chiarini e
Diego Silveira Coelho Ferreira
Preparação Silvana Cobucci
Revisão Luiz Pereira e Thaisa Burani
Coordenação de produção Livia Campos
Capa Maikon Nery
Diagramação Antonio Kehl

Equipe de apoio: Allan Jones, Ana Carolina Meira, Ana Yumi Kajiki, André Albert,
Bibiana Leme, Carolina Yassui, Eduardo Marques, Elaine Ramos, Frederico Indiani,
Heleni Andrade, Isabella Barboza, Ivam Oliveira, Kim Doria, Luciana Dantas, Marlene Baptista,
Maurício Barbosa, Renato Soares, Thaís Barros, Tulio Candiotto, Valéria Ferraz

CIP-BRASIL. CATALOGAÇÃO NA PUBLICAÇÃO
SINDICATO NACIONAL DOS EDITORES DE LIVROS, RJ

L89m

Losurdo, Domenico, 1941-
    O marxismo ocidental : como nasceu, como morreu, como pode renascer /
Domenico Losurdo ; tradução Ana Maria Chiarini, Diego Silveira Coelho
Ferreira. - 1. ed. - São Paulo : Boitempo, 2018.

    Tradução de: Il marxismo occidentale : come nacque, come morì, come
può rinascere
    Inclui bibliografia e índice
    ISBN 978-85-7559-613-5

    1. Marx, Karl, 1818-1883. 2. Socialismo - História - Séc. XX. 3. Filosofia
marxista. 4. Teoria crítica. I. Chiarini, Ana Maria. II. Ferreira, Diego Silveira
Coelho. II. Título.

18-48777

CDD: 335.409
CDU: 330.85(09)

É vedada a reprodução de qualquer parte deste livro sem a expressa autorização da editora.

1ª edição: junho de 2018;
1ª reimpressão: setembro de 2019; 2ª reimpressão: março de 2021

BOITEMPO
Jinkings Editores Associados Ltda.
Rua Pereira Leite, 373
05442-000 São Paulo-SP
Tel.: (11) 3875-7250 / 3875-7285
editor@boitempoeditorial.com.br | www.boitempoeditorial.com.br
www.blogdaboitempo.com.br | www.facebook.com/boitempo
www.twitter.com/editoraboitempo | www.youtube.com/tvboitempo

SUMÁRIO

PREFÁCIO – O QUE É O "MARXISMO OCIDENTAL"?......................9

NOTA DO AUTOR...15

I – 1914 E 1917: NASCIMENTO DO MARXISMO OCIDENTAL E ORIENTAL.......17

    1. A GUINADA DE AGOSTO DE 1914 NO OESTE.............................17

    2. ... E A GUINADA DE OUTUBRO DE 1917 NO LESTE.....................20

    3. ESTADO E NAÇÃO NO OESTE E NO LESTE 23

    4. A "ECONOMIA DO DINHEIRO" NO OESTE E NO LESTE 28

    5. A CIÊNCIA ENTRE A GUERRA IMPERIALISTA E A REVOLUÇÃO
ANTICOLONIAL...31

    6. MARXISMO OCIDENTAL E MESSIANISMO 35

    7. A LUTA CONTRA A DESIGUALDADE NO OESTE E NO LESTE.......39

    8. AS FRÁGEIS FRONTEIRAS ENTRE MARXISMO OCIDENTAL E
MARXISMO ORIENTAL...41

    9. O DIFÍCIL RECONHECIMENTO RECÍPROCO ENTRE DUAS LUTAS PELO
RECONHECIMENTO 44

II – SOCIALISMO *VS.* CAPITALISMO OU ANTICOLONIALISMO *VS.*
COLONIALISMO? 49

    1. DA REVOLUÇÃO "APENAS PROLETÁRIA" ÀS REVOLUÇÕES ANTICOLONIAIS ..49

    2. A QUESTÃO NACIONAL E COLONIAL NO CORAÇÃO DA EUROPA.................53

    3. OS PAÍSES SOCIALISTAS NA "ÉPOCA DAS GUERRAS NAPOLEÔNICAS"...........55

    4. O DILEMA DE DANIELSON E OS DOIS MARXISMOS 59

    5. OS DOIS MARXISMOS NO INÍCIO E NO FIM DA SEGUNDA GUERRA DOS
TRINTA ANOS 64

III – Marxismo ocidental e revolução anticolonial:
um encontro malogrado...69

   1. O debate Bobbio-Togliatti no ano de Dien Bien Phu....................69

   2. O Marx mutilado de Della Volpe e Colletti................................72

   3. "Operarismo" e condenação do terceiro-mundismo 75

   4. Althusser entre anti-humanismo e anticolonialismo...................78

   5. A regressão idealista e eurocêntrica de Althusser......................82

   6. Herança e transfiguração do liberalismo em Bloch 86

   7. Horkheimer, do antiautoritarismo ao filocolonialismo...........89

   8. O universalismo imperial de Adorno..93

   9. Quem não quer falar do colonialismo deve calar-se também
      sobre o fascismo e o capitalismo...97

   10. Marcuse e a penosa redescoberta do "imperialismo"..................101

   11. O 4 de agosto da "teoria crítica" e da "utopia concreta" 104

   12. 1968 e o equívoco generalizado do marxismo ocidental...........107

   13. O anticolonialismo populista e idealista de Sartre...................111

   14. Timpanaro entre anticolonialismo e anarquismo.....................115

   15. O isolamento de Lukács 117

IV – Triunfo e morte do marxismo ocidental...............................119

   1. Ex Occidente lux et salus!..119

   2. O culto a Arendt e o recalque da relação
      colonialismo-nazismo 122

   3. O Terceiro Reich, da história do colonialismo à
      história da loucura 130

   4. No banco dos réus: o colonialismo ou suas vítimas?...................136

   5. Com Arendt, do Terceiro Mundo ao "hemisfério ocidental" 139

   6. Foucault e o recalque dos povos coloniais da história 142

   7. Foucault e a história esotérica do racismo… 144

   8. … e da biopolítica..150

   9. De Foucault a Agamben (passando por Levinas)......................156

   10. Negri, Hardt e a celebração esotérica do Império.....................161

V – Recuperação ou último suspiro do marxismo ocidental? 165

   1. O anti-imperialismo de *Žižek* 165

   2. *Žižek*, o desprezo da revolução anticolonial e a
      demonização de Mao 169

   3. Harvey e a absolutização das "rivalidades interimperialistas".172

4. Ah, se Badiou tivesse lido Togliatti!...............................174

5. "Transformação do poder em amor", "teoria crítica", "grupo em fusão", renúncia ao poder 179

6. A luta contra a "frase", de Robespierre a Lênin 183

7. A guerra e a certidão de óbito do marxismo ocidental 186

VI – Como o marxismo no Ocidente pode renascer 191

1. Marx e o futuro em quatro tempos 191

2. A longa luta contra o sistema colonialista-escravista mundial 194

3. Dois marxismos e duas diferentes temporalidades 200

4. Recuperar a relação com a revolução anticolonialista mundial 203

5. A lição de Hegel e o renascimento do marxismo no Ocidente 206

6. Oriente e Ocidente: do cristianismo ao marxismo.................... 210

Referências bibliográficas 215

Índice onomástico 227

PREFÁCIO
O QUE É O "MARXISMO OCIDENTAL"?

A expressão que dá título a este trabalho deve sua sorte ao livro com o qual, em 1976, um filósofo inglês, marxista e comunista (trotskista) militante, convidava o "marxismo ocidental" a finalmente declarar seu total distanciamento e sua independência em relação à caricatura de marxismo dos países oficialmente socialistas e marxistas, situados no Leste. O alvo era particularmente a União Soviética. Aqui, não obstante a Revolução de Outubro e a lição de Lênin, o marxismo era, àquela altura, uma "lembrança do passado"; Stálin e "a coletivização" tinham dado "fim a todo trabalho teórico sério". A "China popular" não ia muito melhor: vê-la como um "modelo alternativo" significava confirmar "a heteronomia política do marxismo ocidental". Essa crítica se dirigia também aos próprios partidos comunistas do Ocidente, caracterizados pela "absoluta fidelidade às posições soviéticas" e, portanto, de fato orientais ou orientalizantes[1].

A acusação não poupava sequer o partido que, com Gramsci e Togliatti, constantemente conjugara a afirmação do valor universal da Revolução de Outubro com a ênfase nas profundas diferenças políticas e culturais entre Leste e Oeste – e, logo, com a teorização da necessidade de elaborar uma via nacional para o socialismo, adequada às exigências de um país firmemente estabelecido no Ocidente. O filósofo inglês era implacável: "Os intelectuais (assim como os trabalhadores, não seja por isso) filiados a um partido comunista de massa, a menos que fossem cooptados pelo grupo dirigente, não podiam

---

[1] Perry Anderson, *Il dibattito nel marxismo occidentale* (trad. Franco Moretti, Roma/Bari, Laterza, 1977 [1976]), p. 28, 131 e 61 [ed. bras.: *Considerações sobre o marxismo ocidental / Nas trilhas do materialismo histórico*, trad. Fábio Fernandes, São Paulo, Boitempo, no prelo].

10   O MARXISMO OCIDENTAL

se permitir a mínima opinião pessoal sobre os problemas políticos decisivos". E, assim, "Gramsci tornou-se a referência ideológica oficial do PCI: não deixava de ser invocado em todas as circunstâncias possíveis, mas seus escritos foram manipulados e ignorados"[2]. De que maneira os obtusos guardiães de um horrendo deserto cultural conseguiam atrair uma massa de intelectuais aguerridos e sofisticados, exercer uma extraordinária influência e hegemonia na cultura italiana e gozar de grande prestígio no cenário internacional, tudo isso era um mistério.

Perry Anderson não foi o primeiro a notar a lacuna entre o marxismo ocidental e o oriental. Escrevendo nos primeiros anos da Guerra Fria, um eminente filósofo francês, Maurice Merleau-Ponty, observava:

> A política revolucionária, que, na perspectiva de 1917, deveria suceder historicamente a política "liberal" – pressionada por difíceis problemas de organização, defesa e desempenho –, tornou-se, no entanto, cada vez mais uma política de países novos, o modo como economias semicoloniais (ou civilizações paralisadas há séculos) podiam passar para os modernos modos de produção. O imenso aparato erguido por essa política, com suas regras e seus privilégios, ao mesmo tempo que se demonstra eficaz para implantar uma indústria ou fazer trabalhar um proletariado ainda virgem, debilita a posição do proletariado como classe dirigente e deixa sem herdeiros o mistério civilizacional que, segundo Marx, o proletariado ocidental carregava [consigo].[3]

Um ano antes, em Dien Bien Phu, o poderoso e experiente Exército da França colonialista fora fragorosamente derrotado pelo movimento e pelo Exército popular vietnamita, guiados pelo Partido Comunista. Em toda a Ásia reverberava o eco da vitória estratégica do anticolonialismo que levara à fundação da República Popular da China. Sim, o comunismo se revelava a força dirigente das revoluções anticoloniais e, uma vez conquistado o poder, do desenvolvimento acelerado de que urgentemente necessitavam as "economias semicoloniais". Os resultados e sucessos eram inegáveis, mas – perguntava-se o filósofo francês – e

---

[2]   Ibidem, p. 59 e 55.

[3]   Maurice Merleau-Ponty, *Umanismo e terrore / Le avventure della dialettica* (trad. Andrea Bonomi, Milão, Sugar, 1965), p. 431 [ed. bras.: *Humanismo e terror: ensaio sobre o problema comunista*, trad. Naume Ladosky, Rio de Janeiro, Tempo Brasileiro, 1968; *As aventuras da dialética*, trad. Cláudia Berliner, São Paulo, Martins Fontes, 2006].

O que é o "marxismo ocidental"? 11

quanto ao comunismo que o "proletariado ocidental" tinha a tarefa de erguer, ao menos aos olhos de Marx e do "marxismo 'ocidental'"[4]?

Defrontamo-nos aqui pela primeira vez com a expressão "marxismo 'ocidental'". Mas este não era positivamente contraposto ao marxismo oriental. Na verdade, mesmo no âmbito de uma crítica abrangente de Marx e do comunismo, o alvo principal era justamente o marxismo "ocidental". Uma vez dissipadas as esperanças iniciais de uma sociedade radicalmente nova e do "declínio do aparelho estatal", impunha-se uma conclusão: "o comunismo, hoje, caminha ao lado do progressismo", e o progressismo não podia ignorar as condições concretas do país ou da área em que ocorria a ação política. Rompendo com a perspectiva messiânica da regeneração completa da humanidade, era preciso se orientar caso a caso: "Onde a escolha se dá entre a fome e o aparato comunista, a decisão [a favor deste último] é óbvia", e provavelmente, para o filósofo francês, a decisão também era óbvia quando se tratava de escolher entre a submissão colonial e a revolução anticolonial (normalmente dirigida pelos comunistas). O Ocidente, porém, apresentava um quadro bem diferente: a revolução comunista era realmente necessária e benéfica? E quais seriam seus resultados concretos[5]?

Vários eram os aspectos frágeis dessa tomada de posição. Em primeiro lugar, a fim de melhor refutá-la, o filósofo francês acentuava a tendência messiânica presente em Marx e Engels. Não levava em conta que eles ora falam da "extinção do Estado" enquanto tal, ora da "extinção do Estado em sua atual acepção política"; somente a primeira formulação pode ser tachada de messiânica (e anarquista)[6]. Em segundo lugar, Merleau-Ponty evitava se interrogar sobre a possível relação entre a liquidação do colonialismo em todas as suas formas e a edificação da sociedade pós-capitalista. Em terceiro lugar, e principalmente: podemos considerar a luta anticolonialista um problema exclusivo do Oriente? Seria inadmissível apoiar a luta contra a submissão colonial ou neocolonial e, ao mesmo tempo, absolver os responsáveis por tal política. E não apenas por razões éticas: as duas guerras mundiais demonstraram que o expansionismo colonial desembocava em desastrosas rivalidades interimperialistas de impacto global; o incêndio provocado poucos anos antes por Hitler na tentativa de erguer na

---

[4] Ibidem, p. 238 e seg.

[5] Ibidem, p. 430 e 432.

[6] Domenico Losurdo, *Antonio Gramsci dal liberalismo al "comunismo critico"* (Roma, Gamberetti, 1997), cap. 5, § 1-2 [ed. bras.: *Antônio Gramsci: do liberalismo ao "comunismo crítico"*, trad. Teresa Ottoni, Rio de Janeiro, Revan, 2011].

Europa Oriental um império colonial alemão provocou um incêndio também no Ocidente e na própria Alemanha.

Uma vez estabelecidas essas críticas, deve ser reconhecido ao filósofo francês o mérito de ter sido o primeiro a identificar as razões político-sociais objetivas que estimulavam o distanciamento entre os dois marxismos. No Oriente – e, na prática, em todos os países onde os comunistas haviam conquistado o poder –, o problema prioritário para os dirigentes políticos não era promover a "desintegração do aparelho estatal", mas outro bem diferente: como evitar o perigo da submissão colonial ou neocolonial e de que maneira superar o atraso em relação aos países industrialmente mais avançados?

Merleau-Ponty estava bem distante do repúdio ao marxismo oriental em prol do ocidental. Se quisermos encontrar um precedente para o posicionamento de Anderson, teremos de investigar em outra direção. Antes do filósofo britânico e do filósofo francês, foi Max Horkheimer quem, em 1942, chamou a atenção para a reviravolta verificada no país da Revolução de Outubro: os comunistas soviéticos tinham abandonado a perspectiva da "supressão dos Estados" para se concentrar no problema do desenvolvimento acelerado da "pátria industrialmente atrasada"[7]. Era uma observação apropriada, infelizmente formulada como desdenhosa condenação. A *Wehrmacht* estava às portas de Moscou e era grotesco lamentar ou indignar-se pelo fato de que os líderes soviéticos não se preocupavam em realizar o ideal da extinção do Estado (Hitler teria, à sua maneira, compartilhado a mesma queixa ou a mesma indignação!). O filósofo alemão não percebia que era justamente o comportamento que ele acusava o que permitia à União Soviética escapar da submissão colonialista e escravista à qual o Terceiro Reich queria submetê-la. A luta desesperada conduzida no Oriente para resistir a uma guerra colonial de dizimação e de escravização parecia irrelevante no Ocidente aos olhos de um filósofo que, de Marx, apreciava não o programa de transformação revolucionária do real, mas apenas a conquista, num futuro remoto, do ideal de uma sociedade sem contradições e conflitos, e, portanto, que não carecesse de um aparelho de Estado.

Um quarto de século mais tarde, Horkheimer novamente trazia à baila o tema da extinção do Estado[8], embora desta vez já não remetesse aos autores do *Manifesto Comunista*, mas sim a Schopenhauer. No mais, enquanto, de um

---

[7] Ver, neste volume, cap. 3, § 7.

[8] Max Horkheimer, "Marx oggi", em Werner Brede (org.), *La società di transizione* (Turim, Einaudi, 1979), p. 154 e 160.

O QUE É O "MARXISMO OCIDENTAL"? 13

lado, prestava homenagem a Marx ("chegou finalmente o momento de fazer da doutrina marxiana, no Ocidente, uma das principais matérias de ensino"), do outro, expressava sua irritação pelo fato de que "em muitos países orientais ela serve como ideologia útil para recuperar a vantagem conquistada pelo Ocidente na produção industrial". A "doutrina marxiana" aqui celebrada não tinha nenhuma relação com o problema do desenvolvimento das forças produtivas que, por sua vez, se impunha à atenção, por exemplo, do Vietnã do Norte, empenhado em se defender de uma bárbara agressão, pronta inclusive a fazer uso de armas químicas e ainda assim considerada com indulgência, e até mesmo apoiada, por Horkheimer. Como em 1942, a utopia em 1968 olhava com desprezo para as lutas dramáticas travadas no Oriente, que eram o resultado não de uma escolha subjetiva, mas sobretudo de uma situação objetiva. Mesmo sem recorrer a essa expressão, o marxismo ocidental já voltara as costas para o marxismo oriental.

Somos obrigados a nos fazer algumas perguntas: quando começou a se manifestar o afastamento entre os dois marxismos? Com o advento da autocracia de Stálin, como sustenta Anderson? E se tivesse começado no dia seguinte à Revolução de 1917? E se as primeiras fissuras tivessem emergido já no momento em que a unidade parecia mais sólida que nunca, fortalecida pela indignação geral com a imunda carnificina da Primeira Guerra Mundial e com o sistema capitalista-imperialista acusado de provocá-la? E se as fissuras e o sucessivo distanciamento, para além da diversidade da situação objetiva e da tradição cultural, remetessem aos limites teóricos e políticos, em primeiro lugar, do marxismo ocidental, o mais sofisticado e aguerrido no plano acadêmico?

Era longo o caminho percorrido pelo manifesto com que Anderson proclamava a excelência de um marxismo ocidental finalmente liberto do abraço sufocante do marxismo oriental. Uma vida nova e brilhante parecia delinear-se para o primeiro; na realidade, era a premissa do suicídio. Estamos às voltas com importantes capítulos da história política e filosófica amplamente ignorados e que meu livro pretende reconstruir a fim de também se interrogar sobre as perspectivas de renascimento, sob novas bases, do marxismo ocidental.

NOTA DO AUTOR

Nos textos citados, o itálico foi deliberadamente mantido, suprimido ou modificado a fim de atender às exigências de destaque das palavras surgidas na exposição. Não se faz referência às modificações eventualmente realizadas nas traduções italianas utilizadas.

Na pesquisa bibliográfica e na revisão do texto tive a ajuda de Stefano Azzarà, Paolo Ercolani, Elena Fabrizio, Giorgio Grimaldi (que também organizou o índice onomástico) e Aldo Trotta. A todos o meu agradecimento.

I
1914 E 1917: NASCIMENTO DO MARXISMO OCIDENTAL E ORIENTAL

1. A GUINADA DE AGOSTO DE 1914 NO OESTE...

A história que me proponho reconstruir começa a se delinear entre agosto de 1914 e outubro de 1917, entre a eclosão da Primeira Guerra Mundial e a vitória da Revolução de Outubro. Na esteira desses dois acontecimentos históricos, o marxismo conhece uma difusão planetária que o projeta para além das fronteiras do Ocidente em que permanecera confinado na época da Segunda Internacional. No entanto, há o outro lado da moeda desse triunfo: o encontro com culturas, situações geopolíticas e condições econômico--sociais tão distintas entre si estimula um processo interno de diferenciação, com o surgimento de contradições e conflitos antes desconhecidos. Para compreendê-los, somos obrigados a nos questionar sobre as motivações de fundo que levam à adesão ao movimento comunista e marxista que toma forma naqueles anos.

No Ocidente, a guinada histórica radical, aliás, apocalíptica, é sem dúvida representada pela eclosão e propagação da Primeira Guerra Mundial. O cansaço, o desgosto, a indignação pela interminável carnificina, tudo isso promove a rápida difusão do movimento comunista. É sintomático o que acontece na Itália já nos meses ou semanas que antecedem a ascensão dos bolcheviques ao poder. Entre os eventos de fevereiro e outubro, dois delegados do governo provisório, que se constituíra em Moscou após a derrubada da autocracia tsarista, visitam Turim para estabelecer contatos com um país aliado na guerra em curso e para fazer frente às crescentes tendências pacifistas. Antes mesmo de sua chegada, eles deixam clara sua categórica hostilidade em relação aos bolcheviques (que reivindicam a paz imediata). No entanto, quando os dois enviados do governo

18 O MARXISMO OCIDENTAL

de Kerenski surgem no balcão do palácio Siccardi, a multidão de 40 mil trabalhadores que os aguardava explode com um grito de "Viva Lênin".

Para ser exato, estamos no dia 13 de agosto de 1917. Dez dias depois, erguem-
-se as barricadas para fortalecer o repúdio à guerra, mas a consequência é que
a própria cidade de Turim é declarada zona de guerra: a palavra está com os
tribunais militares[1]. Poderíamos dizer que a massa de manifestantes e revoltosos
adere à Revolução de Outubro ainda antes que esta aconteça, e que tal adesão
se dá na esteira da luta contra a guerra. Nos dias de hoje, é politicamente correto falar do Outubro de 1917 na Rússia não como uma revolução, mas como
golpe de Estado; porém, vemos o protagonista desse suposto golpe de Estado
provocar uma quase revolução a milhares de quilômetros de distância, e fazer
isso já com seu nome e ainda antes de chegar ao poder! Isso acontece porque
seu nome e o partido por ele guiado estão indissoluvelmente ligados à total
condenação da guerra e do sistema político-social acusado de tê-la provocado.

É esse clima espiritual que explica no Ocidente a formidável capacidade
de atração que a Revolução de Outubro exerce não apenas sobre as massas,
mas também sobre intelectuais de primeiríssimo nível. Pensemos na evolução
de György Lukács. Em sua autobiografia, ele recorda: "o interesse pela ética
me levou à revolução"; o interesse pela ética une-se ao repúdio à guerra, vivida
como negação completa das mais elementares normas morais:

> Eu era um ardente antibelicista. [...] Minha aversão ao positivismo também tinha
> motivações políticas. Embora, de fato, condenasse a situação na Hungria, eu não
> estava nem um pouco disposto a aceitar como ideal o parlamentarismo inglês [ele
> próprio protagonista do massacre bélico]. Mas na época eu não via nada capaz
> de substituir o que já existia. E é desse ponto de vista que a revolução de 1917 me
> tocou tão profundamente, porque, de repente, surgia no horizonte a expectativa
> de que as coisas podiam ser diferentes. Independentemente da postura assumida
> em relação a esse evento, o fato é que ele transformou a vida de todos nós, de uma
> parcela notável de minha geração.[2]

De forma semelhante argumenta Ernst Bloch, que, ao falar do jovem filósofo húngaro, e também de si próprio, observa: "No início da guerra, em 1914,

---

[1] Giuseppe Fiori, *Vita di Antonio Gramsci* (Bari, Laterza, 1966), p. 128-9.

[2] György Lukács, *Pensiero vissuto: autobiografia in forma di dialogo – intervista di István Eörsi*
(trad. Alberto Scarponi, Roma, Editori Riuniti, 1983), p. 66 e 53.

1914 E 1917: NASCIMENTO DO MARXISMO OCIDENTAL E ORIENTAL   19

estávamos completamente perdidos. Essa guerra se tornou um fator decisivo para o desenvolvimento de cada um de nós. Para ele [Lukács], a ligação com o movimento comunista foi ao mesmo tempo um apoio e um refúgio"[3]. Mesmo sem estabelecer relações orgânicas com o partido e o movimento comunista, no plano das ideias o jovem filósofo alemão chega a conclusões parecidas com as do jovem filósofo húngaro. Mais tarde, Bloch irá declarar que enxergou a "revolução russa" com um "júbilo libertador sem precedentes"[4]. De acordo com seu *Espírito da utopia*, escrito em grande parte durante os anos da guerra, um período entre os "mais infames da história", se "sobre a Europa", responsável pela guerra, "paira a morte eterna", devemos saudar o fato de que o país surgido da Revolução de Outubro resista à agressão desta ou daquela potência capitalista. Sim, "a república marxista russa permanece indômita". Seja como for, mais do que nunca se impõe a "autêntica revolução total" invocada por Marx, que realize a "liberdade" e assinale "o início da história do mundo depois da pré-história"[5].

A Revolução de Outubro é a verdade finalmente encontrada por aqueles empenhados em dar concretude à luta contra a guerra, ou melhor, contra o "genocídio" (*Völkermord*) em curso, recorrendo desta vez à linguagem de dois líderes do movimento socialista e antimilitarista – a saber, Rosa Luxemburgo e Karl Liebknecht. Os futuros dirigentes da Revolução de Outubro (alguns dos quais se formaram no Ocidente) também leem e vivem a Primeira Guerra Mundial como a demonstração definitiva do horror intrínseco ao sistema capitalista-imperialista e da absoluta necessidade de sua derrubada. Para dar alguns exemplos: Bukharin fala da "horrenda fábrica de cadáveres"; Stálin, de "extermínio em massa das forças vivas dos povos". De particular eloquência é o quadro traçado por Trótski: "O trabalho de Caim da imprensa 'patriótica'" das duas alianças contrapostas é "a demonstração irrefutável da decadência moral da sociedade burguesa". Sim, a humanidade mergulha novamente numa "barbárie cega e despudorada": assiste-se à irrupção de uma "insana competição sangrenta" pelo uso da técnica mais avançada para fins bélicos; é uma "barbárie científica", que se apoia nas grandes descobertas da humanidade "apenas para destruir os alicerces da vida social civilizada e aniquilar o homem".

---

[3] Citado em Francesco Coppellotti, "Nota critica", em Ernst Bloch, *Spirito dell'utopia* (2. ed., trad. Francesco Coppellotti, Florença, La Nuova Italia, 1992), p. 370.

[4] Ernst Bloch, *Tagträume vom aufrechten Gang* (org. Arno Münster, Frankfurt, Suhrkamp, 1977), p. 43. Aqui em tradução livre.

[5] Idem, *Spirito dell'utopia*, cit., p. 311 e 315-6.

O MARXISMO OCIDENTAL

Tudo o que a civilização produziu de bom afunda no sangue e na lama das trincheiras: "saúde, conforto, higiene, as relações cotidianas comuns, os vínculos de amizade, as obrigações profissionais e, em última análise, as regras aparentemente inabaláveis da moral". Mais tarde, mas ainda em referência à catástrofe desencadeada em 1914, surge também o termo "holocausto": em 31 de agosto de 1939, Molotov acusa a França e a Inglaterra de terem rejeitado a política soviética de segurança coletiva, na esperança de instigar o Terceiro Reich contra a União Soviética, sem hesitar em provocar assim "um novo grande massacre, um novo holocausto das nações"[6].

2. ... E A GUINADA DE OUTUBRO DE 1917 NO LESTE

A Primeira Guerra Mundial está muito longe de provocar na Ásia as mesmas emoções sentidas na Europa, e não apenas pelo fato de os campos de batalha estarem a milhares de quilômetros de distância. Nas colônias ou semicolônias, o sistema capitalista-colonialista revelou sua terrível carga de opressão e violência muito antes de agosto de 1914. Para a China, a guinada trágica é claramente constituída pelas guerras do ópio. É também para neutralizar os "narcotraficantes britânicos" e dar cabo do comércio de ópio, cujos efeitos devastadores já estão à vista de todos, que, entre 1851 e 1864, desenvolve-se a Revolta dos Taiping, "a guerra civil mais sangrenta da história mundial, com uma estimativa de 20 a 30 milhões de mortos"[7]. Depois de contribuir decisivamente para provocá-la, o Ocidente passa a ser um beneficiário dessa guerra, uma vez que pode estender seu controle sobre um país dilacerado e cada vez mais indefeso. Abre-se um período histórico que vê "a China crucificada" (nesse meio-tempo, a Rússia e o Japão uniram-se aos carrascos ocidentais). Aos "canhões estrangeiros" e às "mais terríveis insurreições da história" somam-se os "desastres naturais", aos quais um país em ruínas não consegue opor nenhuma resistência: "Sem dúvida, o número de vítimas na história do mundo nunca foi tão elevado"[8].

---

[6] Sobre o quadro geral aqui delineado, ver Domenico Losurdo, *Stalin: storia e critica di una leggenda nera* (Roma, Carocci, 2008) [ed. bras.: *Stalin: história crítica de uma lenda negra*, trad. Silvia de Bernardinis, Rio de Janeiro, Revan, 2010].

[7] Mike Davis, *Olocausti tardovittoriani* (trad. Giancarlo Carlotti, Milão, Feltrinelli, 2001), p. 22 e 16.

[8] Jacques Gernet, *Il mondo cinese: dalle prime civiltà alla Repubblica popolare* (trad. Vera Pegna, Turim, Einaudi, 1978), p. 565 e seg. e 579 [ed. port.: *O mundo chinês: uma civilização e uma história*, trad. José Manuel da Silveira Lopes, Lisboa, Cosmos, 1974, 2 v.].

Comparada a essa enorme tragédia, a eclosão da Primeira Guerra Mundial é bem pouco representativa. Solicitado a intervir ao lado da Grã-Bretanha, Sun Yat-sen, presidente da república nascida da Revolução de 1911 e da queda da dinastia Manchu, "explicou a Lloyd George, numa célebre carta, que as disputas dos Brancos não interessavam à China"[9]: a vitória de uma ou outra aliança em nada modificaria o comportamento opressor do Ocidente capitalista e colonialista. O que acende a esperança do fim da tragédia iniciada com as guerras do ópio e, portanto, suscita o entusiasmo de Sun Yat-sen é a ascensão dos bolcheviques ao poder. Sim, ela promete acabar com a guerra, mas também, e sobretudo, com a escravidão colonial.

É este segundo aspecto que leva o líder chinês a traçar o balanço de um capítulo da história do qual, graças à Revolução de Outubro, é possível finalmente vislumbrar uma conclusão: "Os peles-vermelhas da América já foram exterminados" e uma sorte análoga paira também sobre outros povos coloniais, inclusive o chinês. Sua situação é desesperadora; mas, "de repente, 150 milhões de homens da raça eslava se insurgiram para se opor ao imperialismo, ao capitalismo, para combater contra a desigualdade e em defesa da humanidade". E assim "nasceu, sem que ninguém esperasse, uma grande esperança para a humanidade: a Revolução Russa". Naturalmente, a resposta do imperialismo não se faz esperar: "As potências têm atacado Lênin porque querem destruir um profeta da humanidade", que, todavia, dificilmente renunciará à perspectiva da libertação dos povos oprimidos do domínio colonial[10]. Obviamente, Sun Yat-sen não é nem marxista nem comunista; mas é a partir da "grande esperança", por ele descrita de modo talvez ingênuo, mas tanto mais eficaz, que se pode compreender a fundação do Partido Comunista da China (PCC) em 1º de julho de 1921.

À luz desses fatos, a caracterização do século XX como um "século breve", que, segundo Eric Hobsbawm, teria início a partir da experiência traumática da Primeira Guerra Mundial, padece de eurocentrismo. Uma crítica *ante litteram* de tal visão emerge já na intervenção que, em 26 de dezembro de 1920, "o delegado da Indochina" pronuncia no Congresso de Tours do Partido Socialista francês.

---

[9] Marianne Bastid, Marie-Claire Bergère e Jean Chesneaux, *La Cina*, v. 2 (trad. Settimio Caruso e David Mamo, Turim, Einaudi, 1974), p. 221.

[10] Sun Yat-sen, *The Three Principles of the People* (trad. Frank W. Price, Vancouver, Soul Care, 2011), p. 55-7 [ed. bras.: *Três princípios do povo (San min chu i)*, trad. H. G. Lee, Rio de Janeiro, Calvino, 1944].

Faz meio século que o capitalismo francês chegou à Indochina; conquistou-nos com a ponta das baionetas e em nome do capitalismo: desde então [...] fomos vergonhosamente oprimidos e explorados [...]. Para mim é impossível, em poucos minutos, mostrar-lhes todas as atrocidades cometidas na Indochina pelos bandidos do capital. Mais numerosas que as escolas, as prisões estão sempre abertas e assustadoramente lotadas. Qualquer nativo que se pense ter ideias socialistas é encarcerado e às vezes sentenciado à morte sem ser julgado. Porque a assim chamada justiça indochinesa tem dois pesos e duas medidas. Os anamitas não têm as mesmas garantias que os europeus ou os europeizados.

Depois de fazer essa terrível acusação, "o delegado da Indochina" (que mais tarde se tornaria famoso em todo o mundo com o nome de Ho Chi Minh) conclui: "Nós vemos na adesão à Terceira Internacional a promessa formal de que o partido socialista finalmente dará aos problemas coloniais a importância que merecem"[11]. Não obstante a linguagem cautelosa e atenta para evitar polêmicas, um aspecto surge com clareza: o momento da guinada da história mundial não é constituído pelo agosto de 1914, que assiste à propagação *também na Europa* de uma tragédia que está em curso nas colônias há muito tempo, mas sim pelo outubro de 1917, isto é, pela revolução que evoca a esperança do fim de tal tragédia *também nas colônias*.

Quem obviamente já destaca o horror do colonialismo é Lênin: "Os homens políticos mais liberais e radicais da livre Grã-Bretanha [...], ao se tornarem governadores da Índia, transformam-se em verdadeiros Gêngis Khan"[12]. Atrás dessa afirmação vemos a lição de Marx, que denuncia o tratamento reservado pela liberal Grã-Bretanha à Irlanda (uma colônia estabelecida na Europa): é uma política ainda mais impiedosa que a conduzida pela Rússia tsarista e autocrática contra a Polônia; aliás, é uma política tão terrorista que resulta "sem precedentes na Europa" e só tem correspondência entre os "mongóis"[13]. Como se percebe no apelo de Ho Chi Minh a seus companheiros de partido para que não percam de vista a questão colonial, a lição de Marx sobre as macroscópicas cláusulas de exclusão da liberdade liberal compreensivelmente encontra uma

---

[11] Citado em Jean Lacouture, *Ho Chi Minh* (trad. Mario Rivoire, Milão, Il Saggiatore, 1967 [1945]), p. 36-7 [ed. bras.: *Ho Chi Minh: sua vida, sua revolução*, trad. Roberto Paulino, Rio de Janeiro, Nova Fronteira, 1979].

[12] Vladímir I. Lênin, *Opere complete* (Roma, Editori Riuniti, 1995-1970, 45 v.), v. 15, p. 178-9.

[13] Karl Marx e Friedrich Engels, *Werke* (Berlim, Dietz, 1955-1990, 43 v.), v. 16, p. 552.

1914 E 1917: NASCIMENTO DO MARXISMO OCIDENTAL E ORIENTAL

audiência mais atenta no Oriente que no Ocidente. É uma primeira diferença relevante, mas certamente não é a única.

3. ESTADO E NAÇÃO NO OESTE E NO LESTE

Na Europa, justamente porque é o repúdio à guerra que estimula a opção revolucionária, a crítica da ordem existente tem como alvo, sobretudo, o aparato estatal e militar. Lukács denuncia o alistamento militar obrigatório como "a escravidão mais abjeta que já se deu" e condena o "Moloch do militarismo", que devora milhões de vidas humanas[14]. Alguns anos mais tarde, Walter Benjamin também parte do "serviço militar obrigatório", que está no núcleo do "militarismo" compreendido como "obrigação do recurso universal à violência como meio para se atingir os fins do Estado", para proceder a uma condenação global e inapelável da ordem existente: a infâmia de que o Estado é capaz foi revelada pela "última guerra"[15]. Animado pelo horror da mobilização total, do código militar e dos pelotões de fuzilamento, no incompleto ensaio de juventude sobre Dostoiévski, de 1915, Lukács define o Estado como "tuberculose organizada", ou como "imoralidade organizada", que se manifesta "no exterior como vontade de poder, de guerra, de conquista, de vingança"[16].

Sim, insiste Bloch, o Estado "revelou-se como típica essência coercitiva, pagã e satânica". É preciso acabar com esse monstro: ele, "no sentido bolchevique, pode funcionar por certo período como mal necessário, mas transitório". É o *pathos* patriótico e chauvinista que alimenta o "Estado militarista", o insaciável Moloch devorador de homens. E Bloch investe também contra o Estado militarista: "a mortal coerção do serviço militar obrigatório" está a serviço não mais da nação, como pretende a ideologia oficial, mas sim da "bolsa" capitalista e da "dinastia" dos Hohenzollern. Porém, junto com o *pathos* patriótico e chauvinista, acaba de fato sendo rejeitada a própria ideia de nação: à "retórica da terra natal" e ao "tradicionalismo da cultura patriótica" são contrapostos "a verdadeira ideia cristã

---

[14] Ver György Lukács, *Epistolario 1902-1917* (orgs. Éva Karádi e Éva Fekete, Roma, Editori Riuniti, 1984 [1915]), p. 366 e 360.

[15] Walter Benjamin, *Gesammelte Schriften* (org. Rolf Tiedemann e Hermann Schweppenhäuser, Frankfurt, Suhrkamp, 1972-1999), v. 2 [1920-1921], tomo 1, p. 186.

[16] Citado em Michael Löwy, *Redenzione e utopia: figure della cultura ebraica mittleuropea* (Turim, Bollati Boringhieri, 1992), p. 157 [ed. bras.: *Redenção e utopia: o judaísmo libertário na Europa central (um estudo de afinidade eletiva)*, trad. Paulo Neves, São Paulo, Companhia das Letras, 1989].

24 O marxismo ocidental

do homem" e o universalismo "medieval", que não conhecem fronteiras nacionais (e estatais)[17]. A influência do anarquismo aqui é evidente, assim como é evidente em Benjamin que, a partir da denúncia do alistamento militar obrigatório, identifica e critica conjuntamente a violência, o direito e o poder enquanto tais.

Seria inútil buscar tendências anárquicas no movimento marxista e comunista que vai se formando no Leste na esteira da Revolução de Outubro. É uma diferença cujos fundamentos podem ser identificados já no discurso de Lênin. Durante a guerra, com o olhar voltado para a Europa, o grande revolucionário denuncia insistentemente a militarização e a mobilização total, a "escravidão militar" imposta à população[18]. Não é apenas o *front* que é atacado pela arregimentação, pelo código militar e pelo terror; as próprias "retaguardas" se transformam, inclusive nos "países mais avançados", em "casas de punição militar para os operários". Escrito e publicado no momento de maior violência da carnificina bélica e às vésperas da revolução que lhe daria fim, *O Estado e a revolução* formula a tese segundo a qual o proletariado vitorioso "necessita unicamente de um Estado em vias de extinção"[19]. É o "mal necessário mas transitório" de que também fala Bloch. Por outro lado, Lênin define o imperialismo como a pretensão de supostas "nações-modelo" de atribuir a si mesmas "o privilégio exclusivo de formação do Estado"[20]. Isto é, além do saque econômico, a opressão política e a hierarquização das nações também caracterizam o imperialismo. As nações exploradas e oprimidas são consideradas incapazes de se autogovernar e se constituir como Estado independente; a luta para remover esse estigma é uma luta pelo reconhecimento. Trata-se de liquidar a submissão colonial a fim de erguer um Estado nacional independente: o que inspira a revolução dos povos coloniais não é a palavra de ordem de "um Estado em via de extinção", mas sim de um Estado em via de formação.

Compreendem-se bem, agora, os ecos que ressoam no Oriente. Retomemos Sun Yat-sen. Ele morou por muito tempo no exterior e lá buscou as motivações capazes de inspirar a destruição da decadente dinastia Manchu e de fundar a primeira república chinesa; não é, pois, suspeito de xenofobia. Contudo, assim ele sintetiza o pensamento do movimento anticolonialista, inclusive da fração comunista: "As nações que se servem do imperialismo para conquistar outros

---

[17] Ernst Bloch, *Spirito dell'utopia*, cit., p. 315 e 310.

[18] Vladímir I. Lênin, *Opere complete*, cit., v. 27, p. 393.

[19] Ibidem, v. 25, p. 363 e 380 [ed. bras: *O Estado e a revolução*, trad. Edições Avante! e Paula Almeida, São Paulo, Boitempo, 2017].

[20] Ibidem, v. 20, p. 417.

povos e tentam de tal modo manter sua posição privilegiada de patrões e soberanos do mundo defendem o cosmopolitismo e gostariam que o mundo fosse à sua imagem"; portanto, elas fazem de tudo para desvalorizar o patriotismo como "algo mesquinho e antiliberal"[21].

Por trás da tomada de posição de Sun Yat-sen, assim como da fundação do PCC, atuam dois acontecimentos. Em 25 de julho de 1919, Lev Mikhailovic Karakhan, vice-ministro do povo para as Relações Exteriores, declara que a Rússia soviética está pronta a renunciar às "vantagens territoriais e de outra natureza" arrancadas do Império tsarista e coloca efetivamente em discussão o conjunto dos "tratados desiguais", os tratados subscritos pela China sob a ameaça das canhoneiras e dos exércitos invasores[22]. No verão daquele mesmo ano, o Tratado de Versalhes, que põe fim ao primeiro conflito mundial, transfere para o Japão os privilégios em Shandong que a Alemanha imperial, à sua época, retirara do governo de Pequim. Tem início na China uma grande onda de protestos: é o movimento de 4 de maio, do qual provêm não poucos dirigentes e militantes do Partido Comunista da China. Já estava claro para todos que as democracias ocidentais, que também conduziram a guerra contra os Impérios centrais agitando a bandeira da liberdade e da autodeterminação dos povos, não hesitam em perpetuar a condição semicolonial da China; a única esperança provém do país e do movimento resultantes da Revolução de Outubro, para a qual se voltam os comunistas decididos a conduzir a luta de libertação nacional. Citando Mao Tsé-tung: "Foi graças aos russos que os chineses descobriram o marxismo. Antes da Revolução de Outubro, os chineses não só ignoravam Lênin e Stálin, eles não conheciam sequer Marx e Engels. Os tiros de canhão da Revolução de Outubro nos trouxeram o marxismo-leninismo"[23].

Durante seu empenho na guerra de resistência nacional contra o imperialismo japonês, que pretende "subjugar a China inteira e fazer dos chineses seus escravos coloniais", é desta forma que Mao relembra sua primeira aproximação (nos últimos anos da dinastia Manchu) da causa da revolução:

---

[21] Sun Yat-sen, *The Three Principles of the People*, cit., p. 43-4.

[22] Edward Hallett Carr, *La rivoluzione bolscevica* (4. ed., trad. Franco Lucentini, Sergio Caprioglio e Paolo Basevi, Turim, Einaudi, 1964), p. 1.270-2 [ed. port.: *A revolução bolchevique*, trad. Antonio Sousa Ribeiro, Porto, Afrontamento, 1977].

[23] Mao Tsé-tung, *Opere scelte* (Pequim, Casa Editrice in Lingue Estere, 1969-1975, 4 v.), v. 4 [1949], p. 425 [ed. bras.: *Obras escolhidas*, trad. equipe de Edições em Línguas Estrangeiras da Editora do Povo de Pequim, São Paulo, Alfa Omega, 1979].

Naquele período, comecei a ter alguns lampejos de consciência política, especialmente depois de ter lido um livreto sobre o desmembramento da China [...]. Essa leitura despertou em mim grandes preocupações com o futuro de meu país e comecei a compreender que nós todos tínhamos o dever de salvá-lo.[24]

Mais de dez anos depois, numa intervenção em plena véspera da proclamação da República popular, Mao recupera a história de seu país. Evoca especialmente a resistência contra as potências protagonistas das guerras do ópio, a Revolta dos Taiping contra a dinastia Manchu, ou "contra os Ching, servos do imperialismo", a guerra contra o Japão de 1894-1895, "a guerra contra a agressão das forças coligadas das oito potências" (em seguida à Revolta dos Boxers) e, por fim, "a Revolução de 1911 contra os Ching, lacaios do imperialismo". Tantas lutas, outras tantas derrotas. Como explicar a guinada repentina?

Por muito tempo, durante esse movimento de resistência – ou seja, por mais de setenta anos, da Guerra do Ópio, em 1840, até a véspera do Movimento de 4 de maio, em 1919 –, os chineses não tiveram armas ideológicas para se defender contra o imperialismo. As velhas e imutáveis armas ideológicas do feudalismo foram derrotadas, tiveram de ceder e foram declaradas fora de uso. Na ausência de algo melhor, os chineses foram obrigados a se munir de armas ideológicas e fórmulas políticas como a teoria da evolução, a teoria do direito natural e da República burguesa, todas emprestadas do arsenal do período revolucionário da burguesia no Ocidente, pátria do imperialismo [...], mas todas essas armas ideológicas, como aquelas do feudalismo, se demonstraram muito frágeis e, por sua vez, tiveram de ceder, foram retiradas e declaradas fora de uso.

A Revolução Russa de 1917 marca o despertar dos chineses, que aprendem algo novo: o marxismo-leninismo. Na China, nasce o Partido Comunista, um acontecimento que fez história [...].

Desde que aprenderam o marxismo-leninismo, os chineses deixaram de ser passivos intelectualmente e tomaram a iniciativa. A partir desse momento, devia-se concluir o período da história mundial moderna em que os chineses e a cultura chinesa eram olhados com desprezo.[25]

---

[24] Mao Tsé-tung citado em Edgar Snow, *Stella rossa sulla Cina* (3. ed., trad. Renata Pisu, Turim, Einaudi, 1967 [1938]), p. 99 e 149.

[25] Mao Tsé-tung, *Opere scelte*, cit., p. 469-70 e 472.

Se, no Oeste, o comunismo e o marxismo são a verdade e a arma finalmente encontradas para suspender a guerra e arrancar suas raízes, no Leste, o comunismo e o marxismo-leninismo são a verdade e a arma ideológica capazes de pôr fim à situação de opressão e de "desprezo" imposta pelo colonialismo e pelo imperialismo. É uma busca iniciada com as guerras do ópio, ainda antes da formação não apenas do marxismo-leninismo, mas do marxismo enquanto tal (em 1840, Marx era apenas um estudante universitário). Não é o marxismo que provoca a revolução na China, mas sim a resistência secular, a revolução em andamento do povo chinês que, depois de longa e extenuante busca, consegue finalmente tomar plena consciência de si na ideologia marxista ou marxista-leninista e acabar com o domínio colonial. Alguns dias após a tomada de posição, Mao declara: "Nossa nação não será mais subjugada ao insulto e à humilhação. Agora estamos de pé [...]. A era na qual o povo chinês era considerado incivilizado terminou"[26].

Retornemos ao "delegado da Indochina" que, em 1920, intervém no Congresso do Partido Socialista francês. Enquanto solicita a adesão à Internacional Comunista, ele ainda se faz chamar de Nguyên Ai Quôc, ou "Nguyên, o patriota"[27]. Para ele, não há nenhuma contradição entre internacionalismo e patriotismo – este último, aliás, na situação em que se encontra a Indochina, é visto como a expressão concreta do internacionalismo. Algumas décadas mais tarde, ao se tornar líder do Vietnã que, ao Norte, começa a saborear a independência, Ho Chi Minh convida os jovens a se empenhar nos estudos, dirigindo-se a eles nestes termos:

Oitenta anos de escravidão diminuíram nosso país. Agora devemos receber a herança que nos deixaram nossos antepassados [...]. O Vietnã conhecerá a glória? Seu povo ocupará um lugar honrado, semelhante ao de outros povos dos cinco continentes?[28]

Nove anos antes de sua morte, enquanto na Indochina se acirra uma das mais bárbaras guerras coloniais do século XX, Ho Chi Minh, na ocasião de

---

[26] Idem, *On Diplomacy* (Pequim, Foreign Languages Press, 1998 [1949]), p. 87-8.

[27] Alain Ruscio, "Au Vietnam: un siècle de luttes nationales", em Marc Ferro (org.). *Le Livre noir du colonialisme* (Paris, Laffont, 2003), p. 383 [ed. bras.: *O livro negro do colonialismo*, trad. Joana Angélica d'Ávila Melo, Rio de Janeiro, Ediouro, 2004].

[28] Citado em Jean Lacouture, *Ho Chi Minh*, cit., p. 119.

seu septuagésimo aniversário, recorda seu percurso intelectual e político: "Em princípio, o que me levou a acreditar em Lênin e na Terceira Internacional foi o patriotismo, não o comunismo". Em primeiro lugar, emocionaram-no os apelos e os documentos que promoviam a luta de libertação dos povos coloniais, destacando seu direito a se constituírem em Estados nacionais independentes: "As teses de Lênin [sobre a questão nacional e colonial] despertavam em mim uma grande comoção, um grande entusiasmo, uma grande fé, e me ajudavam a ver claramente os problemas. Era tão grande a minha alegria que chorei"[29]. Em seu *Testamento*, depois de chamar seus concidadãos à "luta patriótica" e a se empenharem na "salvação da pátria", Ho Chi Minh faz um balanço, no plano pessoal: "Por toda minha vida, de alma e corpo, servi à minha pátria, servi à revolução, servi ao povo"[30].

4. A "ECONOMIA DO DINHEIRO" NO OESTE E NO LESTE

Lida, sim, como uma consequência da contenda imperialista pela conquista dos mercados e das matérias-primas e da caça capitalista ao lucro e ao superlucro, mas lida, também e sobretudo, em perspectiva moralizante, mais como o produto da *auri sacra fames* do que de um sistema social bem definido, a Primeira Guerra Mundial suscita no Ocidente um clima espiritual que encontra sua expressão mais significativa em Bloch. A seus olhos, a superação do capitalismo deve comportar "a libertação do materialismo dos interesses de classe enquanto tais", além da "abolição de qualquer componente econômico". Nem sequer os grandes revolucionários deram suficiente atenção a isso:

> O homem não vive apenas de pão. Por mais importante e necessário que seja o externo, ele, no entanto, serve apenas para sugerir, não cria nada, são os homens que de fato constituem a história, não as coisas nem sua poderosa passagem, que se desenvolve fora de nós e falsamente acima de nós. Marx determinou o que é preciso se verificar na economia, a necessária mudança econômico-institucional, mas ainda não deu a desejável autonomia ao homem novo, ao ímpeto, à força do amor e da luz, ou seja, ao momento moral em si, na ordem social definitiva.[31]

---

[29] Ibidem, p. 39-40.

[30] Ho Chi Minh, "Il Testamento", em Le Duan, *Rivoluzione d'Ottobre, rivoluzione d'agosto* (Verona, EDB, 1969), p. 75 e 78.

[31] Ernst Bloch, *Spirito dell'utopia*, cit., p. 316 e 319.

Mais do que isso – insiste Bloch na primeira edição do *Espírito da utopia* –, os sovietes no poder na Rússia são chamados a extinguir não apenas "qualquer economia privada", mas também toda "economia do dinheiro" e, com ela, toda "moral mercantil que consagra tudo o que existe de mais maligno no homem". Junto com o poder econômico, é o poder enquanto tal que deve ser posto em discussão. Em última análise, é preciso realizar a "transformação do poder em amor"[32]. O fato é que – observa Benjamin, por sua vez – "a economia atual como um todo se assemelha menos a um trem que se detém se o maquinista o abandona do que a uma fera que ataca assim que o domador lhe dá as costas"[33]. Noutras palavras, não se trata de tornar mais eficiente ou menos devastadora a "máquina" da economia, graças a uma transformação revolucionária; trata-se, ao contrário, de enjaular ou talvez abater a fera que, apesar de toda a transformação político-social, continua a ser a economia enquanto tal.

Entre os principais protagonistas da carnificina provocada pela disputa imperialista está a Rússia, e também aqui se difunde, depois da Revolução de Outubro, uma visão que desdenha o mundo da economia em sua totalidade e que não por acaso grita escandalosamente quando da introdução da Nova Política Econômica (NEP), que, em 1921, dá continuidade a um "comunismo de guerra", marcado por um ascetismo igualitário, mas desesperado e forçado. É uma visão não muito distinta daquela analisada a propósito do Ocidente e relembrada assim, nos anos 1940, por um militante do Partido Comunista da União Soviética:

> Nós, jovens comunistas, crescemos convictos de que o dinheiro tinha sido tirado de circulação de uma vez por todas [...]. Se o dinheiro reaparecia, não reapareceriam também os ricos? Não nos encontrávamos num declive escorregadio que nos levava de volta ao capitalismo?[34]

Foi com muito custo e desafiando as acusações de traição que Lênin conseguiu colocar no centro das atenções o problema do desenvolvimento econômico de um país atrasado, que saiu debilitado da guerra mundial e da guerra civil, e

---

[32] Idem, *Geist der Utopie* (Frankfurt, Suhrkamp, 1971 [1918]), p. 298.

[33] Walter Benjamin, *Gesammelte Schriften*, cit., v. 2, tomo 1, p. 195.

[34] Citado em Orlando Figes, *La tragedia di un popolo: la Rivoluzione russa 1891-1924* (trad. Raffaele Petrillo, Milão, Tea, 2000 [1996]), p. 926 [ed. bras.: *A tragédia de um povo: a Revolução Russa (1891-1924)*, trad. Valéria Rodrigues, Rio de Janeiro, Record, 1999].

30 O marxismo ocidental

que deve enfrentar uma situação internacional repleta de perigos. Ainda imediatamente antes de sua morte, Stálin se sente obrigado a polemizar com aqueles que, em nome da luta contra o capitalismo, pretendem acabar com a "produção mercantil", a "circulação das mercadorias" e a "economia monetária"[35].

Muito diferente é o quadro apresentado pela China. Vejamos o que acontece nas restritas áreas "liberadas" e governadas pelo Partido Comunista a partir do final dos anos 1920. O Kuomintang anticomunista e o governo de Nanquim que ele controla tentam obrigar essas áreas à capitulação, recorrendo à força militar, mas também ao estrangulamento econômico. No decorrer de sua viagem, Snow observa: "O comércio entre os distritos vermelhos e brancos estava proibido por Nanquim, mas através de impenetráveis caminhos de montanha e depois de 'molhar a mão' a contento da guarda da fronteira, os vermelhos conseguiam em determinados períodos instaurar um próspero circuito de exportações" e, assim, obter "os produtos necessários"[36]. Demonizados na Rússia e na Europa como expressão de um mundo voraz e podre que é preciso derrotar de uma vez por todas, a "economia do dinheiro" e o comércio são, aqui, sinônimo de sobrevivência física e de defesa do projeto revolucionário chamado para salvar a China e edificar um mundo novo e melhor.

O contraste entre Oriente e Ocidente se acentua ainda mais nos anos posteriores. Após o advento do fascismo e do nazismo, em países como a Itália, a Alemanha e o Japão, a luta por salário e melhores condições de vida coloca em discussão, ao mesmo tempo, o esforço produtivista e bélico e a máquina de guerra dos agressores e dos defensores do ressurgimento do expansionismo colonial. Na China, ao contrário, com o acirramento da invasão japonesa, evidencia-se aquilo que Mao define a "identidade entre a luta nacional e a luta de classes"[37]. A partir desse momento, o empenho na produção e no desenvolvimento econômico se torna, sobretudo nas áreas liberadas e controladas pelo Partido Comunista, parte integrante, simultaneamente, da luta nacional e da luta de classes. Compreende-se, então, que, mesmo com o crescimento das armas, Mao pede aos dirigentes comunistas que prestem atenção na dimensão econômica do conflito:

> Nas atuais condições de guerra, todos os organismos, as escolas e as unidades do Exército devem se dedicar ativamente a cultivar hortas, a criar suínos, a recolher

---

[35] Josef Stálin, *Werke* (Hamburgo, Roter Morgen, 1971-1973), v. 17 [1952], p. 266 e 268-9.

[36] Edgar Snow, *Stella rossa sulla Cina*, cit., p. 285.

[37] Mao Tsé-tung, *Opere scelte*, cit., v. 2 [1938], p. 223.

lenha, a produzir carvão vegetal; devem desenvolver o artesanato e produzir uma parte dos cereais necessários para o próprio sustento [...]. Os dirigentes do Partido, do governo e do Exército em todos os níveis, assim como aqueles das escolas, devem aprender, sistematicamente, a arte de dirigir as massas na produção. Aquele que não estuda atentamente os problemas da produção não é um bom dirigente.[38]

5. A CIÊNCIA ENTRE A GUERRA IMPERIALISTA E A REVOLUÇÃO ANTICOLONIAL

Voltemos mais uma vez ao "delegado da Indochina" no Congresso de Tours, de dezembro de 1920. Sabemos que ele viajou por longo tempo pelo Ocidente. Por que motivo? Quem nos explica é Truong Chinh, que, em 1930, participa com Ho Chi Minh da fundação do Partido Comunista indochinês. A julgar por esse testemunho, o futuro líder do Vietnã permanece na França no intuito de aprender a cultura daquele país "e também a ciência e a técnica"[39].

De modo análogo se comportam os revolucionários chineses, a começar por Sun Yat-sen. Este, que entre 1896 e 1898 se encontra na Europa, torna-se "um dos mais diligentes frequentadores da biblioteca do Museu Britânico", biblioteca cara a Marx. Porém, para o futuro presidente da República chinesa não se trata tanto de estudar a economia capitalista: "O interesse dominante de Sun era o 'segredo' do Ocidente, isto é, a tecnologia em seus vários aspectos, sobretudo os militares". Mais tarde, dão notável contribuição à fundação do Partido Comunista chinês os intelectuais que se encontram no exterior em programas de "Trabalho e estudo", também eles claramente empenhados em extrair o segredo do Ocidente. Alguns desses intelectuais estão destinados a desempenhar um papel proeminente: Chu En-lai, Deng Xiaoping, Chen Yi. Eles se encontram em Paris no mesmo período que Ho Chi Minh, que talvez tenha contribuído para colocá-los "em contato com os comunistas franceses"[40].

Mao Tsé-tung não é estranho a esse movimento. Em conversa posterior com Snow, ele alude à sua decisão final de renunciar à viagem para a Europa: "Eu sentia que não conhecia bem meu país e que por isso usaria melhor meu

---

[38] Ibidem, v. 3 [1943], p. 135.

[39] Truong Chinh, *Ho Chi Minh* (trad. Ida Bassignano, Roma, Editori Riuniti, 1969 [1965]), p. 8.

[40] Enrica Collotti Pischel, *Storia della rivoluzione cinese* (Roma, Editori Riuniti, 1973), p. 99-100 e 159-60.

tempo ficando na China". Isso não significa desconfiança em relação àqueles que tomaram outro rumo. O relato de Mao prossegue assim: "antes de deixar a China", os estudantes que, baseados no programa "Trabalho e estudo", vão para a França "quiseram estudar francês em Pequim". Pois bem: "Eu ajudei a organizar o movimento, e no grupo que foi para o exterior havia muitos estudantes da escola normal de Hunan [a província natal de Mao], que, em sua maioria, em seguida se tornaram conhecidos revolucionários"[41].

Assiste-se aqui a uma divisão do trabalho: se Mao fica na pátria para aprofundar seu conhecimento de um país que é um continente, outros jovens revolucionários partem para a França a fim de aprender a cultura do Ocidente e repassá-la a seus compatriotas. Mao e os outros compartilham a convicção de que, para conseguir o resgate nacional, a China precisa assimilar criticamente a ciência e a técnica dos países que lhe impuseram o jugo colonial ou semicolonial. É esclarecedor o percurso de Chu En-lai: depois de ser um dos dirigentes estudantis do 4 de maio de 1919 e de ter passado um ano na prisão em decorrência disso, ele parte para a França[42]; depois de promover grandes manifestações públicas na China, a luta anticolonialista passa por um desvio momentâneo para um dos países avançados do Ocidente, do qual é preciso aprender a ciência e a técnica. Muitas décadas depois, Deng Xiaoping conclama seu país a não perder de vista um ponto essencial: "a ciência é algo grandioso e nós devemos reconhecer sua importância"[43].

A confiança na ciência e na técnica não é compartilhada no Ocidente. Bukharin, que desde 1911 transita entre a Europa e os Estados Unidos (antes de retornar à Rússia no verão de 1917), denuncia a monstruosa ampliação do aparato estatal, verificada a partir da eclosão da guerra: eis um "novo Leviatã, diante do qual a fantasia de Thomas Hobbes parece uma brincadeira de criança". A essa altura, "tudo foi 'mobilizado' e 'militarizado'", e a esse destino, que envolvia a economia, a cultura, a moral, a religião, não escapam sequer "a medicina", "a química e a bacteriologia". De fato, "toda a grandiosa máquina técnica" se transformou numa "enorme máquina de morte"[44]. Encontramo-nos

---

[41] Citado em Edgar Snow, *Stella rossa sulla Cina*, cit., p. 170.

[42] Ibidem, p. 57-8.

[43] Deng Xiaoping, *Selected Works* (Pequim, Foreign Languages Press, 1992-1995), v. 3 [1989], p. 303.

[44] Nikolai Bukharin, *Lo Stato Leviatano: scritti sullo Stato e la guerra* (org. Alberto Giasanti, Milão, Unicopli, 1984 [1915-1917]), p. 140-1.

diante da primeira brilhante análise daquilo que mais tarde será chamado de "totalitarismo", mas tem-se a impressão de que tal análise tende a vincular muito estreitamente ciência e técnica, de um lado, e capitalismo, imperialismo e guerra, de outro.

Essa é uma tendência recorrente na cultura entre as duas guerras na Alemanha, o país que talvez mais que qualquer outro entre 1914 e 1918 empenhou-se no desenvolvimento de armas químicas e na aplicação sistemática da ciência às operações bélicas. Benjamin observa que, para os "imperialistas", o "sentido da técnica" reside exclusivamente no "domínio da natureza" (que pode ser muito útil para a condução da guerra). Sendo assim, "a técnica traiu a humanidade e transformou o leito nupcial num mar de sangue"[45]. Doze anos mais tarde, antes de ir voluntariamente ao encontro da morte, a fim de fugir de seus perseguidores, Benjamin lança, nas *Teses de filosofia da história*, um grito de alerta: os "progressos na dominação da natureza" e na "exploração da natureza" podem caminhar *pari passu* com pavorosos "retrocessos da sociedade"; a formidável máquina da guerra do Terceiro Reich é a refutação radical e trágica da ilusão por longo tempo cultivada pelo movimento operário e socialista de que ciência e tecnologia seriam por si mesmas instrumentos de emancipação (Tese 11).

O clima ideológico aqui descrito acaba por influenciar também um autor organicamente ligado ao movimento comunista: *História e consciência de classe* parece identificar a "mecanização crescente" com a "desespiritualização" e a "reificação"[46]. De qualquer forma – observou-se com justeza –, o autor dessa obra dá provas de "hostilidade [...] em relação às ciências naturais", e trata-se de "um elemento completamente estranho ao marxismo anterior"[47], ao marxismo que ainda não passara pelo horror da aplicação da ciência e da tecnologia nas operações bélicas.

Independentemente inclusive da guerra, a crise devastadora de 1929 e o subsequente desemprego em massa são considerados no Ocidente a demonstração de que o progresso tecnológico está bem distante de ser sinônimo de emancipação. Deixando para trás suas simpatias iniciais por Marx, Simone Weil escreve: seja qual for o sistema político-social em que opere, "o regime

---

[45] Walter Benjamin, *Gesammelte Schriften*, cit., v. 4 [1928], tomo 1, p. 147.

[46] György Lukács, *Storia e coscienza di classe* (7. ed., trad. Giovanni Piana, Milão, Sugar, 1988 [1922]), p. 179 [ed. bras.: *História e consciência de classe: estudos sobre a dialética marxista*, trad. Rodnei Nascimento, São Paulo, Martins Fontes, 2003].

[47] Perry Anderson, *Il dibattito nel marxismo occidentale*, cit., p. 73.

O MARXISMO OCIDENTAL

atual da produção, isto é, a grande indústria, reduz o operário a nada mais do que uma engrenagem da fábrica, a um simples instrumento nas mãos daqueles que o dirigem"; inúteis e enganadoras são as esperanças no "progresso técnico"[48]. Oito anos depois, referindo-se à Grande Depressão, Horkheimer observa: "As máquinas se tornaram meios de destruição não somente em sentido literal [como aconteceu durante a Primeira Guerra Mundial]; no lugar do trabalho, tornaram supérfluos os operários"[49], como ocorre logo após a crise desencadeada em 1929.

No geral, pode-se dizer que entre as duas guerras retorna ao Ocidente um mote caro ao anarquismo. Leiamos Bakunin:

> O que constitui hoje, fundamentalmente, o poder dos Estados? É a ciência [...]. Sobretudo a ciência militar, com todas as suas armas aperfeiçoadas e seus formidáveis instrumentos de destruição que "fazem proezas"; ciência do gênio, que criou os barcos a vapor, as ferrovias e os telégrafos; as ferrovias que, utilizadas pela estratégia militar, decuplicam o poderio defensivo e ofensivo dos Estados; os telégrafos que, transformando cada governo num Egeão com cem, mil braços, fornecendo-lhe a possibilidade de estar presente, de agir e de atacar em todos os lugares, criam a centralização política mais formidável que já existiu no mundo.[50]

Aos olhos do líder anarquista, não somente nos campos de batalha como também nas fábricas, ciência e tecnologia se revelam sinônimo de domínio e opressão: "basta-nos dar o exemplo das máquinas para que cada operário e cada sincero promotor da emancipação do trabalho nos dê razão". Portanto, a "ciência burguesa" deve ser rejeitada e combatida da mesma maneira que a "riqueza burguesa", até porque "os modernos progressos da ciência e das artes" são causas do agravamento da "escravidão intelectual" tanto quanto da "material"[51].

Derrotado em sua época por Marx, esse balanço histórico (que liquida a ciência, a técnica e a modernidade como um todo) tem sua revanche (no

---

[48] Simone Weil, *Riflessioni sulle cause della libertà e dell'oppressione sociale* (Milão, Corriere della Sera, 2011 [1934]), p. 33 [ed. bras.: *Reflexões sobre as causas da liberdade e da opressão social*, Rio de Janeiro, Achiamé, 2008].

[49] Max Horkheimer, "Lo Stato autoritario" [1942], em *La società di transizione* (org. Werner Brede, Turim, Einaudi, 1979), p. 3.

[50] Mikhail Bakunin, "L'Istruzione integrale", em *Stato e anarchia e altri scritti* (org. Nicole Vincileoni e Giovanni Corradini, Milão, Feltrinelli, 1968 [1869]), p. 270-1.

[51] Ibidem, p. 269-72.

Ocidente) com a Primeira Guerra Mundial e a Grande Depressão. Pode-se, então, compreender o ponto de vista expresso, na metade do século XX, por dois ilustres filósofos: o "imperialismo" e a guerra a ele atrelada são a "forma mais temível da *ratio*", mas não a única forma. "A ordem totalitária instala o pensamento calculista em todos os seus direitos e se atém à ciência enquanto tal. Seu cânone é sua própria eficiência sanguinária."[52] Se também comemora seus triunfos, em primeiro lugar, nos campos de batalha, a ciência faz sentir seus efeitos devastadores em todos os níveis.

Neste ponto, podemos sintetizar do seguinte modo o contraste que se manifesta a propósito da ciência e da técnica: no Ocidente, do "novo Leviatã" (para usar a linguagem de Bukharin) são parte integrante a ciência e a técnica, utilizadas pela burguesia capitalista tanto para aumentar o lucro extraído da força de trabalho assalariada quanto para preparar a "máquina técnica" e a "máquina de morte" com que enfrentará a luta pela hegemonia mundial; no Oriente, a ciência e a técnica são essenciais para desenvolver a resistência contra a política de sujeição e opressão conduzida justamente pelo "novo Leviatã". Se, no Ocidente, a Grande Guerra, a Grande Depressão, o advento do fascismo e do nazismo e o segundo conflito mundial devolvem o espaço e a credibilidade ao balanço anarquista, este goza de pouca fortuna no Oriente. Aqui, o objetivismo das ciências da natureza, que em *História e consciência de classe* é estreitamente vinculado com a lógica do cálculo e da exploração inerente à economia capitalista, deve ainda ser conquistado para promover um moderno aparato industrial e sair do subdesenvolvimento e da dependência colonial ou semicolonial. Essa conquista normalmente implica o conflito com visões animistas e pré-modernas que dificultam a aplicação da ciência e da tecnologia à natureza.

6. MARXISMO OCIDENTAL E MESSIANISMO

Tentemos formular uma primeira síntese das diferenças de configuração que o marxismo assume na Europa e na Ásia. Segundo Merleau-Ponty, Marx imagina o "futuro não capitalista" por ele cobiçado como "um Outro absoluto"[53].

---

[52] Max Horkheimer e Theodor W. Adorno, *Dialettica dell'illuminismo* (trad. R. Solmi, Turim, Einaudi, 1982 [1944]), p. 95 e 92 [ed. bras.: *Dialética do esclarecimento*, trad. Guido António de Almeida, Rio de Janeiro, Zahar, 1985].

[53] Maurice Merleau-Ponty, *Le avventure della dialettica* (trad. F. Madonia, Milão, Sugar, 1965 [1955]), p. 298 [ed. bras.: *As aventuras da dialética*, trad. Claudia Berliner, São Paulo, Martins Fontes, 2006].

Na realidade, essa visão, bem presente no marxismo ocidental, está ausente no Oriente. Os países menos desenvolvidos, antes de abater completamente o capitalismo, precisam e desejam usufruir das "maravilhas", do maravilhoso desenvolvimento das forças produtivas, que o *Manifesto Comunista* com razão atribui a tal regime social[54]. Veremos Mao declarar, em 1940, que a revolução que ele promoveu, antes de alcançar o socialismo, pretende "limpar o terreno para o desenvolvimento do capitalismo", mesmo que de um capitalismo estritamente controlado por um poder político e por um partido decididos a avançar muito além na transformação revolucionária da sociedade existente. Para o líder comunista chinês, o futuro pós-capitalista não é o "Outro absoluto" em relação ao regime do qual tomará o lugar; mais do que de uma negação total, estamos na presença de uma espécie de *Aufhebung* [superação] hegeliana, de uma negação que comporta, ao mesmo tempo, a aceitação, embora no âmbito de um contexto radicalmente novo, da herança dos pontos altos daquilo que se nega. Trata-se de superar o capitalismo, mas sem comprometer – pelo contrário, potencializando ainda mais e com solidez – a capacidade de desenvolvimento das forças produtivas de que ele dá prova.

O que estimula essa cisão do marxismo é a diversidade, não apenas das condições materiais objetivas, mas também das tradições culturais. No Ocidente, percebe-se o messianismo judaico-cristão, ainda mais reforçado pelo horror suscitado pela Primeira Guerra Mundial: com o fim da carnificina, espera-se um mundo redimido do negativo e do pecado. Pensemos em Bloch, que, em agosto de 1918, define a Primeira Guerra Mundial como uma "Cruzada" contra o "mal radical", representado pela Alemanha e pelos Impérios centrais, uma Cruzada de que certamente seria protagonista a Entente, mas sobretudo a "cristandade em luta, a *ecclesia militans*"[55]. Imediatamente após a Revolução de Outubro, Bloch invocou a "transformação do poder em amor" e a superação da "moral mercantil", a fonte primária do mal e do pecado. É verdade que, para responder às previsíveis objeções, em várias ocasiões o filósofo destacou que a sua era uma "utopia concreta", fundada sobre uma ontologia que não confunde o ser com a facticidade e que nunca perde de vista o "não-ser-ainda". Contudo, essa categoria é tão ampla e tão desprovida de referências aos tempos e modos de realização do futuro almejado que pode subsumir inclusive a utopia mais abstrata.

---

[54] Karl Marx e Friedrich Engels, *Werke*, cit., v. 4, p. 465.

[55] Ernst Bloch, *Kampf, nicht Krieg. Politische Schriften, 1917-1919* (Frankfurt, Suhrkamp, 1985 [1918]), p. 316-7.

O messianismo de Benjamin é declarado. Em 1940 e às vésperas do suicídio, nas *Teses de filosofia da história*, depois de criticar o "tempo homogêneo e vazio" em que se assenta um evolucionismo incapaz de compreender ou de imaginar o salto qualitativo que só a salvação pode dar, ele remete ao "tempo messiânico" da tradição judaica: neste, "cada segundo" é "a pequena porta por onde pode entrar o Messias" (Tese 18). Mais do que a análise fria e racional, é a nova e mais grave tragédia que se abateu sobre a Europa, é a situação desesperadora que prescreve a espera messiânica como alternativa a um presente que parece sem saída.

Até um autor como Lukács, em seus anos de juventude e no período em que o horror e a indignação diante da guerra ainda não haviam encontrado uma resposta política articulada, parece ser influenciado pelo clima descrito acima. Marianne Weber o vê animado por "esperanças escatológicas" e firme rumo ao "objetivo final" da "redenção do mundo", que seria obtida graças a uma "luta final entre Deus e Lúcifer". Embora se trate de uma descrição tendenciosa, faz pensar o fato de que, em 1916, momento de extrema tensão bélica, Lukács, retomando uma expressão de Fichte, trate o seu tempo como a "época da completa pecaminosidade". Mais tarde, é o próprio filósofo húngaro que repreenderá Fichte por ter contraposto à "época da completa pecaminosidade" um "futuro contemplado utopicamente"; tal crítica soa também como uma autocrítica e um distanciamento em relação aos tons apocalípticos da juventude[56].

É evidente: seria inútil buscar na China, na Indochina e no marxismo oriental como um todo apelos à *"ecclesia militans"* e ao "Messias", ou a uma visão que atribua à revolução a tarefa de liquidar o "mal radical", a "completa pecaminosidade", a "moral mercantil" e o "poder" enquanto tal. Já apontei para a diversidade da tradição cultural chinesa. É verdade que, em meados do século XIX, eclodia na China a Revolta dos Taiping que, rompendo com a tradição confuciana, visava uma ordem completamente nova, o "Reino da Paz Celestial"; no entanto, não por acaso o protagonista do gigantesco levante de massa estava convencido de ser o irmão mais novo de Jesus e era profundamente influenciado pelo cristianismo e pelo messianismo cristão. O resultado trágico da Revolta dos Taiping, que custou rios de sangue e terminou por acelerar a destruição do país e, por conseguinte, sua submissão colonial ou neocolonial, talvez tenha imunizado ainda mais a cultura chinesa contra a tentação messiânica, o que pode ter contribuído para uma recepção mais "pragmática" da

---

[56] Domenico Losurdo, *Antonio Gramsci dal liberalismo al "comunismo critico"*, cit., cap. 4, § 10.

O MARXISMO OCIDENTAL

teoria de Marx. Na Europa e no Ocidente, ao contrário, a grande crise histórica (os dois conflitos mundiais e, entre um e outro, a Grande Depressão e o advento do nazifascismo) encontrava seu epicentro e irrompia de modo particularmente traumático no período imediatamente posterior à *belle époque* e à Paz dos Cem Anos (1814-1914). Tudo isso, somado à influência da tradição judaico-cristã, promovia a leitura messiânica das tragédias daquelas décadas.

É inegável que a tendência messiânica e utópica do marxismo ocidental se arrastou por um longo tempo. Tal marxismo reage com irritação quando Lukács se autocritica pelo "utopismo messiânico", pelo "sectarismo messiânico" e pelas "perspectivas messiânicas" presentes em *História e consciência de classe*, pela tendência a representar o pós-capitalismo como algo que comporta "em todos os campos uma ruptura total com todas as instituições e as formas de vida derivadas do mundo burguês"[57]. Ainda nos anos 1960, o ideal (caro a Herbert Marcuse) de uma sociedade fundada numa substancial libertação do trabalho e no triunfo definitivo do *eros* sobre todas as formas de dominação (e, talvez, também de poder) conhece uma difusão de massa e às vezes também uma radicalização. Quem clama explicitamente pela "supressão do trabalho" é o principal expoente do "operaísmo" italiano, Mario Tronti, que, algumas décadas depois, anuncia sua orgulhosa conformidade com as "heresias milenaristas" dos "operários do século XX"[58].

Ainda mais eloquente é o extraordinário sucesso alcançado por um livro publicado originalmente em 2000. Este termina com a evocação de um futuro tão extraordinário de regeneração universal que remete não mais à revolução de origem marxiana, mas sim à apocatástase de que falam, nos primeiros séculos do cristianismo, teólogos particularmente fervorosos, e que marca o advento da conciliação final não apenas do homem com o homem, mas também do homem com a natureza e das espécies animais entre si. Somos levados a pensar em autores como Orígenes ou João Escoto Erígena, justamente os profetas da apocatástase: eis, finalmente, "os animais, irmã lua, irmão sol, os pássaros dos campos, os homens explorados e os pobres, todos juntos contra a vontade do poder e a corrupção [...]. O biopoder e o comunismo, a cooperação e a revolução ficam juntos simplesmente no amor, e com inocência"[59].

---

[57] György Lukács, "Prefazione" [1967], em *Storia e coscienza di classe*, cit., p. xii-xiv.

[58] Ver, neste volume, cap. 3, § 3.

[59] Michael Hardt e Antonio Negri, *Impero* (trad. Alessandro Pandolfi, Milão, Garzanti, 2002), p. 382 [ed. bras.: *Império*, trad. Berilo Vargas, Rio de Janeiro, Record, 2005].

7. A luta contra a desigualdade no Oeste e no Leste

Ao condenar com palavras duras a carnificina bélica e o sistema político-social que a provocou, Bloch acusa a polarização social que caracteriza o capitalismo, apesar da homenagem ao princípio da igualdade (jurídica).

> Anatole France diz que a igualdade diante da lei significa proibir, na mesma medida, que ricos e pobres roubem lenha e durmam embaixo das pontes. Longe de impedir a desigualdade real, a lei chega a protegê-la [...]. Por serem os juristas, de fato, especialistas apenas no aspecto formal, é justamente em tal formalismo que a classe dos exploradores, com toda sua capacidade de desconfiança, de avareza e de perfídia calculista, encontra seu terreno mais propício [...]. Todo o direito, incluída a maior parte do direito penal, não é mais do que um simples instrumento das classes dominantes para manter a segurança jurídica em prol de seus próprios interesses.[60]

Como se nota, a condenação é radical, mas se baseia exclusivamente na análise da condição das massas populares no Ocidente. Isso também vale para Benjamin, que também retoma a observação satírica do escritor francês sobre as leis da sociedade burguesa que "proíbem igualmente ricos e pobres de pernoitar embaixo das pontes" e que, no plano político, toleram a passagem do poder apenas "de privilegiados para outros privilegiados"[61]. Não há, porém, nenhuma referência à condição dos povos das colônias. Ao contrário, no que se refere a Bloch, logo veremos que, nesses anos, polemiza com aqueles que a seus olhos enfatizam excessivamente a questão colonial.

Obviamente, Ho Chi Minh também tem grande consideração pela causa da igualdade, mas suas prioridades são outras. No discurso em que conclama os socialistas franceses a aderirem à Internacional Comunista, nós o vimos declarar: "a assim chamada justiça indochinesa, lá tem dois pesos e duas medidas. Os anamitas não têm as mesmas garantias que os europeus ou os europeizados". A desigualdade é denunciada com o olhar voltado em primeiro lugar para a condição dos povos coloniais. E para o revolucionário vietnamita não se trata de questionar apenas o caráter formal da igualdade jurídica, pois essa igualdade não é de modo algum colocada em prática nas colônias. Não são apenas os franceses que gozam de um tratamento decididamente privi-

---

[60] Ernst Bloch, *Spirito dell'utopia*, cit., p. 313-4.
[61] Walter Benjamin, *Gesammelte Schriften*, cit., v. 2, tomo 1, p. 198 e 194.

legiado, mas também os vietnamitas ou indochineses "europeizados", por exemplo, aqueles que se converteram ao cristianismo, à religião da potência colonial dominante e que em certa medida foram cooptados para a área da civilização ou para a suposta raça superior. Por algum tempo, Ho Chi Minh flerta com a ideia de traduzir Montesquieu, mais precisamente *O espírito das leis*, para a língua vietnamita[62], pois o Ocidente capitalista estufa o peito com seus princípios liberais, mas nas colônias furta-se não apenas a praticá-los, mas até a torná-los conhecidos!

A desigualdade material também é denunciada com o olhar voltado, em primeiro lugar, para as colônias: os vietnamitas "vivem na miséria quando há abundância para seus carrascos e morrem de fome quando a colheita é ruim". As desigualdades material e jurídica se entrelaçam, os povos coloniais são constrangidos a sofrer simultaneamente prisões arbitrárias e fome desesperadora. "A Argélia padece de fome. Eis que a Tunísia é devastada pelo mesmo flagelo. Para remediar a situação, a Administração aprisiona um número imenso de famintos. E, para que os mortos de fome não tomem a prisão como um abrigo, não têm nada para comer. Nos presídios, alguns morrem por inanição." É necessário, sobretudo, não perder de vista aquele que talvez seja o ponto mais importante: com a revolução anticolonial, pretende-se conquistar a emancipação em todos os níveis, não apenas como indivíduos, mas enquanto nação. É preciso pôr um termo à "saudação protocolar devida à raça superior por parte da raça derrotada". É preciso, pois, pôr um termo à inclinação respeitosa que o vietnamita é obrigado a executar quando cruza com um francês[63].

Vimos Sun Yat-sen atribuir à Revolução de Outubro o mérito de se sublevar "contra a desigualdade e em defesa da humanidade". A desigualdade de que aqui se trata é a global. No decorrer da Revolução Chinesa, a reivindicação de igualdade tem como alvo constante a humilhação sofrida pela nação como um todo. É entusiástica e recorrente a condenação dos "tratados desiguais" impostos pelo colonialismo à China, que devem ser substituídos por "tratados novos e paritários". Nesse novo contexto insere-se também a condenação da "extraterritorialidade", que os Estados Unidos foram os primeiros a conseguir impor à China e que consentia aos cidadãos estadunidenses residentes no grande país asiático (e aos cristãos convertidos e ocidentalizados) se organizarem e se

---

[62] Ver Alain Ruscio, "Introduction", em Ho Chi Minh, *Le Procès de la colonisation française* (Pantin, Le Temps des Cerises, 1998 [1925]), p. 13.

[63] Ho Chi Minh, *Le Procès de la colonisation française*, cit., p. 100, 103 e 71.

comportarem como um Estado dentro do Estado[64]. De toda forma, a luta pela afirmação internacional do princípio "da igualdade, da vantagem recíproca e do respeito mútuo da soberania e da integridade nacional" é um aspecto essencial da revolução anticolonial[65].

Obviamente, nem Mao Tsé-tung nem Ho Chi Minh perdem de vista o problema da construção de uma sociedade protegida da polarização social que caracteriza o mundo pré-capitalista e capitalista. É inegável que, ao contrário do que acontece na Europa, os comunistas, na Ásia, saúdam a Revolução de Outubro extraindo dela o estímulo para se libertar, antes de mais nada, da assustadora desigualdade que os países mais avançados – ou o capitalismo e o imperialismo – impõem aos povos coloniais.

8. AS FRÁGEIS FRONTEIRAS ENTRE MARXISMO OCIDENTAL E MARXISMO ORIENTAL

Até aqui, tracei uma distinção entre marxismo ocidental e marxismo oriental, fazendo referência, respectivamente, à Europa ocidental e à Ásia. Mas como inserir a Rússia soviética? Todos os membros do grupo dirigente da revolução bolchevique em alguma medida aprenderam a lição de Lênin sobre a centralidade da questão colonial e almejam a expansão da revolução na Europa e uma sublevação de radicalidade sem precedentes na história. Assim, ao menos por um tempo, na Rússia não parece haver traços dessa divergência entre os dois marxismos. Ela toma forma à medida que perde credibilidade a perspectiva do advento, em escala mundial, de uma sociedade caracterizada pelo desaparecimento da economia mercantil, do aparelho de Estado e dos limites estatais e nacionais, pelo desaparecimento de qualquer conflito e desarmonia. Quanto mais essa perspectiva exultante se ofusca e mais urgente se torna a tarefa de governar a Rússia, um país às voltas com o atraso histórico e as devastações da guerra e da guerra civil, mais o grupo dirigente bolchevique se vê impelido a enfrentar, entre oscilações e contradições, um processo de aprendizado que deve se desenvolver em tempo muito acelerado, dados os perigos inerentes à situação interna e internacional.

O caso de Lênin é exemplar. Por algum tempo, enquanto a revolução parece se expandir para além das fronteiras da Rússia, ele partilha das ilusões de

---

[64] Mao Tsé-tung, *Opere scelte*, cit.,v. 3, p. 268, e v. 4, p. 461.

[65] Ibidem, v. 4, p. 428.

42 O marxismo ocidental

outros bolcheviques, a ponto de, no discurso de encerramento pronunciado no Congresso de fundação da Internacional, em 6 de março de 1919, se render a uma previsão arriscada: "A vitória da revolução proletária em todo o mundo é certa. Estamos próximos da hora da fundação da república mundial dos sovietes"[66]. Nos primeiros dias de outubro de 1920, num clima de euforia permanente, Lênin afirmava: "A geração, cujos representantes estão hoje na casa dos cinquenta [anos], não conseguirá ver a sociedade comunista. Até lá, terá desaparecido. Mas a geração que tem hoje quinze anos verá a sociedade comunista e construirá, ela própria, essa sociedade"[67]. A ilusão do advento próximo de um mundo radicalmente novo sob o signo de uma conciliação total e definitiva não demoraria a desaparecer.

Dois anos e meio depois, numa importante intervenção, "Melhor menos, mas melhor", publicada no *Pravda* de 4 de março de 1923, ressoavam tons e palavras de ordem muito diferentes daqueles: "melhorar nosso aparato estatal", empenhar-se seriamente no "erguimento do Estado", "construir um aparato verdadeiramente novo que mereça verdadeiramente o nome de socialista, de soviético". Era uma tarefa de muito fôlego que exigia "muitos, muitíssimos anos" e, para empreendê-la, a Rússia soviética não deveria hesitar em aprender na escola dos países capitalistas mais avançados[68]. Assim como para a questão do Estado (e da nação), um processo de aprendizado e uma reanálise se impunham no campo da economia. Tendo considerado o taylorismo "um sistema 'científico' para espremer o suor" do "escravo assalariado"[69], Lênin, depois da Revolução de Outubro, destacava que "o poder dos sovietes" tinha de aprender a aumentar a produtividade do trabalho, ensinando o trabalhador russo, tradicionalmente um "mau trabalhador", a trabalhar melhor e promovendo a assimilação crítica do "sistema de Taylor" e dos "mais recentes progressos do capitalismo"[70].

Pode-se dizer que, no grupo dirigente bolchevique, a distinção entre marxismo ocidental e oriental é sobretudo de caráter temporal. Antes da reviravolta de 1917, muitos viveram no Ocidente e não o fizeram como os comunistas chineses, estabelecidos por um breve período na França ou na Alemanha a fim de aprender a ciência e a técnica a serem importadas o mais rapidamente possível

---

[66] Vladímir I. Lênin, *Opere complete*, cit., v. 28, p. 479.

[67] Ibidem, v. 31, p. 284.

[68] Ibidem, v. 33, p. 448, 450 e 445-6.

[69] Ibidem, v. 18, p. 573.

[70] Ibidem, v. 27, p. 231.

para a pátria de origem. De fato, não foram poucos os futuros dirigentes da Rússia soviética que transcorreram no Ocidente uma parte considerável de suas vidas, sem qualquer certeza de poder voltar para casa, permanecendo por longos períodos isolados no país em que haviam encontrado refúgio e no qual não puderam exercer nenhuma prática de governo ou administração, nem mesmo no nível mais modesto. Mais ainda do que por ocasião da Revolução Francesa, um grupo ou uma classe de intelectuais "abstratos" é chamado a se transformar, por assim dizer, de um dia para o outro, em classe governamental.

A partir do caso exemplar de Lênin, podemos compreender o processo de aprendizagem pelo qual é obrigado a passar o grupo dirigente bolchevique: antes mesmo da conquista do poder, ele tende a pensar a sociedade pós-capitalista como a negação total e imediata da ordem político-social precedente; com as primeiras experiências de gestão do poder, fica evidente que a transformação revolucionária não é uma criação instantânea e indolor vinda do nada, mas uma complexa e penosa *Aufhebung* [superação] (para retomar uma categoria central da filosofia hegeliana), isto é, uma negação que significa, ao mesmo tempo, herdar os pontos mais altos da ordem político-social negada e derrubada.

É claro que nem todos cumprem ou estão dispostos a se submeter, no mesmo tempo e da mesma forma, ao processo de aprendizagem imposto pela situação objetiva. Noutras palavras, no que se refere à Rússia soviética, a fronteira entre marxismo ocidental e marxismo oriental é, por um lado, de caráter temporal, e por outro, atravessa o mesmo grupo dirigente. As contradições e os conflitos que acabam por cindi-lo remetem, em última instância, ao embate entre os dois marxismos. Trótski, que olha para o poder conquistado pelos bolcheviques na Rússia como um trampolim para a revolução no Ocidente, é o mais eminente representante do marxismo ocidental. Acusado por seu opositor por sua pretensa angústia nacional e provinciana, Stálin é, por sua vez, a encarnação do marxismo oriental: ele nunca saiu da Rússia e, já entre fevereiro e outubro de 1917, apresenta a revolução proletária por ele almejada como o instrumento necessário não apenas para edificar uma nova ordem social, mas também para reafirmar a independência nacional da Rússia, ameaçada pela Entente, que desejava forçá-la a suprir com bucha de canhão a guerra imperialista e a trata como um país da "África central"[71]. É o vago pressentimento de que, longe de poder "exportar" a revolução para o Ocidente, a Rússia soviética deveria se empenhar em não se tornar uma colônia ou semicolônia do mais avançado Ocidente capitalista.

---

[71] Ver, neste volume, cap. 2, § 3.

9. O DIFÍCIL RECONHECIMENTO RECÍPROCO ENTRE DUAS LUTAS PELO RECONHECIMENTO

Desde o início, marxismo ocidental e marxismo oriental tendiam a seguir dois caminhos distintos. Não faltavam motivos para polêmicas, algumas diretas, outras indiretas. Ao subscrever a ideologia do presidente estadunidense Woodrow Wilson – para a qual a derrota do despotismo, atribuído em primeiro lugar à Alemanha de Guilherme II, teria pavimentado o caminho para a "paz definitiva" –, Bloch se distanciava de Lênin, criticado pelo fato de colocar no mesmo plano as alianças bélicas contrapostas e, portanto, de não levar a sério o caráter democrático da Grã-Bretanha e de seus aliados. Aos olhos do filósofo alemão, o revolucionário russo "se deleitava evidentemente no ceticismo soberano que não enxerga outra coisa senão os interesses do capital, e nada mais, e repreende os ingleses por seu protetorado no distante Egito"[72].

Salta aos olhos como reduz a nada a questão colonial: o maior império colonial daquele tempo é absolvido com o argumento de que seria enganoso condená-lo por causa de uma simples colônia, aliás, de um "protetorado", ademais "distante da Europa" e, portanto, indigno de particular atenção. O filósofo alemão não faz nenhuma referência à feroz repressão de que é vítima o povo irlandês, que pouco tempo antes se rebelara contra a guerra e o domínio colonial. Quanta diferença em relação a Ho Chi Minh, que acompanha com apaixonada participação tal revolta, ou a luta de libertação nacional de um povo situado não no "distante" Oriente Médio, mas sim na Europa[73]! De modo geral, se Bloch censura Lênin por atribuir um peso excessivo à questão colonial, Ho Chi Minh, em 1923, critica Marx pelo motivo contrário: "Marx edificou sua doutrina sobre uma certa filosofia da história. Qual história? A da Europa. Mas o que é a Europa? Não é a humanidade em sua completude"[74].

O desprezo pela questão colonial é uma forma direta de chauvinismo pró-ocidental. Mas, a partir do horror à carnificina, oficialmente deflagrada por ambos os lados em nome da defesa da pátria, difunde-se em vários setores do marxismo ocidental um internacionalismo exaltado e abstrato, propenso a considerar superada a questão nacional e, por conseguinte, a deslegitimar os movimentos de libertação nacional dos povos coloniais (o que é uma forma

---

[72] Ernst Bloch, *Kampf, nicht Krieg*, cit., p. 319.

[73] Jean Lacouture, *Ho Chi Minh*, cit., p. 27.

[74] Ho Chi Minh citado em Alain Ruscio, "Introduction", cit., p. 21.

indireta de chauvinismo pró-ocidental). É contra essa tendência que Ho Chi Minh polemiza, alusivamente, na abertura de sua intervenção no Congresso de Tours, de dezembro de 1920:

> Companheiros, gostaria de ter vindo para colaborar com vocês na obra da revolução mundial, mas é com a maior tristeza e a desolação mais profunda que venho hoje, como socialista, protestar contra os abomináveis delitos cometidos em meu país de origem.[75]

A palavra de ordem da revolução mundial corre o risco de fazer perder de vista a tarefa (mais modesta, mas mais concreta) do apoio político aos povos em luta contra a submissão colonial e se constituírem como Estados nacionais independentes. Bloch não se cansa de condenar o militarismo, e com tal propósito critica Marx por ter dirigido seu ataque quase "somente contra o capitalismo", em vez de centrar fogo no "militarismo", cuja encarnação seria representada pela Prússia[76]. De forma bem distinta argumenta Ho Chi Minh, que chama a atenção para o "militarismo colonial": é este que desencadeia nas colônias a caça ao "material humano", à "carne negra ou amarela" que as grandes potências capitalistas se arrogam o direito de imolar tranquilamente na guerra pela conquista da hegemonia no mundo[77].

Veremos a Internacional Comunista, logo um ano após sua fundação, lançar uma palavra de ordem que chama para o protagonismo da revolução não apenas os "proletários", mas também os "povos oprimidos" do mundo inteiro, e que exprime uma clara tomada de consciência da centralidade da questão colonial. Todavia, ainda em 1924, quando do V Congresso da Internacional Comunista, Ho Chi Minh se sente obrigado a intervir no debate com uma breve mas eloquente declaração que submete à crítica o persistente desprezo da questão colonial: "Tenho a impressão de que os companheiros não compreenderam plenamente que o destino do proletariado do mundo inteiro [...] está estreitamente ligado ao destino das nações oprimidas das colônias"[78].

---

[75] Ho Chi Minh citado em Jean Lacouture, *Ho Chi Minh*, cit., p. 36.

[76] Ernst Bloch, *Spirito dell'utopia*, cit., p. 320.

[77] Ho Chi Minh, *Le Procès de la colonisation française*, cit., p. 42, 32-3 e 38.

[78] Ho Chi Minh citado em Stephen Kotkin, *Stalin: Paradoxes of Power, 1878-1928* (Londres, Penguin, 2014), p. 550 [ed. bras.: *Stálin: paradoxos do poder, 1878-1928*, trad. Pedro Maia Soares, Rio de Janeiro, Objetiva, 2017].

Juntamente com a Grã-Bretanha, Bloch tende a transfigurar também os Estados Unidos. Nesses anos, sem renunciar às suas colônias propriamente ditas (as Filipinas), à doutrina Monroe e ao correspondente controle neocolonial da América Latina, a república norte-americana, com Wilson, tenta se atribuir um tom "anticolonialista", agitando a bandeira da autodeterminação dos povos. É entusiástica a adesão de Bloch, que também nesse caso não leva em consideração nem as colônias nem as semicolônias, tampouco o tratamento reservado pelo persistente regime da *white supremacy* aos povos de origem colonial (em particular os negros)[79].

Agora, olhemos para Ho Chi Minh: em busca de trabalho, ao chegar aos Estados Unidos, em 1924, ele testemunha horrorizado um linchamento, o lento e interminável suplício de um negro, a que assiste uma multidão divertida e festiva de brancos. Saltemos os terríveis detalhes para nos concentrarmos na conclusão política: "No chão, circundada por um fedor de gordura e de fumaça, uma cabeça negra, mutilada, queimada, deformada, faz uma careta horrenda e parece perguntar ao sol que se põe: 'É isto a civilização?'". Portanto, além dos povos coloniais, também sofrem a opressão, a humilhação e a desumanização aqueles que, embora cidadãos do país propenso a se autocelebrar como a mais antiga democracia do mundo, com a cor da pele traem seu distanciamento em relação à suposta raça superior. O jovem indochinês, que já amadureceu a escolha revolucionária e comunista, denuncia a infâmia do regime da supremacia branca e da Ku Klux Klan no *Correspondance Internationale* (a versão francesa do órgão da Internacional Comunista)[80]. A reflexão sobre a sorte reservada aos afro-americanos deve ter exercido um papel também na formação de Mao Tsé-tung: de acordo com uma notável testemunha, ele "sabia bastante sobre o problema dos negros nos Estados Unidos e fazia uma comparação nada lisonjeira entre o tratamento reservado aos negros e aos índios na América e a correta política adotada na União Soviética em relação às minorias nacionais"[81].

Enquanto no Oeste e na formação do marxismo ocidental ecoam particularmente as páginas de Lênin dedicadas à denúncia da carnificina bélica, da mobilização e arregimentação total, no Leste e na formação do marxismo oriental ressoam com força particular as páginas que têm como alvo o imperialismo

---

[79] Ernst Bloch, *Kampf, nicht Krieg*, cit., p. 431-2.

[80] Wyn C. Wade, *The Fiery Cross: The Ku Klux Klan in America* (Nova York/Oxford, Oxford University Press, 1997), p. 203-4).

[81] Edgar Snow, *Stella rossa sulla Cina*, cit., p. 88-9.

e a pretensão das supostas "nações eleitas" ou "nações-modelo" de dominar e saquear o resto do mundo. Estamos diante de duas lutas pelo reconhecimento. No que se refere às colônias, o fato resulta evidente pela análise dos processos de desumanização desenvolvida por Ho Chi Minh: os povos coloniais são reduzidos a "material humano", ou a "carne negra ou amarela", a ser sacrificada num trabalho mais ou menos escravo ou imolada numa guerra em que se enfrentam, a milhares de quilômetros de distância, povos dos senhores numa concorrência mortal entre si.

Numa análise mais atenta, a reivindicação do reconhecimento também emerge da luta conduzida no Ocidente pelas massas populares contra a Primeira Guerra Mundial. A Itália é arrastada para essa guerra, a despeito da oposição das vastas massas de orientação católica ou socialista, quando já é claro para todos o enorme preço de vidas humanas que se deve pagar. Compreende-se, então, a conclusão de Gramsci: sempre tratadas como multidão infantil e, portanto, consideradas incapazes de entender e querer no plano político, as massas populares podem ser tranquilamente sacrificadas pela classe dominante no altar de seus projetos imperiais. E, assim, é preciso fazer com que o "povo trabalhador" não permaneça na condição de "presa fácil para todos" e de simples "material humano" à disposição das elites, de "matéria bruta para a história das classes privilegiadas"[82].

Não deveria haver contradições entre marxismo oriental e marxismo ocidental: estamos lidando com dois ângulos distintos do mesmo sistema social, investigado em ambos os casos a partir da análise desenvolvida por Lênin. Quer dizer, para questionar o capitalismo-imperialismo, temos duas lutas pelo reconhecimento: da primeira são protagonistas nações inteiras que querem se ver livres da opressão, da humilhação e da desumanização inerentes à dominação colonial; da segunda são protagonistas a classe operária e as massas populares, que se recusam a ser "matéria bruta" à disposição das elites. E, todavia, desde o início a convergência, a unidade e o reconhecimento recíproco entre essas duas lutas pelo reconhecimento não são óbvios.

---

[82] Antonio Gramsci, *Cronache torinesi, 1913-1917* (org. Sergio Caprioglio, Turim, Einaudi, 1980 [1916]), p. 175, e *L'Ordine Nuovo, 1919-1920* (org. Valentino Gerratana e Antonio A. Santucci, Turim, Einaudi, 1987 [1920]), p. 520.

II
SOCIALISMO *VS*. CAPITALISMO OU ANTICOLONIALISMO *VS*. COLONIALISMO?

1. DA REVOLUÇÃO "APENAS PROLETÁRIA" ÀS REVOLUÇÕES ANTICOLONIAIS

Vimos até o momento de que modo os diversos contextos econômico-sociais e as várias tradições culturais contribuíram para distanciar os dois marxismos situados no Oeste e no Leste. Trata-se agora de analisar a influência que exerceram sobre tal processo a rápida mudança no cenário internacional e a discrepância cada vez mais evidente entre as esperanças iniciais suscitadas pela Revolução de Outubro e os sucessivos desenvolvimentos históricos. A indignação com a Primeira Guerra Mundial difundia entre os comunistas europeus uma sólida convicção: estava na ordem do dia a derrubada do sistema político-social responsável pela horrenda carnificina, já não havia objetivos intermediários a perseguir; tudo girava em torno da contradição entre capitalismo/socialismo ou entre burguesia/proletariado. Essa era também a opinião de Lênin, que repetidamente afirmava: "o imperialismo é a véspera da revolução socialista"; ele é a "fase superior do capitalismo" justamente porque, com suas infâmias e os levantes de massa por estas provocadas, marca "a passagem da ordem capitalista para uma ordem social e econômica mais elevada"[1].

O salto qualitativo que se perfilava no horizonte teria uma grandeza incomensurável mesmo comparado às grandes convulsões do passado. Em janeiro de 1917, na comemoração do décimo segundo aniversário da revolução russa de 1905, "democrático-burguesa por seu conteúdo social, mas proletária por seus meios de luta" (embora visasse à derrubada da autocracia

---

[1] Vladímir I. Lênin, *Opere complete* (Roma, Editori Riuniti, 1995-1970, 45 v.), v. 22, p. 189 e 298.

tsarista e da nobreza feudal, não da burguesia capitalista, sua força de impacto era constituída pelos operários, a classe anticapitalista por excelência), Lênin concluía que a nova revolução russa prestes a acontecer constituiria "o prólogo da iminente revolução europeia" e seria "*apenas proletária*, no sentido mais profundo da palavra, isto é, *proletária, socialista* também por seu conteúdo", bem como pela participação em massa do proletariado e das classes populares[2]. Na véspera imediata da derrubada do "governo da carnificina imperialista" e da conquista do poder por parte dos bolcheviques, o líder revolucionário reiterava que a "grande guinada" na ordem do dia ia muito além da Rússia: aproximava-se a "revolução *proletária* mundial", a "revolução *socialista* internacional", a vitória do "internacionalismo"[3].

Contudo, quanto mais refletia sobre o gigantesco conflito que se propagava na Europa e no mundo, mais Lênin começava a alimentar dúvidas sobre a plataforma teórica e política que acabamos de ver. No verão de 1915, ele caracterizava a guerra mundial eclodida um ano antes como uma "guerra entre senhores de escravos pela consolidação e pelo fortalecimento da escravidão" colonial; "a originalidade da situação está no fato de que, nesta guerra, os destinos das colônias são decididos pela luta armada no próprio continente"[4]. Essa formulação deixava subentendido que a situação "original" em que a iniciativa política era exclusivamente empreendida pelos "senhores de escravos", isto é, pelas grandes potências colonialistas e imperialistas, não duraria muito; os escravos das colônias não tardariam em se revoltar. Aliás – ressaltava Lênin um ano depois –, a revolta já começara. Sim, "os ingleses reprimiram ferozmente a insurreição de suas tropas indianas em Singapura"; algo semelhante ocorrera no "Annam francês" (ou no Vietnã) e no "Camarões alemão". Tratava-se de um processo que afetava a própria Europa: a Irlanda também se insurgira contra o domínio colonial, reafirmado pelo governo de Londres com pelotões de fuzilamento[5].

Essa análise chegou a conclusões de surpreendente clarividência. Antes mesmo da eclosão da guerra e no seu decorrer, Lênin indicava com precisão os dois epicentros da gigantesca tempestade revolucionária e *nacional* que tomava corpo e que marcaria o século XX como um todo: "a Europa oriental" e "a Ásia", ou

---

[2]   Ibidem, v. 23, p. 239-40 e 253.

[3]   Ibidem, v. 26, p. 63-4 e 68.

[4]   Ibidem, v. 21, p. 275 e 277.

[5]   Ibidem, v. 22, p. 351.

"a Europa oriental", de um lado, e "as colônias e as semicolônias", de outro[6]. De fato, a primeira veria o início e o desenvolvimento do projeto hitlerista de construção de um império colonial de tipo continental pela Alemanha; a segunda contribuiria decisivamente para a destruição e a queda (ao menos em seu formato clássico) do sistema colonialista mundial (pensemos nos movimentos de libertação nacional na China, na Índia, no Vietnã etc.). Estamos bem distantes da perspectiva da revolução "somente *proletária*" e da "revolução *proletária* mundial", da "revolução *socialista* internacional".

Já penosa e não desprovida de oscilações no próprio Lênin, essa tomada de consciência da permanente ou crescente importância da questão colonial e nacional, apesar da vitória da Revolução de Outubro e seu *pathos* socialista e internacionalista, encontrava fortes resistências nas fileiras da esquerda marxista e comunista na Europa: por legítimos que fossem, os protestos dos povos coloniais e as lutas de libertação nacional ainda faziam sentido? O gigantesco confronto pela hegemonia mundial, detonado em 1914, entre coalizões imperialistas opostas não demonstrava o caráter quixotesco da tentativa empreendida por esta ou aquela nação oprimida de conquistar a independência nacional? O que Davi poderia fazer contra Golias? Mesmo que miraculosamente conseguisse conquistar a independência política, ele careceria da independência econômica e, de um modo ou de outro, continuaria a sofrer a opressão exercida por alguma grande potência. Portanto, o problema real era acabar, de uma vez por todas e em escala mundial, com o sistema capitalista-imperialista: era assim que argumentava, na esteira da indignação com a Primeira Guerra Mundial e o entusiasmo pela Revolução de Outubro, uma corrente importante da esquerda marxista e comunista, muito atuante na Europa.

A isso se referia Lênin quando, entre agosto e outubro de 1916, reportava o posicionamento assumido por um "grupo de esquerda, o grupo alemão 'International'" (do qual faziam parte Mehring, Liebknecht e Luxemburgo), segundo o qual, "nesta época de imperialismo desenfreado, já não há lugar para guerras nacionais"[7]. Dado esse pressuposto, é fácil compreender o desdém com que o diário suíço *Berner Tagwacht*, embora francamente contrário à guerra, falava da insurreição de 1916 na Irlanda, protagonizada por um povo ávido por se libertar do domínio inglês e se constituir como Estado nacional independente: tratava-se de um "*putsch*" que fazia "muito barulho", mas era

---

[6]   Ibidem, v. 20, p. 414, e v. 23, p. 36.

[7]   Ibidem, v. 23, p. 34.

52 O MARXISMO OCIDENTAL

politicamente insignificante[8]; na época do imperialismo, não fazia sentido se deter em objetivos intermediários obsoletos e provincianos, perdendo de vista ou enfraquecendo a única luta que valia a pena, aquela que visava derrubar no mundo inteiro o sistema capitalista-imperialista enquanto tal.

Essa tese, que circulava amplamente na extrema-esquerda, na Alemanha, na Suíça, no Ocidente, era refutada duramente por Lênin:

> Crer que a revolução social é possível sem as insurreições das pequenas nações nas colônias e na Europa [...] significa rejeitar a revolução social [...]. É como se, de um lado, se formasse um exército e dissesse: "Defendemos o socialismo", e, de outro, se formasse outro exército e dissesse: "Defendemos o imperialismo", e essa seria a revolução social! Somente de um ponto de vista tão pedante e ridículo seria possível afirmar que a insurreição irlandesa é um "*putsch*".
>
> Quem esperar por uma revolução social "pura" nunca a verá. É um revolucionário da boca para fora, que não entende a verdadeira revolução.[9]

Esta última observação crítica não atinge também a revolução "somente proletária" na qual por algum tempo vimos até o próprio Lênin depositar suas esperanças? Fica claro que o aspecto principal de seu pensamento é, de longe, aquele para o qual as revoluções anticoloniais são parte integrante da época do imperialismo (e da luta contra o capitalismo). A continuidade da opressão nacional tanto no nível internacional quanto no âmbito dos próprios países que se vangloriavam de sua democracia (lembremo-nos da opressão aos afro--americanos) demonstrava a "enorme importância da questão nacional"[10]. É fácil compreender que essa visão emergisse em primeiro lugar num país (a Rússia tsarista) tradicionalmente rotulado como "a prisão dos povos", onde, portanto, a opressão nacional não podia ser ignorada e que, além do mais, se situava nas vizinhanças do mundo colonial propriamente dito. Sobre a questão nacional (e colonial) na época do imperialismo, estava se delineando uma sensível diferenciação entre marxismo ocidental e marxismo oriental.

A linha de demarcação entre os dois não deve ser entendida em sentido meramente geográfico, mesmo porque, como sabemos, não poucos dirigentes do partido bolchevique provinham do Ocidente. E é polemizando particu-

---

[8] Ibidem, v. 22, p. 352.

[9] Ibidem, p. 353.

[10] Ibidem, v. 21, p. 90.

larmente com dois deles, Parabellum (ou Radek) e Kievski (ou Piatakov), que Lênin explicitava sua posição: a "divisão das nações em dominantes e oprimidas [...] representa a essência do imperialismo" e a luta por sua superação deve constituir o "ponto central" do programa revolucionário; sim, "essa divisão [...] é indiscutivelmente substancial do ponto de vista da luta revolucionária contra o imperialismo"[11].

O Congresso dos Povos do Oriente, ocorrido em Baku no verão de 1920, logo após o II Congresso da Internacional Comunista, tratou de reiterar e oficializar esse ponto de vista. Esse congresso sentia a necessidade de complementar o lema que encerra o *Manifesto do Partido Comunista* e o *vocativo inaugural* da Associação Internacional dos Trabalhadores. O novo lema era: "Proletários de todos os países e povos oprimidos do mundo inteiro, uni-vos!". Agora, ao lado dos "proletários", os "povos oprimidos" também emergiam como sujeitos revolucionários plenos. Começava assim a conscientização de que a luta de classes não é apenas a dos proletários na metrópole capitalista, mas também a conduzida pelos povos oprimidos nas colônias e semicolônias. E seria principalmente este segundo tipo de luta de classes que definiria o século XX. A Revolução de Outubro chegara à vitória lançando, no Oeste, o apelo à revolução socialista e, no Leste, o apelo à revolução anticolonial. Esta última, portanto, nunca foi abandonada, mas em pouco tempo assumiu uma centralidade inesperada e era vista com desconfiança pelo marxismo ocidental.

2. A QUESTÃO NACIONAL E COLONIAL NO CORAÇÃO DA EUROPA

De fato, a questão colonial e nacional acabou emergindo com força muito além do mundo colonial propriamente dito. Também sobre esse ponto Lênin se mostrava extraordinariamente lúcido. Já vimos suas alusões às tempestades que se adensavam sobre a Europa oriental, mas há muito mais. Em julho de 1916, depois de ver o exército de Guilherme II avançar até as portas de Paris, o grande revolucionário, por um lado, reafirmava o caráter imperialista do primeiro conflito mundial então em curso e, por outro, chamava a atenção para uma possível reviravolta: se o gigantesco conflito terminasse "com vitórias do tipo napoleônico e com a submissão de toda uma série de Estados nacionais capazes de vida autônoma [...], então seria possível uma grande guerra nacional na Europa"[12].

---

[11] Ibidem, p. 374.

[12] Ibidem, v. 22, p. 308.

54 O MARXISMO OCIDENTAL

Nesse contexto, é conveniente reler uma importante passagem do ensaio de Lênin dedicado à análise do imperialismo. O que o caracteriza é a "obsessão não apenas de conquistar territórios agrários [como pretendia Kautsky], mas também de se apoderar de países fortemente industriais", nem que seja para enfraquecer o "adversário"[13]. A corrida imperialista para alcançar a hegemonia mundial não tinha limites. Por mais industrializado que fosse ou por mais antiga que fosse sua civilização, não havia país a salvo do risco de se ver transformado em colônia ou semicolônia. Nem mesmo uma potência colonialista e imperialista podia considerar-se totalmente segura. De fato, depois da vitória "de tipo napoleônico" obtida por Hitler na primavera de 1940, a França se tornava uma colônia ou semicolônia do Terceiro Reich.

É interessante notar que, antes mesmo da conquista do poder, Hitler procedia a uma racialização do povo francês, relegando-o entre os povos coloniais e as raças inferiores: a França não integrava propriamente a comunidade branca mundial; estava a caminho da "negrização" (*Vernegerung*), não estabelecia nenhum limite aos casamentos e relações sexuais inter-raciais e, assim, permitia sem pudor "enegrecer o seu sangue". Esse processo nocivo estava tão avançado que se podia "falar do nascimento de um Estado africano em solo europeu"; aliás, já estava em atividade um "Estado mulato euroafricano"[14]. Perseguido no mundo colonial, para recuperar sua independência e dignidade nacional, o povo francês era obrigado a recorrer a uma revolução nacional e anticolonial.

Talvez fosse ainda mais significativo o que acontecia na Itália: depois de entrar no segundo conflito mundial bradando palavras de ordem explicitamente imperialistas (a conquista do lugar ao sol, o retorno do Império "nas colinas fatais de Roma" etc.), no momento de sua queda Mussolini deixava o país não apenas prostrado e destruído, mas também, em larga medida, controlado por um Exército que se comportava como exército de ocupação e que considerava e tratava a população local como um povo colonial, membro de uma raça inferior. É reveladora a nota do diário de Goebbels, de 11 de setembro de 1943: "Por causa de sua infidelidade e de sua traição, os italianos perderam todo o direito

---

[13] Ibidem, p. 268.

[14] Adolf Hitler, *Mein Kampf* (Munique, Zentralverlag der NSDAP, 1939 [1925-1927]), p. 730 [ed. bras.: *Minha luta*, trad. J. de Matos Ibiapina, Porto Alegre, Livraria do Globo, 1934], e *Hitlers Zweites Buch. Ein Dokument aus dem Jahre 1928* (org. Gerhard L. Weinberg, Stuttgart, Deutsche Verlags-Anstalt, 1961), p. 152.

a um Estado nacional moderno. Devem ser severamente punidos, como impõe a lei da história"[15]. De fato, aos olhos de alguns chefões nazistas, os italianos eram "negroides", com os quais se deveria evitar a contaminação sexual e que, ao fim da guerra, deviam ser utilizados como mão de obra mais ou menos servil, como "trabalhadores a serviço dos alemães"[16]. Depois de participar da eclosão de uma guerra imperialista e pela conquista de colônias, em primeiro lugar na África e nos Bálcãs, a Itália se encontrava na necessidade de conduzir uma guerra de libertação nacional para livrar-se do jugo colonial imposto pelo antigo aliado e recuperar a própria independência e dignidade nacional.

Para concluir, como eventualmente e em parte intuíra Lênin, no próprio coração da Europa, bem distante de ser "somente proletária", a revolução era anticolonial e nacional.

3. Os países socialistas na "época das guerras napoleônicas"

Ao menos no que se referia à Rússia soviética, é possível dizer que a contradição socialismo/capitalismo ou proletariado/burguesia era inequivocamente a principal? Enquanto tentava convencer seus companheiros de partido da necessidade de assinar – por mais humilhante que fosse – a paz de Brest-Litovsk, entre fevereiro e março de 1918, Lênin observava: "É possível que outra época – como a das guerras napoleônicas – venha a ser a época das guerras de libertação (das guerras precisamente, e não de uma única guerra), impostas pelos invasores à Rússia soviética"[17]. Se esse cenário se realizasse, os bolcheviques deveriam se empenhar, acima de tudo, na luta pela independência nacional. Nesse caso, nem mesmo para o país protagonista da Revolução de Outubro, a contradição principal seria entre socialismo/capitalismo ou proletariado/burguesia. E, talvez, essa situação se prolongasse até por uma "época" inteira.

Qual seria a configuração concreta de um confronto entre napoleonismo e antinapoleonismo? Principalmente a partir do fim da Primeira Guerra Mundial, evidenciava-se que o Segundo Reich conduzia sua campanha no Leste com um espírito diferente que no Oeste. O avanço para o Leste tinha claros contornos

---

[15] Joseph Goebbels, *Tagebücher* (org. Ralf G. Reuth, Munique/Zurique, Piper, 1992), p. 1.951-2.

[16] Joseph Goebbels citado em Gerhard Schreiber, *La vendetta tedesca, 1943-1945: le rappresaglie naziste in Italia* (trad. Marina Buttarelli, Milão, Mondadori, 2000 [1996]), p. 21-4.

[17] Vladímir I. Lênin, *Opere complete*, cit., v. 27, p. 61.

56 O MARXISMO OCIDENTAL

raciais e coloniais: ao menos para os círculos mais extremistas, tratava-se de colocar a Rússia dentro das fronteiras anteriores às estabelecidas por Pedro, o Grande, e dessa maneira abrir um enorme espaço para o domínio colonial ou semicolonial exercido pela Alemanha. O perigo da submissão colonial vinha de uma única direção? Entre a revolução de fevereiro e a de outubro, Stálin denunciava nestes termos o comportamento da Entente: uma tentativa de, a qualquer custo, forçar a Rússia a continuar combatendo e fornecendo recursos e carne de canhão para as grandes potências ocidentais, que, por sua vez, visavam transformar o grande país situado entre a Europa e a Ásia "numa colônia da Inglaterra, dos Estados Unidos e da França"; não por acaso, comportavam-se na Rússia como se estivessem "na África Central"[18].

De fato, em relação ao país surgido da Revolução de Outubro, difundia-se entre as classes dominantes do Ocidente uma postura francamente racista: o país governado por aqueles bárbaros selvagens que eram os bolcheviques ainda podia ser considerado parte integrante da comunidade dos povos civilizados e de raça branca? Ao denunciar a "maré montante dos povos de cor", num livro que obtinha sucesso extraordinário nas duas margens do Atlântico, um escritor estadunidense pronunciava uma sentença inapelável: incitando a revolta dos povos coloniais, o bolchevismo devia ser considerado e tratado como "o renegado, o traidor no interior de nosso campo pronto para vender a cidadela", como um "inimigo mortal da civilização e da raça [branca]"[19]. Essa tese foi retomada na Alemanha por Oswald Spengler: ao se tornar soviética, a Rússia jogara fora sua "máscara 'branca'" para constituir "de novo uma grande potência asiática, 'mongol'", agora parte integrante de "toda a população de cor da terra" animada pelo ódio contra a "humanidade branca"[20].

Estamos em 1933. No ano anterior, mais exatamente em 27 de janeiro de 1932, dirigindo-se aos industriais de Düsseldorf (e da Alemanha) e conquistando definitivamente seu apoio para ascender ao poder, Hitler expressava da seguinte forma forma sua visão da história e da política. Durante todo o século XIX, "os povos brancos" conquistaram uma posição de incontestável domínio, concluindo um processo iniciado com a conquista da América e que se desenrolou sob a égide do "absoluto, inato sentimento senhorial da raça

---

[18] Josef Stálin, *Werke* (Hamburgo, Roter Morgen, 1971-1973), v. 3 [1917], p. 127 e 269.

[19] Lothrop Stoddard, *The Rising Tide of Color against White World-Supremacy* (Westport, CT, 1971), p. 220-1.

[20] Oswald Spengler, *Jahre der Entscheidung* (Munique, Beck, 1933), p. 150.

branca"[21]. Ao questionar o sistema colonial e provocar ou agravar a "confusão do pensamento branco europeu", o bolchevismo colocava a civilização em perigo mortal. Para enfrentar tal ameaça, era preciso reiterar, na teoria e na prática, a "convicção da superioridade e, portanto, do direito [superior] da raça branca"; era necessário defender "a posição de domínio da raça branca em relação ao resto do mundo". Assim, enunciava-se com clareza um programa de contrarrevolução colonialista e escravista. A necessária reafirmação do domínio planetário da raça branca pressupunha a assimilação da lição fundamental ensinada pela história do expansionismo colonial do Ocidente: não se podia hesitar em recorrer à "mais brutal falta de escrúpulos", era impositivo "o exercício de um direito senhorial (*Herrenrecht*) extremamente brutal".

Eram esses os pressupostos da bárbara agressão com que a Alemanha hitlerista tentava erguer na Europa oriental seu império colonial escravizando os "indígenas", os eslavos, tachados como raça inferior, apta apenas para o trabalho servil. O que ameaçava esse projeto era a grande guerra patriótica protagonizada pela União Soviética, surgida de um processo de industrialização conduzido às pressas e com terríveis custos humanos e sociais. Se as coisas estavam nesse ponto, a ordem do dia na Rússia soviética era a edificação de uma nova ordem social ou, primeiramente, a defesa do perigo da submissão colonial? Era preciso repensar e reformular profundamente as relações sociais ou, antes, se empenhar no desenvolvimento das forças produtivas e particularmente no crescimento da produção industrial (e militar)? Nos locais de produção e nos campos de batalha, era preciso recorrer a uma classe determinada (o proletariado) ou à nação como um todo (dado que estava em jogo a defesa da independência nacional)?

Considerações análogas são válidas para os outros países que passaram por uma revolução de orientação socialista. Na China, as áreas "libertadas" – governadas pelo Partido Comunista e surgidas com a retirada para os campos decorrente da desastrosa derrota sofrida pela revolução operária de 1927 em Xangai – foram rapidamente obrigadas a reconhecer o expansionismo colonial do Império do Sol Nascente. Depois, a partir de 1937, ou seja, da invasão em larga escala promovida pelo governo de Tóquio, a luta contra o colonialismo acabou se sobrepondo a qualquer outro aspecto da vida política. Isso a ponto de Mao Tsé-tung teorizar, naquelas circunstâncias, a "identidade entre a luta

---

[21] Adolf Hitler, *Reden und Proklamationen, 1932-1945* (org. Max Domarus, Munique, SüddeutscherVerlag, 1965), p. 75-7.

nacional e a luta de classes". Tal identidade norteava a guerra de resistência contra o imperialismo japonês, uma guerra de resistência certamente dirigida pelo Partido Comunista, mas chamada a salvar toda a nação chinesa da escravização à qual o Império do Sol Nascente a destinara.

Em suma, o capítulo da história iniciado com a Revolução de Outubro assistia ao surgimento de países de orientação socialista às voltas com a agressão, ou as ameaças de agressão, e com uma "época de guerras napoleônicas" impostas pelas potências imperialistas. Era uma situação objetiva que relegava a segundo plano o problema da construção de uma sociedade socialista ou comunista. Ocorria, pois, o que poderíamos definir como uma guinada na guinada na história do século XX.

O significado histórico da Revolução de Outubro deveria ser claro para todos. Contudo, enquanto o debate público e o embate político pareciam se concentrar no dilema capitalismo/socialismo, sobrevinha uma novidade totalmente imprevista e por muito tempo despercebida pela maioria: ficava cada vez mais claro que a questão colonial desempenharia um papel essencial até no país que surgira com a Revolução Socialista de Outubro. Podemos, agora, compreender melhor por que não se realizavam as esperanças inicialmente suscitadas por tal revolução. Era o desenvolvimento das contradições objetivas que colocava na ordem do dia e em escala mundial o confronto entre imperialismo e anti-imperialismo, entre colonialismo e anticolonialismo. E esse confronto continuava sendo prioritário também quando a causa do anti-imperialismo e do anticolonialismo era defendida por forças políticas de orientação comunista, decididas a não mudar tal orientação.

A grande crise histórica da primeira metade do século XX encerrava-se com a derrota imposta ao projeto hitlerista de erguer na Europa oriental seu império colonial. Terminava, assim, aquela que foi definida como "a maior guerra colonial da história"[22]. A definição é cem por cento correta se introduzimos uma pequena emenda. Trata-se de uma das duas maiores guerras coloniais da história – a outra é aquela concluída com a derrota do Império do Sol Nascente, que se dedicou a emular na Ásia o programa praticado por Hitler na Europa oriental.

O ciclo revolucionário iniciado em outubro de 1917 se fechava, portanto, com duas gigantescas guerras nacionais, a grande guerra patriótica conduzida

---

[22] David Olusoga e Casper W. Erichsen, *The Kaiser's Holocaust: Germany's Forgotten Genocide* (Londres, Faber and Faber, 2011), p. 327.

pela União Soviética e a guerra de resistência nacional contra o imperialismo japonês, conduzida pela China. Não apenas estava derrotada uma bárbara contrarrevolução colonialista e escravista, mas dela surgia a revolução anticolonialista mundial que marcaria a segunda metade do século XX e poria fim a um sistema mundial que durara séculos, sob o signo da mais feroz opressão e falta de liberdade. Um resultado histórico e um grandioso processo de emancipação. Tudo isso, no entanto, era muito pouco aos olhos de quem, sobretudo no Ocidente, esperava a extinção do Estado ou o advento do "homem novo", para fazer uso de uma expressão recorrente no *Espírito da utopia* de Bloch[23].

4. O dilema de Danielson e os dois marxismos

O problema de que nos ocupamos é antigo, anterior à própria Revolução de Outubro. Pouco antes de morrer, Engels observara que "a condução da guerra" já era "um ramo particular da grande indústria", de tal forma que a grande indústria "se tornara uma necessidade política" para qualquer país que não quisesse ser dominado, e só era possível construir essa indústria "de um modo, o capitalista"[24].

Essas reflexões estavam contidas numa carta a Nikolai F. Danielson, organizador da edição russa de *O capital*. Ele explicitou o dilema em que os socialistas se encontrariam na Rússia uma vez conquistado o poder: trabalhar a fundo no processo de industrialização (deixando um espaço mais ou menos amplo para o capitalismo), a fim de diminuir o atraso em relação aos países mais avançados? O efeito colateral seria o agravamento da polarização social dentro do país. Apostar num lento e gradual desenvolvimento socialista a partir do *mir*, das comunidades rurais tradicionalmente caracterizadas por uma orientação mais ou menos igualitária? Isso talvez evitasse as desigualdades e as tragédias intrínsecas à industrialização capitalista, mas agravaria o atraso da Rússia e a deixaria cada vez mais "exposta ao domínio colonial exercido por uma ou outra das grandes potências mundiais"[25]. Assim, pois, qual das duas desigualdades deveria ser combatida inicialmente, a interna da Rússia ou a global e planetária?

O dilema de Danielson tornava-se cada vez mais premente à medida que a revolução guiada por um partido comunista atingia países em condições ainda

---

[23] Ver, neste volume, cap. 1, § 4.

[24] Karl Marx e Friedrich Engels, *Werke* (Berlim, Dietz, 1955-1990, 43 v.), v. 38, p. 467-8.

[25] Citado em Stephen Kotkin, *Stalin: Paradoxes of Power, 1878-1928* (Londres, Penguin, 2014), p. 65-6.

mais atrasadas que as da própria Rússia tsarista. A prioridade da luta contra a desigualdade global e a rápida modernização se impunham não apenas para consolidar a independência, mas também para afastar de uma vez por todas o perigo das recorrentes carestias e dar concretude em todos os níveis ao ideal de igualdade. O caso da China é exemplar. Uma vez assegurada a vitória contra o imperialismo japonês, Mao se apressava em esclarecer que a luta contra o colonialismo e o neocolonialismo estava longe de terminar: a "real e autêntica paridade de direitos" implicava incisivas transformações destinadas a diminuir as distâncias, em todos os níveis, em relação aos países mais avançados, pois, "do contrário, a independência e a igualdade serão nominais, não efetivas"[26]. Já enunciado quando a China atravessava o período mais trágico de sua história, o objetivo da "modernização" assumia um papel cada vez mais central à medida que se aproximava da libertação. Mao definia com clareza seu programa de governo: "somente a modernização" pode "salvar a China"[27]. E modernizar significava empenhar-se em recuperar o atraso em relação aos países mais avançados, de modo a estabelecer com eles uma relação de igualdade substancial também nos planos econômico e tecnológico.

Nem mesmo a conquista do poder mudou a agenda política. Nas vésperas da proclamação oficial da República Popular, o líder comunista alertava: Washington queria que a China se limitasse a "viver da farinha americana", terminando assim por se "tornar uma colônia americana"[28]. E, novamente, mais que a edificação de uma nova ordem social, impunha-se como questão prioritária a luta contra o colonialismo ou neocolonialismo. Tal luta tinha uma dimensão econômica essencial: somente o desenvolvimento das forças produtivas era capaz de dar concretude à independência nacional e afastar o perigo da dependência neocolonial.

Mao se confrontava também no plano teórico com o dilema de Danielson. Ele ressaltava a necessidade de seu país, antes da transformação socialista, passar por uma fase de "nova democracia":

Por seu caráter social, na primeira fase ou no primeiro passo, a revolução de uma colônia ou semicolônia é fundamentalmente uma revolução democrático-

---

[26] Mao Tsé-tung, *Opere scelte* (Pequim, Casa Editrice in Lingue Estere, 1969-1975, 4 v.), v. 3 [1945], p. 268.

[27] Ibidem, v. 4 [1949], p. 425.

[28] Ibidem, p. 467.

-burguesa, e na prática seu objetivo é o de limpar o terreno para o desenvolvimento do capitalismo; todavia, essa revolução já não é a revolução de velho tipo dirigida pela burguesia e que visa à construção de uma sociedade capitalista e de um Estado de ditadura burguesa, mas a revolução de novo tipo, dirigida pelo proletariado e que visa à construção, num primeiro momento, de uma sociedade de nova democracia e de um Estado de ditadura conjunta das várias classes revolucionárias. Por isso, essa revolução serve também para abrir um caminho ainda mais largo para o desenvolvimento do socialismo. No curso de seu desenvolvimento, ela passará por várias etapas, relacionadas às mudanças no campo inimigo e nas fileiras de seus aliados, mas seu caráter fundamental permanecerá imutável.[29]

Na acepção marxiana do termo, o socialismo é por si mesmo uma fase de transição; o líder comunista chinês teorizava uma espécie de transição na transição. Longe de ser suprimido ou abandonado, o socialismo se tornava um objetivo, por assim dizer, estendido por um período bem mais longo que o inicialmente previsto; por outro lado, ele era reivindicado e perseguido também em nome da conquista e da defesa da independência. Vimos Mao, em 1949, apontar o marxismo-leninismo como a única teoria, científica, capaz de guiar o povo chinês ao resgate nacional. Oito anos depois, o líder chinês acrescentava: "Só o socialismo pode salvar a China. O regime socialista estimulou o desenvolvimento impetuoso de nossas forças produtivas"[30]. Mais tarde, Deng Xiaoping também bradava a palavra de ordem segundo a qual "só o socialismo pode salvar a China" e "só o socialismo pode desenvolver a China". O socialismo era chamado a garantir o desenvolvimento econômico e tecnológico que constituía o pressuposto para se atingir uma real independência nacional. O ponto essencial estava mantido: "Desviem-se do socialismo e a China retrocederá inevitavelmente ao semifeudalismo e ao semicolonialismo"[31].

Ainda mais que seu antecessor, Deng Xiaoping insistia no fato de que "para alcançar uma genuína independência política um país deve se libertar da pobreza"[32]. E, junto com a pobreza, era preciso eliminar ou reduzir drasti-

---

[29] Ibidem, v. 2 [1940], p. 360.

[30] Mao Tsé-tung, *Rivoluzione e costruzione: scritti e discorsi 1949-1957* (orgs. Maria Arena Regis e Filippo Coccia, Turim, Einaudi, 1979), p. 548.

[31] Deng Xiaoping, *Selected Works* (Pequim, Foreign Languages Press, 1992-1995), v. 3 [1989], p. 302, e v. 2 [1979], p. 176.

[32] Ibidem, v. 3 [1987-1988], p. 202 e 273.

62 O MARXISMO OCIDENTAL

camente o atraso tecnológico: "a disparidade da China em relação aos outros países" era angustiante também no plano das relações internacionais. Porém, justamente quando o novo líder promovia a política de reformas e de abertura, a fim de ter acesso à tecnologia dos países capitalistas avançados e de começar a diminuir um atraso capaz de minar ou pôr em risco a independência nacional, outros no Ocidente cultivavam um sonho diferente e contraposto:

> Alguns analistas previram até que as Zonas Econômicas Especiais se tornariam uma espécie de colônia estadunidense na Ásia oriental [...]. Os estadunidenses acreditaram que a China se tornaria uma gigantesca sucursal econômica dos Estados Unidos graças a uma retomada do sistema de Portas Abertas do início do século XX e hoje, no entanto, se encontram diante de um novo rival econômico.[33]

Como se vê, a luta entre colonialismo e anticolonialismo caracteriza a história da República Popular chinesa ao longo de toda sua evolução. A mesma consideração vale para outros países também de orientação socialista, mas de dimensões muito mais reduzidas e, por isso, mais expostos ao perigo de perder a independência. Nos anos 1960, Che Guevara convocava para a vigilância contra a "agressão econômica" e exortava Cuba e os países recém-independentes a "se libertar não apenas do jugo político, mas também do jugo econômico imperialista"[34]. Na pequena ilha ameaçada pela superpotência estadunidense e pela doutrina Monroe, o novo poder nascido da revolução abraçava a causa do socialismo e do comunismo e, todavia, continuava a identificar como sua principal tarefa a luta contra o colonialismo e o neocolonialismo.

O dilema de Danielson, no entanto, era quase sempre ignorado pelo marxismo ocidental. Ao final da Primeira Guerra Mundial, Bloch chamava a atenção para os alvos coloniais da Alemanha de Guilherme II, que não por acaso tratava "o país de Tolstói como uma parte do continente negro" e recorria à típica brutalidade das guerras coloniais: além de anexar vastos territórios, havia "destruído a liberdade e deixado afogar uma dezena de milhões de bolcheviques

---

[33] Nial Ferguson, *Ventesimo secolo, l'età della violenza* (trad. Donatella Laddomada, Milão, Mondadori, 2008 [2006]), p. 585-6 [ed. bras.: *Guerra do mundo: a era de ódio na história*, São Paulo, Planeta, 2015].

[34] Ernesto Che Guevara, *Scritti, discorsi e diari di guerriglia 1959-1967* (org. Laura Gonsalez, Turim, Einaudi, 1969 [1960 e 1965]), p. 883 e 1.429.

ucranianos nas proximidades da cidade de Taganrog"[35]. Isso não impedia o filósofo alemão de acusar o poder soviético, pelo fato de enviar às calendas gregas a construção do socialismo e a realização de relações econômico-sociais marcadas pela liberdade e pela igualdade. Não havia nenhuma justificativa para a política adotada por Lênin, o "tsar vermelho": "continua existindo nos campos russos a velha instituição do *mir*, ou as comunidades rurais semicomunistas, para que se possa, de acordo com isso e com a vontade da maioria do povo russo, realizar a política agroproletária que lhe agrada"[36].

Era uma postura semelhante à posteriormente assumida por Horkheimer, que, enquanto o Exército alemão estava às portas de Moscou, denunciava a pouca atenção dada pelo poder soviético ao problema da extinção do Estado. Mais tarde, Anderson empregava argumento semelhante ao celebrar a infinita superioridade do marxismo ocidental sobre o oriental. Um ano antes, a Guerra do Vietnã terminara com a fuga precipitada do Exército estadunidense de Saigon. Era a derrota infligida a uma superpotência aparentemente invencível por um pequeno povo e um pequeno país, guiado, porém, por um partido comunista e marxista, ajudado por países de orientação socialista e apoiado por um movimento comunista que contribuíra para tornar impopular, também no Ocidente, a guerra desencadeada por Washington.

Porém, tal como a desesperada resistência do Exército e do povo soviético para Horkheimer, o avanço vitorioso do Exército popular vietnamita também carecia de importância filosófica para Anderson. Este desenvolvia uma análise sofisticada e interessante da distinta configuração da relação entre natureza e história e entre objeto e sujeito nos dois marxismos, mas deixava de lado questões que hoje nos pareceriam ineludíveis: qual teoria filosófica e qual linha política possibilitaram a nova grande vitória da revolução anticolonial, depois da obtida na China em 1949 e em Cuba dez anos mais tarde? Por que tal revolução continuava sendo guiada pelo movimento comunista e que relação havia entre ela e a causa da construção de um mundo pós-capitalista? Em países como China, Cuba, Vietnã, estaria a luta pela independência nacional definitivamente concluída ou abria-se uma nova fase marcada pelo desenvolvimento econômico e tecnológico? De que modo, então, deviam ser modeladas as relações de produção? Na ausência dessas perguntas, a malograda realização das expectativas

---

[35] Ernst Bloch, *Kampf, nicht Krieg. Politische Schriften, 1917-1919* (Frankfurt, Suhrkamp, 1985 [1918]), p. 318-9.

[36] Ibidem, p. 196-7.

64   O MARXISMO OCIDENTAL

e esperanças iniciais da Revolução de Outubro acabava se configurando como o resultado unívoco da degeneração teórica e política do marxismo oriental.

5. Os dois marxismos no início e no fim da Segunda Guerra dos Trinta Anos

Juntamente com a imprevista difusão da questão nacional e colonial, a difusão do marxismo no âmbito planetário também aprofundava a diferença entre Oeste e Leste surgida já nos anos do nascimento do movimento comunista internacional. Vejamos o que acontecia às vésperas e no início da Segunda Guerra Mundial. Em 1935, diante da crescente ameaça do Terceiro Reich, a Internacional Comunista lançava a política da frente popular antifascista e promovia a aliança do país surgido da Revolução de Outubro com Grã-Bretanha, França e Estados Unidos. Era uma guinada que certamente não encontrava consenso entre os negros empenhados na luta de emancipação: aliar-se com as tradicionais potências coloniais e com os países que encarnavam o princípio da supremacia branca e ocidental no plano interno e internacional não significava voltar as costas para a luta pela emancipação dos povos coloniais? Era essa a opinião de um grande historiador negro de Trinidad, fervoroso admirador de Trótski, chamado C. L. R. James, que, ainda em 1962, descrevia da seguinte maneira a evolução de outro grande intérprete, também proveniente de Trinidad, da causa da emancipação negra:

> Ao chegar aos Estados Unidos, ele [George Padmore] se tornou um comunista atuante. Foi transferido para Moscou para assumir a direção do escritório de propaganda e organização do povo negro e ali se tornou o mais conhecido e confiável dos agitadores da independência africana. Em 1935, o Kremlin, na busca por alianças, separou a Grã-Bretanha e a França, enquanto "imperialismos democráticos", da Alemanha e do Japão, considerados "imperialistas fascistas" e que se tornaram os principais alvos da propaganda russa e comunista. Essa distinção reduziu a luta pela emancipação africana a uma farsa, pois a Alemanha e o Japão, de fato, não tinham colônias na África. Padmore imediatamente rompeu relações com o Kremlin.[37]

---

[37] C. L. R. James, *I Giacobini neri. La prima rivolta contro l'uomo bianco* (trad. R. Petrillo, Milão, Feltrinelli, 1968 [1963]), p. 327 [ed. bras.: *Os jacobinos negros: Toussaint L'Ouverture e a revolução de São Domingos*, trad. Afonso Teixeira Filho, São Paulo, Boitempo, 2000].

Algo semelhante acontecia na África do Sul, naquele momento domínio branco do Império britânico: suspeita também nesse caso de sabotar a luta contra o regime de supremacia branca, a política da frente unida antifascista era frequentemente criticada ou rejeitada pelos militantes comunistas negros, que chamavam a atenção para o papel da Grã-Bretanha no regime racista que os explorava e oprimia[38].

Era a posição do marxismo oriental: não se podia avaliar corretamente a natureza de um país abstraindo o comportamento por ele assumido em relação aos povos coloniais ou de origem colonial. No entanto, é preciso acrescentar que se tratava de um marxismo oriental provinciano e de vista curta. É verdade que a Alemanha e o Japão "não tinham colônias na África", mas se preparavam para impor um enorme império colonial na Europa oriental e na Ásia, respectivamente; de certo, a Alemanha e o Japão não podiam ser incluídos entre as principais potências coloniais, mas programavam explicitamente o endurecimento e a difusão da condição colonial, chamada a assumir formas escravistas e a engolir também povos livres da escravidão até aquele momento. Em outras palavras, a política da frente popular antifascista não estava em contradição com a luta anticolonialista.

Quatro anos depois, o quadro internacional mudava radicalmente: em agosto de 1939, firmava-se o pacto de não agressão entre União Soviética e Alemanha. Este não suscitou particulares inquietações entre os povos coloniais ou de origem colonial. Veremos Du Bois, o grande historiador e militante afro-americano que já se aproximava do movimento comunista, continuar comparando o Terceiro Reich aos Estados Unidos, visto que ambos se empenhavam em reiterar a supremacia branca no plano interno e internacional. Também uma personalidade bastante distante do movimento comunista, Gandhi, numa entrevista dada enquanto ainda vigorava o pacto teuto-soviético, comparava a Grã-Bretanha à Alemanha: tratava-se de duas grandes potências empenhadas em defender ou em construir um império colonial[39].

No entanto, a tempestade explodia no Ocidente e investia pesadamente contra as fileiras marxistas e comunistas, em particular na República norte-americana. Aqui funcionava a seção, talvez, mais importante da Quarta Internacional fundada pouco antes por Trótski, e nessa seção, entre os brancos,

---

[38] Hosea Jaffe, *SudAfrica. Storia politica* (ed. rev., trad. A. Carrer e D. Danti, Milão, Jaca Book, 1997 [1980]), p. 223.

[39] Ver, neste volume, cap. 4, § 2.

66 O MARXISMO OCIDENTAL

a indignação não tinha limites: os dois países que tinham assinado o pacto criminoso deviam ser colocados no mesmo plano; haviam feito esse acordo porque ambos encarnavam o horror do "totalitarismo". Agora, essa categoria, promovendo um completo recalque da questão colonial, reunia no mesmo juízo de condenação, de um lado, o país que já no momento de sua fundação (com a Revolução de Outubro) incitara os "escravos das colônias" a quebrar suas correntes e, de outro, o país que pretendia retomar e radicalizar a tradição colonial, fazendo-a valer também na Europa oriental e atualizando até o escravismo. Influenciado por esse clima, Trótski recorria à categoria de "ditadura totalitária" e, no âmbito desse *genus*, colocava a *species* "stalinista" e a "fascista" (e hitlerista), com um uso da categoria de totalitarismo que depois se tornaria senso comum no decorrer da Guerra Fria e no âmbito da ideologia hoje dominante[40]. E, todavia, isso não foi suficiente para evitar uma cisão devastadora do partido trotskista estadunidense.

Os dissidentes exigiam que a União Soviética fosse condenada em bloco como imperialista e corresponsável pelo desencadeamento da guerra junto com a Alemanha hitlerista. Também neste último aspecto emergia o conflito entre marxismo ocidental e marxismo oriental. A Segunda Guerra Mundial começou em 1º de setembro de 1939 com a invasão alemã da Polônia? Ainda se quisermos nos concentrar na Europa, por que não inserir no quadro o desmembramento da Tchecoslováquia e a intervenção ítalo-germânica contra a República espanhola apoiada pela União Soviética, mas não pela Grã-Bretanha e pela França? Mais que isso, por que ignorar o que acontecia na Ásia? Em maio de 1938, Mao resumia a situação deste modo:

> Atualmente, um terço da população mundial está em guerra. Vejam: a Itália, depois o Japão, a Abissínia, depois a Espanha, depois a China. A população dos países beligerantes soma agora aproximadamente 600 milhões, quase um terço da população mundial [...]. Será a vez de quem agora? Não há dúvidas de que a guerra de Hitler contra as grandes potências seguirá.[41]

Entretanto, já começara a guerra que mirava sobretudo os povos coloniais. Tal visão era compartilhada por Stálin:

---

[40] Leon Trótski, *Schriften. Sowjetgesellschaft und stalinistische Diktatur* (org. H. Dahmer et al., Hamburgo, Rasch und Röhring, 1988 [1939]), p. 1.285.

[41] Mao Tsé-tung, *Opere scelte*, cit., v. 2, p. 153-4.

Já faz dois anos que a nova guerra imperialista eclodiu num território imenso, que vai de Xangai a Gibraltar e envolve mais de 500 milhões de homens. O mapa da Europa, da África e da Ásia está sendo modificado por meios violentos.[42]

Do ponto de vista da China, dificilmente podia ser considerado um período de paz aquele que comportara, em 1937, "o estupro de Nanquim" por parte do imperialismo japonês, com o massacre de 200 a 300 mil pessoas. Muito longe de partilhar da indignação dos trotskistas estadunidenses (e dos marxistas "ocidentais", em geral), o líder comunista chinês exprimia satisfação com o pacto de não agressão: este representava "um golpe para o Japão e um auxílio para a China", enquanto dava "maiores possibilidades à União Soviética", livre por algum tempo da ameaça do Terceiro Reich e do perigo de ter de combater em duas frentes, de apoiar "a resistência da China contra o Japão"[43]. No centro da atenção do líder comunista chinês estava obviamente a guerra de submissão colonialista e escravista contra seu país desencadeada pelo Império do Sol Nascente, uma guerra por vezes ignorada também pelo marxismo ocidental.

Para concluir: a grande crise histórica da primeira metade do século XX, aquela definida como a Segunda Guerra dos Trinta Anos, comportava, tanto no início quanto no fim, um distanciamento entre marxismo ocidental e marxismo oriental. No início, Ho Chi Minh ressaltava que, para os povos coloniais, a tragédia e o horror tinham começado a se acirrar muito antes de 1914, e Lênin chamava a atenção para o fato de que o primeiro conflito mundial era, na realidade, o entrelaçamento de duas guerras: aquela que irrompia na Europa entre os escravistas e aquela desencadeada pelos escravistas para arrebanhar em suas colônias escravos e bucha de canhão. A fase final da Segunda Guerra dos Trinta Anos via o marxismo ocidental datar o início da Segunda Guerra Mundial a partir de sua eclosão na Europa e não nas colônias (em particular na China). Seja como for, a derrota imposta à Alemanha, à Itália e ao Japão desembocava na revolução anticolonialista mundial, que se alastraria na segunda metade do século XX.

---

[42] Josef Stálin, *Werke*, cit., v. 14 [1939], p. 180.

[43] Mao Tsé-tung, *Opere scelte*, cit., v. 2 [1939], p. 271 e 275.

III
MARXISMO OCIDENTAL E REVOLUÇÃO ANTICOLONIAL: UM ENCONTRO MALOGRADO

1. O DEBATE BOBBIO-TOGLIATTI NO ANO DE DIEN BIEN PHU

Por algum tempo, graças também ao enorme prestígio conquistado pela União Soviética na esteira de Stalingrado e à imensa repercussão suscitada na Ásia e no mundo pela vitória da revolução anticolonialista e do Partido Comunista na China, a tensão latente entre os dois marxismos parece ser um capítulo da história já encerrado. Trata-se, porém, de aparência, como demonstra o debate que se desenrola na Itália em 1954 e do qual são protagonistas Norberto Bobbio, que logo se torna um filósofo de fama mundial, Galvano Della Volpe, naquele momento o mais ilustre filósofo do marxismo e do comunismo italiano, e Palmiro Togliatti, secretário-geral do Partido Comunista e líder de destaque do movimento comunista internacional.

Quem dá início ao debate é o primeiro. Nos anos da Resistência e nos imediatamente sucessivos – é o próprio Bobbio quem se recorda –, ele era "um dos que acreditavam na força já irresistível do Partido Comunista"[1]. E – convém acrescentar – na força irresistível da onda revolucionária que continuava crescendo:

> Deixamos para trás o decadentismo, que era a expressão ideológica de uma classe em declínio. Nós o abandonamos porque participamos das dores do nascimento e das esperanças de uma nova classe. Estou convencido de que, se não tivéssemos aprendido com o marxismo a ver a história do ponto de vista dos oprimidos, ganhando

---

[1] Norberto Bobbio, "Cultura vecchia e politica nuova" [1955], em *Politica e cultura* (Turim, Einaudi, 1977), p. 199 [ed. bras.: *Política e cultura*, trad. Jaime Clasen, São Paulo, Editora da Unesp, 2015].

O MARXISMO OCIDENTAL

uma nova e imensa perspectiva do mundo humano, não teríamos nos salvado. Ou teríamos buscado refúgio na ilha da interioridade ou teríamos nos colocado a serviço dos velhos patrões.[2]

Fruto mais importante e mais maduro da modernidade, o marxismo não é aqui o pensamento de um único autor, e sim "o ponto de partida de um movimento de revolução social que ainda hoje está em curso" e que parece irrefreável: não é possível "reconduzir a história" rumo ao passado. Quem quiser rejeitar o marxismo como um todo deve saber que está empreendendo uma iniciativa quixotesca: "deve retroceder no caminho percorrido até aqui em quatro séculos e mergulhar novamente na Idade Média"[3].

O julgamento é claramente positivo não apenas em relação ao marxismo, mas também à revolução por ele inspirada: a Revolução de Outubro foi protagonista de uma radical "transformação do mundo feudal, econômica e socialmente atrasado". Ali nasceu "uma onda turbulenta e subversiva" que mais cedo ou mais tarde conheceria uma decantação e uma canalização num curso mais regular[4]. Sem dúvida, estamos na presença de "regimes totalitários", mas isso não pode ser motivo de escândalo, pois se trata de "uma dura necessidade histórica", que incide sobre o presente, porém se destina a ser superada[5].

O elogio do marxismo e do comunismo não é pronunciado com o olhar voltado exclusivamente para a irresolvida questão social na metrópole capitalista: trata-se de questionar a "civilização ocidental" que, orgulhosa de seu "sucesso técnico", "se arroga o direito de ser a única forma possível de civilização e, portanto, de considerar o curso da história humana como sua prerrogativa exclusiva"[6]. Temos de romper com a filosofia da história que presidiu o expansionismo colonial do Ocidente capitalista:

A história tem uma única direção, que é a direção percorrida pela civilização branca, às margens da qual há apenas estagnação, atraso, barbárie [...]. Que não exista mais do que uma civilização digna desse nome, e que somente ela seja chamada ao domínio exclusivo, é o pressuposto implícito e a consequência explícita

---

[2] Idem, "Libertà e potere" [1954], em *Politica e cultura*, cit., p. 281.

[3] Idem, "Invito al colloquio" [1951], em *Politica e cultura*, cit., p. 26-7.

[4] Ibidem, p. 24 e 27.

[5] Idem, "Difesa della libertà" [1952], em *Politica e cultura*, cit., p. 48-9.

[6] Idem, "Invito al colloquio", cit., p. 24.

da expansão colonial dos últimos quatro séculos, que não conheceu outras formas de contato com as diversas civilizações a não ser o extermínio (na América), a escravidão na África e a exploração econômica (na Ásia).[7]

Concentremo-nos no debate de 1954. Agora o filósofo turinense é mais reservado no que diz respeito aos Estados socialistas: cabe a eles o mérito de terem "iniciado uma nova fase de progresso civil em países politicamente atrasados, introduzindo institutos tradicionalmente democráticos, de democracia formal, como o sufrágio universal e a eletividade dos cargos, e de democracia substancial, como a coletivização dos instrumentos de produção"[8]. No entanto, o novo "Estado socialista" deve transplantar em seu seio os mecanismos garantistas liberais, derramando "uma gota de óleo nas máquinas da revolução já realizada"[9].

Até aqui se trata de uma tomada de posição que, com razão, insiste no caráter essencial da liberdade "formal" e de sua consagração jurídico-institucional. Infelizmente, o filósofo de Turim acaba por identificar a causa da liberdade "formal" com o Ocidente capitalista-liberal, abstraindo a questão colonial. Estamos em 1954. Em 7 de maio daquele ano, em Dien Bien Phu, um exército popular dirigido pelo Partido Comunista põe fim ao domínio colonial da França sobre a Indochina e ao terror e às infâmias a ele relacionados e, como sabemos, já denunciados com veemência por Ho Chi Minh. Na véspera da batalha, o secretário de Estado estadunidense John Foster Dulles assim se dirige ao primeiro-ministro francês Georges Bidault: "E se déssemos a vocês duas bombas atômicas?" (para serem utilizadas imediatamente, é claro)[10]. Naquele mesmo período, dando apenas mais um exemplo, a Grã-Bretanha enfrenta o desafio ao seu domínio colonial no Quênia, aprisionando a população civil desse país em terríveis campos de concentração em que a morte em massa de mulheres e crianças é rotina[11].

Compreende-se então o posicionamento do secretário do Partido Comunista Italiano: "Mas quando, e em que medida, foram aplicados aos povos

---

[7] Ibidem, p. 23.

[8] Idem, "Della libertà dei moderni paragonata a quella dei posteri" [1954], em *Politica e cultura*, cit., p. 164.

[9] Idem, "Libertà e potere", cit., p. 280.

[10] André Fontaine, *Storia della guerra fredda*, v. 2 (trad. R. Dal Sasso, Milão, Il Saggiatore, 1968 [1967]), p. 118.

[11] Ver, neste volume, cap. 6, § 2.

72   O MARXISMO OCIDENTAL

coloniais os princípios liberais nos quais se disse fundado o Estado inglês do
século XIX, modelo, creio, de regime liberal perfeito para aqueles que pensam como Bobbio?". A verdade é que a "doutrina liberal [...] fundamenta-se
numa bárbara discriminação entre as criaturas humanas". Além das colônias,
tal discriminação se alastra também na própria metrópole capitalista, como
demonstra o caso dos negros estadunidenses, "em grande parte desprovidos
de direitos elementares, discriminados e perseguidos"[12].

O líder comunista não demonstra nenhum desprezo pela liberdade "formal".
Evidentemente, sua realização não pode prescindir da situação internacional e
do contexto geopolítico, das ameaças terríveis que pesam sobre a União Soviética
e sobre os países de orientação socialista. Mas, considerando a necessidade de
levar em conta uma guerra fria, que, como demonstra o encontro relatado entre
Dulles e Bidault, está sempre na iminência de se transformar num holocausto
nuclear, não há dúvida de que a própria liberdade erroneamente considerada
"formal" pelo marxismo vulgar é essencial.

> As insurreições liberais e as insurreições democráticas evidenciaram uma tendên-
> cia progressiva, da qual faz parte tanto a proclamação dos direitos de liberdade
> quanto a proclamação dos novos direitos sociais. Direitos de liberdade e direitos
> sociais tornaram-se, e são, patrimônio do nosso movimento.[13]

Juntamente com os "direitos sociais", é também, e aliás em primeiro lugar, a
reivindicação dos "direitos de liberdade" para os povos coloniais ou de origem
colonial que constitui o limite entre o movimento socialista e comunista, de
um lado, e o Ocidente liberal, do outro.

2. O MARX MUTILADO DE DELLA VOLPE E COLLETTI

No debate aberto por Bobbio, além de Togliatti, e antes dele, intervinha Della
Volpe, então considerado o mais ilustre filósofo do marxismo italiano. Uma
coisa salta aos olhos desde logo: como eram diferentes as posições expressas pelo
grande intelectual e pelo secretário do seu partido! Ao contrário do segundo,
o primeiro não fazia nenhuma referência à questão colonial (e tampouco ao

---

[12] Palmiro Togliatti, *Opere* (org. E. Ragionieri, Roma, Editori Riuniti, 1973-1984), v. 5
[1954], p. 866 e 868.

[13] Ibidem, p. 869.

estado de exceção permanente imposto aos países protagonistas de revoluções vistas com desconfiança ou hostilidade pelo Ocidente liberal). Já Della Volpe seguia uma estratégia completamente diferente, concentrando-se na celebração da *libertas maior* (o desenvolvimento concreto da individualidade garantido pelas condições materiais de vida e possibilitado pelo socialismo). Dessa forma, por um lado, desvalorizavam-se as garantias jurídicas do Estado de direito, facilmente degradadas a *libertas minor*; por outro, acabava-se por valorizar a transfiguração operada por Bobbio da tradição liberal como paladina da causa do gozo universal pelo menos dos direitos civis, da liberdade formal, da *libertas minor*, da limitação do poder estatal.

O filósofo de Turim exortava a estudar e a "entender o liberalismo", frequentando a escola de "Locke e Montesquieu", e do *Federalist*[14]. A história e a questão colonial eram eliminadas: além de acionista da Royal African Company, a sociedade que gerenciava o tráfico de escravos negros, como observou um ilustre historiador da instituição da escravidão (D. B. Davis), Locke foi "o último grande filósofo que tentou justificar a escravidão absoluta e perpétua". No que se refere a Montesquieu, ele convidou a reconhecer a "inutilidade da escravidão entre nós", "nos nossos climas" e, portanto, a pensar em "limitar a escravidão natural (*servitude naturelle*) a certos países em particular". Enfim, um dos redatores do *Federalist*, Madison, era proprietário de escravos.

Os autores indicados por Bobbio como mestres eram a confirmação da "bárbara discriminação entre as criaturas humanas" que Togliatti criticava no liberalismo. Com ênfase particular, o filósofo de Turim remetia a John Stuart Mill e ao hino à liberdade contido em seu texto talvez mais famoso, *Sobre a liberdade*[15]. Porém, exatamente nesse ensaio, vemos o liberal inglês justificar o "despotismo" do Ocidente sobre as "raças" ainda "menores de idade", instadas a observar uma "obediência absoluta" de modo a poder ser encaminhadas na via do progresso[16]. Nos anos 1950, o "despotismo" e a "obediência absoluta" impostos pelo Ocidente se faziam presentes na Indochina, na África, no mundo colonial em seu conjunto; até nos Estados Unidos (no Sul, particularmente),

---

[14] Norberto Bobbio, "Benedetto Croce e il liberalismo" [1955], em *Politica e cultura*, cit., p. 265.

[15] Idem, "Della libertà dei moderni paragonata a quella dei posteri", cit., p. 161.

[16] Domenico Losurdo, *Controstoria del liberalismo* (Roma/Bari, Laterza, 2005), cap. 1, § 1 e 3, cap. 2, § 4, e cap. 7, § 3 [ed. bras.: *Contra-história do liberalismo*, trad. Giovanni Semeraro, Aparecida, Ideias & Letras, 2006].

os negros eram expostos à violência tanto da polícia local quanto dos grupos racistas e fascistas (encorajados ou tolerados pelas autoridades). Entretanto, totalmente ocupado em celebrar a *libertas maior*, Della Volpe não se preocupava em evidenciar os clamorosos equívocos de Bobbio, ou não era capaz disso.

Infelizmente, Della Volpe fez escola: seus discípulos também se distinguiam pela escassa atenção reservada à questão colonial. Mencionemos Lucio Colletti. Em seu período marxista, ele demonstrou os limites fundamentais da liberdade cara ao mundo liberal-capitalista, referindo-se às "casas de trabalho (*case di lavoro*)" ou "casas de correção" (nas quais eram aprisionados, frequentemente através de simples medidas policiais, desempregados e miseráveis ou todos aqueles considerados ou suspeitos de ser "ociosos vagabundos"), definindo-as como "os campos de concentração da 'burguesia iluminada'"[17]. O argumento era apropriado; pena que fosse em parte empobrecido pelo silêncio sobre os campos de concentração propriamente ditos, reservados pela "burguesia iluminada" aos bárbaros das colônias!

Coerente com tal silêncio, no momento de sua ruptura com o marxismo e com o comunismo, Colletti traçava um balanço catastrófico do episódio histórico iniciado com a Revolução de Outubro, sem jamais mencionar o impulso que dela brotou para a revolução anticolonialista mundial. A crise do marxismo – ele observava em 1980 – "datava de muitas décadas"; para ser exato, "um marxista revolucionário como Karl Korsch já a identificara em 1931"[18]. Ele a identificara, portanto, num momento em que o sistema colonialista mundial ainda parecia vigoroso, tanto que Hitler se propunha estendê-lo também à Europa oriental, edificando ali as "Índias alemãs". A revolução anticolonial posteriormente conflagrada em escala planetária tinha algo a ver com o comunismo e o marxismo? Era uma pergunta inexistente para o filósofo alegremente desembarcado no mundo liberal-capitalista.

Ao contrário, ele zombava do interesse que marxistas obstinados e incorrigíveis dedicavam aos países "do subdesenvolvimento", aos "camponeses", às "plebes rurais", a "um sujeito não apenas estranho à tradição marxista, mas ao qual o marxismo 'clássico' muitas vezes se mostrara hostil"[19]. Como se Marx não tivesse dedicado parte considerável de sua produção à luta de libertação nacional dos povos irlandês e polonês (constituídos em grande parte de camponeses) e como se (junto com Engels) não tivesse áspera e repetidamente criticado a classe

---

[17] Lucio Colletti, *Ideologia e società* (Bari, Laterza, 1969), p. 280.

[18] Idem, *Tramonto dell'ideologia* (Roma/Bari, Laterza, 1980), p. 73.

[19] Ibidem, p. 9-10.

operária inglesa por sua significativa subalternidade ao colonialismo britânico! Acima de tudo, era totalmente ignorada a grande tese de Marx:

> A profunda hipocrisia, a intrínseca barbárie da civilização burguesa se apresentam diante de nós sem disfarces, assim que das grandes metrópoles, onde elas assumem formas respeitáveis, voltamos os olhos para as colônias, onde passeiam desnudas.[20]

Depois de reduzir Marx a crítico apenas das "formas respeitáveis" assumidas pelo domínio capitalista e de eliminar a questão colonial, Colletti não tinha dificuldades em traçar um balanço maniqueísta do capítulo da história iniciado com a Revolução de Outubro, da revolução deflagrada, segundo a análise já vista de Lênin, para pôr fim à "guerra entre os proprietários de escravos pela consolidação e o fortalecimento da escravidão" colonial. Aos olhos do filósofo finalmente convertido às razões do Ocidente liberal e capitalista, era este último que encarnava permanentemente a causa da liberdade e da tolerância. É verdade que ele não deixava de mencionar "o massacre de mais de um milhão de comunistas na Indonésia" e sequer o "banho de sangue" que se seguiu ao "golpe dos militares no Chile" e ao "assassinato de Allende" em setembro de 1973[21]. Em ambos os casos, porém, não se fazia referência alguma ao papel dos Estados Unidos, decididos a liquidar o terceiro-mundismo (do qual a Indonésia de Sukarno, na mira em 1965, era uma amostra) e a defender a doutrina Monroe (na América Latina). Não, o "massacre" e o "banho de sangue" eram evocados apenas para afirmar o fracasso do comunismo e do marxismo, que causavam uma péssima impressão quando comparados ao Ocidente paladino da causa da liberdade!

3. "OPERARISMO" E CONDENAÇÃO DO TERCEIRO-MUNDISMO

O desinteresse pela questão colonial (e neocolonial) pode também ser reivindicado e praticado em nome de um rigor revolucionário que, sem se deixar distrair por países da periferia e por classes sob muitos aspectos ainda ligadas ao mundo pré-industrial, se concentra na metrópole capitalista e nas lutas

---

[20] Karl Marx e Friedrich Engels, *Werke* (Berlim, Dietz, 1955-1989), v. 9, p. 225 [ed. port.: Karl Marx, "A dominação britânica na Índia", em Karl Marx e Friedrich Engels, *Obras escolhidas*, tomo I, trad. José Barata-Moura, Lisboa, Avante!, 2008, p. 513-8].

[21] Lucio Colletti, *Tramonto dell'ideologia*, cit., p. 7 e 65-6.

76   O MARXISMO OCIDENTAL

da classe antagonista por excelência, a classe operária. É o que acontece no "operarismo" italiano e, em particular, em Tronti: "É preciso reconhecer que nunca caímos na armadilha do terceiro-mundismo, dos campos que assediam as cidades, das longas marchas camponesas, nunca fomos 'chineses'"[22].

O texto de referência do operarismo italiano esclarecia inequivocamente, já no título (*Operários e capital*), quais eram os sujeitos sociais a que se dirigia de maneira exclusiva o interesse de Tronti. Estamos em 1966. No Vietnã, a luta de libertação nacional ousava desafiar o mastodôntico aparato militar dos Estados Unidos, que no ano anterior tinham desempenhado um papel nada irrelevante na repressão que provoca o massacre de centenas de milhares de comunistas na Indonésia, bem como na derrota infligida ao terceiro-mundismo militante desse país. Na América Latina fervia a luta contra a doutrina Monroe, em nome da qual, em 1961, o governo Kennedy tentara invadir e dominar Cuba. Em síntese: irrompia a luta entre colonialismo e anticolonialismo, e ela contribuía para alimentar a crise que, a partir da instalação de mísseis soviéticos na ilha rebelde, conduzia o mundo ao limiar da catástrofe nuclear.

Sem se deixar distrair por tudo isso, Tronti imaginava "Lênin na Inglaterra" (como diz o título de um capítulo central do livro). Deixando para trás a Rússia, ainda pouco desenvolvida, o grande revolucionário se colocava no centro da metrópole capitalista, mas não para analisar a partir de seu interior o Império Britânico, empenhado numa guerra colonial após outra, e pronto para o conflito visando à hegemonia mundial, ou ainda a "nação que explora o mundo todo" (Engels) e no âmbito da qual, segundo a denúncia de Marx, os próprios operários, contaminados pela ideologia dominante, consideravam e tratavam como *niggers* os irlandeses, os habitantes da colônia selvagemente explorada e oprimida[23]. Não, na Inglaterra, Lênin se dedicava exclusivamente à fábrica e à condição operária: em outras palavras, o grande revolucionário era lido na perspectiva trade-unionista por ele veementemente criticada.

Em vez de imaginar Lênin na Inglaterra entre os séculos XIX e XX, tentemos imaginá-lo nos Estados Unidos dos anos 1960. Ele estaria no país capitalista mais desenvolvido e à frente da opressão imperial e colonial no mundo, no país onde não poucas vezes os operários e seus sindicatos enfrentaram ameaçadoramente, nem sempre se limitando apenas às palavras, os estudantes (em geral, de origem burguesa) empenhados em se manifestar contra a guerra do Vietnã

---

[22]   Mario Tronti, *Noi operaisti* (Roma, DeriveApprodi, 2009), p. 58.

[23]   Karl Marx e Friedrich Engels, *Werke*, cit., v. 30, p. 338, e v. 32, p. 669.

e contra o alistamento compulsório. No entanto, do ponto de vista do teórico do operarismo, Lênin deveria se dedicar apenas à classe operária!

O fato é que Tronti não se cansa de procurar uma luta de classes no estado puro e, num ensaio recente, mais de quatro décadas depois de *Operários e capital*, acredita finalmente poder apontá-la: "O ano de 1969 é o verdadeiro *annus mirabilis* [...]. Em 1969, não era questão de antiautoritarismo, mas de anticapitalismo. Operários e capital se encontraram materialmente uns contra o outro"[24]. Aqui não se faz referência à Inglaterra ou aos Estados Unidos, mas sim à Itália. Vale a pena notar que, para encontrar a luta de classes em estado puro, Tronti era obrigado a apontar um país onde o Partido Comunista exercia grande influência, graças também a uma linha política de grandes alianças que o teórico do operarismo não podia de maneira alguma compartilhar.

Entretanto, não há dúvida de que o outono de 1969 assistia ao desenrolar de grandiosas lutas operárias. Os operários, porém, eram encorajados e apoiados por uma presença maciça de estudantes. Não raras vezes estes eram de extração burguesa e chegavam à militância política exatamente a partir da luta contra o "autoritarismo" identificado e denunciado em primeiro lugar no seio da família e da escola. Outros experimentavam um processo de radicalização política na esteira da indignação com a bárbara guerra contra o Vietnã, bem como do entusiasmo com a resistência eficaz que um povo intrépido opunha ao masto-dôntico aparato militar de seus agressores. Eram os anos em que, na Ásia, na América Latina e no próprio Oriente Médio, a revolução anticolonial (apoiada por países de orientação socialista) obtinha brilhantes sucessos e o imperialismo estadunidense se encontrava em graves dificuldades. Era um clima que repercutia também na Itália, onde se encontrava em atividade, mais forte do que nunca, um partido comunista ao qual se reportava grande parte dos militantes e dirigentes que conduziam ou promoviam as grandes lutas operárias e populares. A luta de classes, que aos olhos de Tronti parecia ter finalmente conquistado sua pureza, a um olhar mais atento revelava ter sido alimentada por um entrelaçamento das mais diversas contradições, inclusive aquela na base da revolução anticolonial.

A polêmica contra as possíveis contaminações da luta de classes assume tons militantes. Já vimos o desprezo "dos campos que assediam as cidades, das longas marchas camponesas". O alvo do sarcasmo "operarista" aqui são a maior revolução anticolonial da história (que, na China, alcança o sucesso a partir da conquista dos campos) e um de seus momentos mais altos, aquele em que

---

[24] Mario Tronti, *Noi operaisti*, cit., p. 21.

os revolucionários guiados pelo Partido Comunista marcham por milhares de quilômetros, sob o fogo da reação, para combater a invasão do imperialismo japonês, decidido a escravizar todo o povo chinês.

O sarcasmo de tipo mais ou menos "operarista" não é novo. Em seu tempo, Proudhon, igualmente preocupado em zelar pela pureza da luta entre pobres e ricos, ou entre vítimas e beneficiários do "furto" em que consistia a "propriedade", zombava da luta de libertação nacional do povo polonês oprimido pela autocracia tsarista. Marx, por sua vez, que no ano anterior fundara a Associação Internacional dos Operários, em 1865 qualificava tal zombaria como expressão de um "cinismo de cretino"[25]. Tronti não parece ter refletido sobre essa página da história do movimento operário. Ao contrário, ele pesa ainda mais a mão: "Os operários tinham sempre – tinham de ter! – uma 'missão' a cumprir, e tal missão era – tinha de ser – sempre salvadora: salvar a fábrica, salvar o país, salvar a paz, salvar os povos do Terceiro Mundo das agressões imperialistas"[26].

Não é explicado aqui, por exemplo, o que deveriam ter feito os operários chineses enquanto seu país era invadido: continuar a reivindicar aumentos salariais sem se preocupar com a escravização que pesava sobre eles e seus concidadãos? A leitura binária do conflito social, que vê uma única contradição (aquela que contrapõe operários e capital), transforma essa mesma contradição numa prisão sob o signo do mais grosseiro corporativismo. E tal corporativismo distorce a leitura da história. O século XX é lido como a "era das guerras civis mundiais"[27]. Nesse cenário, a revolução anticolonialista mundial desaparece, e desaparece tanto como luta armada quanto como luta econômica. Enquanto os países que conquistaram a independência política tentam torná-la concreta ou sólida através do trabalho duro do desenvolvimento econômico e tecnológico, eis que o operarismo clama pela "supressão operária do trabalho"[28]!

4. Althusser entre anti-humanismo e anticolonialismo

Mesmo quando é saudada com simpatia, a revolução anticolonialista pode ser abordada com categorias que dificultam sua compreensão. Retornemos à "bárbara discriminação entre as criaturas humanas" criticada por Togliatti no

---

[25] Karl Marx e Friedrich Engels, *Werke*, cit., v. 16, p. 31.

[26] Mario Tronti, *Noi operaisti*, cit., p. 61.

[27] Ibidem, p. 62.

[28] Ver, neste capítulo, § 12.

sistema capitalista-colonialista: era uma denúncia em que ressoava com força o humanismo celebrado, como veremos, por Gramsci, mas que mais tarde viria a se tornar a obsessão de Louis Althusser. Este, ao contrário de Tronti, não podia se vangloriar de nunca ter sido "chinês". No filósofo francês, era repetida e positiva a referência a Mao Tsé-tung, apreciado em primeiro lugar como teórico da contradição e da dialética[29]. De toda forma, objetivamente, era a homenagem a um pensamento amadurecido a partir da reflexão sobre aquela que pode ser considerada a maior revolução anticolonial da história, aquela que viu o país mais populoso do mundo e de civilização milenar enfrentar, no plano teórico e prático, e numa luta de longa duração, múltiplas contradições e inimigos e de diferentes naturezas.

Contudo, em Althusser, essa homenagem prestada à revolução anticolonialista mundial em curso no momento é minada por uma plataforma teórica sustentada pelo anti-humanismo, o que impede a compreensão das lutas de classes que, bem longe de terem uma dimensão meramente econômica, são lutas pelo reconhecimento. Isso vale sobretudo para as lutas dos povos coloniais ou de origem colonial, em detrimento dos quais a carga de desumanização contida no sistema capitalista-imperialista se manifesta de maneira particularmente brutal. Eis por que, ao longo da história contemporânea, as grandes provas de força entre abolicionismo e escravismo, entre anticolonialismo e colonialismo, assistiram ao enfrentamento, no plano ideológico, do *pathos* do conceito universal de homem, por um lado, e sua negação ou seu desprezo por outro; ou seja, assistiram ao enfrentamento entre o humanismo e o anti-humanismo.

No fim do século XVIII, Toussaint Louverture dirige a grande revolução dos escravos negros invocando "a adoção absoluta do princípio segundo o qual nenhum homem, vermelho [isto é, pardo], negro ou branco que seja, pode ser propriedade de seu semelhante"; por mais modesta que seja sua condição, os homens não podem ser "confundidos com os animais", como acontece no âmbito do sistema escravista. No lado oposto, Napoleão, empenhado em reintroduzir em São Domingos/Haiti o domínio colonial e a escravidão negra, proclama: "Sou pelos brancos porque sou branco; não há outra razão além desta, que é

---

[29] Louis Althusser, *Per Marx* (trad. F. Madonia, Roma, Editori Riuniti, 1967 [1965]), p. 76 [ed. bras.: *Por Marx*, trad. Maria Leonor F. R. Loureiro, Campinas, Editora da Unicamp, 2015]; e Louis Althusser e Étienne Balibar, *Leggere "Il capitale"* (trad. Raffaele Rinaldi e Vanghelis Oskian, Milão, Feltrinelli, 1965), p. 33-4 [ed. bras.: *Ler O Capital*, trad. Nathanael C. Caixeiro, Rio de Janeiro, Zahar, 1980].

suficiente". Passemos agora para o mundo anglófono. Um famoso manifesto da campanha abolicionista mostra um escravo negro acorrentado que exclama: "Não sou eu também um homem e um irmão?".

Algumas décadas depois, enquanto o sistema colonialista está em seu apogeu, se na entrada de certos parques públicos do Sul dos Estados Unidos se destacam os dizeres "Proibido o ingresso de cães e de negros", em Xangai a concessão francesa defende sua pureza colocando bem à mostra o cartaz: "Proibido o ingresso de cães e de chineses". É um fenômeno de dimensões mundiais. Inteiramente equiparados aos *niggers* após a grande Revolta dos Cipaios, em 1857, os habitantes da Índia se veem submetidos a uma terrível humilhação na primavera de 1919. Depois de oferecer uma contribuição essencial à vitória da Grã-Bretanha na Primeira Guerra Mundial, eles voltam às ruas para reclamar, se não a independência, ao menos alguma forma de autogoverno. Em Amritsar, a repressão por parte do poder colonial se distingue por sua brutalidade: ela não só custa a vida de centenas de manifestantes indefesos, mas obriga os habitantes da cidade rebelde a andar de quatro ao sair ou ao voltar para casa.

A desumanização dos povos coloniais se manifesta de maneira ao mesmo tempo plástica e repugnante. Pode-se então compreender o balanço delineado no final do século XIX por um autor que mais tarde virá a se tornar caro ao nazismo: enquanto saúda o século XX já às portas como o "século das raças" e o "século das colônias", Houston S. Chamberlain zomba da "assim chamada 'unidade da raça humana'", a seu ver desmentida pela ciência e pela história e à qual permaneceriam pateticamente agarrados apenas os "socialistas"[30]. Mais tarde, é o mais ilustre ideólogo do nazismo, Alfred Rosenberg, quem se levanta contra "o dogma de um pretenso 'desenvolvimento geral da humanidade'" e ironiza a persistente influência da religião e da mitologia hebraicas: o velho Javé, antes de tudo, "chama-se agora 'humanidade'"[31].

Trata-se de um capítulo da história que vai além da Alemanha e da própria Europa. Ao *pathos* universalista que ecoa na Revolução de Outubro e em seu apelo aos escravos das colônias para romperem suas correntes, responde a teorização do *under man/Untermensch*, do "sub-homem": é uma categoria

---

[30] Houston S. Chamberlain, *Die Grundlagen des neunzehnten Jahrhunderts* (Munique, Bruckmann, 1937), p. 33.

[31] Alfred Rosenberg, *Der Mythus des 20. Jahrhunderts* (Munique, Hoheneichen, 1937 [1930]), p. 40 e 127.

que, depois de ser formulada pelo autor estadunidense Lothrop Stoddard num livro rapidamente traduzido para o alemão, preside a campanha hitlerista da colonização da Europa oriental e da escravização dos eslavos, bem como do extermínio dos judeus, rotulados, juntamente com os bolcheviques, como ideólogos e instigadores da desastrosa revolta das "raças inferiores"[32].

Para o fascismo italiano, também empenhado na contrarrevolução colonialista e racista, o abismo que, na ordem natural, separa as "raças" e as nações é tão grande que, aos olhos de Mussolini, expressões como "gênero humano" se revelam sem sentido ou "evanescentes demais"[33]. Enfim, na Ásia, o Japão conduz o seu expansionismo *pari passu* com a desumanização dos chineses, já no fim do século XIX representados com traços mais ou menos animalescos e frequentemente comparados a macacos ou porcos[34].

É claro que, assediado também pelas denúncias que ressaltavam seu caráter desumano, não raras vezes o próprio colonialismo se esforçou em assumir traços universalistas. Historicamente, como os protagonistas dos movimentos de emancipação reagiram a tal iniciativa? Du Bois não teve dificuldade em evidenciar que à palavra de ordem (universalista) "Paz, Cristianismo, Comércio", brandida sobretudo pelo "Império Britânico" e pela "República Americana", corresponde o violento "ódio às raças de cor" de que dão prova um e outra[35]. O fato é que o colonialismo e o imperialismo se baseiam na "exploração desumana de seres humanos" considerados "estranhos à humanidade". E, portanto, a luta

---

[32] Sobre a desumanização dos negros e chineses, ver Domenico Losurdo, *Controstoria del liberalismo*, cit., cap. 10, § 3; sobre São Domingos-Haiti, ver idem, *La lotta di classe: una storia politica e filosofica* (Roma/Bari, Laterza, 2013) [ed. bras.: *A luta de classes: uma história política e filosófica*, trad. Silvia de Bernardinis, São Paulo, Boitempo, 2015], cap. 3, § 2, e cap. 10, § 5; sobre Amritsar, ver idem, *La non-violenza: una storia fuori dal mito* (Roma/Bari, Laterza, 2010), cap. 3, § 10; sobre o conceito de *under man/Untermensch*, ver idem, *Nietzsche, il ribelle aristocratico. Biografia intellettuale e bilancio critico* (Turim, Bollati Boringhieri, 2002), cap. 27, § 7 [ed. bras.: *Nietzsche, o rebelde aristocrático: biografia intelectual e balanço crítico*, trad. Jaime A. Clasen, Rio de Janeiro, Revan, 2009], e idem, *Il linguaggio dell'Impero. Lessico dell'ideologia americana* (Roma/Bari, Laterza, 2007), cap. 3, § 5 [ed. bras.: *A linguagem do império: léxico da ideologia estadunidense*, trad. Jaime A. Clasen, São Paulo, Boitempo, 2010].

[33] Benito Mussolini, *Opera omnia* (org. E. Susmel e D. Susmel, Florença, La Fenice, 1951), v. 29 [1938], p. 185-9.

[34] Marco Del Bene, "Propaganda e rappresentazione dell'altro nel Giappone prebellico", em Bruna Bianchi, Laura De Giorgi e Guido Samarani (orgs.), *Le guerre mondiali in Asia orientale e in Europa* (Milão, Unicopli, 2009), p. 92-3.

[35] W. E. B. Du Bois, "The African Roots of the War", *Atlantic*, maio 1914, p. 708-9, 712 e 714.

pelo universalismo implica o acerto de contas com um sistema político-social impregnado de práticas de desumanização.

O movimento comunista não se comporta de maneira diferente. Lênin chama a atenção para o fato de que, aos olhos do Ocidente, as vítimas das guerras e do expansionismo colonial "não merecem sequer o apelativo de povos (seriam talvez povos os asiáticos e os africanos?)"; em última análise, elas são excluídas da própria comunidade humana[36]. Ainda mais explícito é Gramsci. Escrevendo nos anos 1930, ele observa que, até para um filósofo como Henri Bergson, "de fato, 'humanidade' significa Ocidente"; e é assim que argumentam os paladinos da "defesa do Ocidente", os "'defensistas' do Ocidente", a cultura dominante no Ocidente[37]. O comunismo, ao contrário, é sinônimo de "humanismo integral", de um humanismo que desafia os preconceitos e a arrogância dos "super-homens brancos"[38]. Em outras palavras, a pseudouniversalidade, que consiste na arbitrária potencialização em universal de um particular determinado e frequentemente vicioso, é desmascarada com o recurso a uma metauniversalidade mais verdadeira e mais rica.

5. A REGRESSÃO IDEALISTA E EUROCÊNTRICA DE ALTHUSSER

Enquanto, no plano político, o anti-humanismo compromete a compreensão das grandes lutas político-sociais da história contemporânea, no plano teórico ele provoca duas consequências muito relevantes e igualmente negativas. Marx insistiu várias vezes no fato de que sua teoria é a expressão teórica de processos e movimentos reais, de uma real luta de classes. Com Althusser, ao contrário, o materialismo histórico e o movimento real que este ajuda a promover são o resultado de uma "ruptura epistemológica" (assim como para Della Volpe são o resultado de um método científico que lança mão da lição de Galileu e, antes ainda, do Aristóteles crítico de Platão). Assistimos assim a uma deformação idealista do materialismo histórico, à qual se chega graças à genialidade de um único indivíduo, que aporta num novo continente: na esteira da descoberta do

---

[36] Vladímir I. Lênin, *Opere complete* (Roma, Editori Riuniti, 1955-1970, 45 v.), v. 24, p. 417.

[37] Antonio Gramsci, *Quaderni del carcere* (org. Valentino Gerratana, Turim, Einaudi, 1975), p. 567, 837 e 2.103 [ed. bras.: *Cadernos do cárcere*, trad. Carlos Nelson Coutinho, Rio de Janeiro, Civilização Brasileira, 1999-2002, 6 v.].

[38] Idem, *L'Ordine Nuovo, 1919-1920* (org. Valentino Gerratana e Antonio A. Santucci, Turim, Einaudi, 1987), p. 41 e 142.

"continente matemático por obra dos gregos" e do "continente físico por obra de Galileu e de seus sucessores", Marx se lança à descoberta do "continente História"[39]. Tendo repetidas vezes criticado o humanismo por ocultar a luta de classes, agora é justamente Althusser (junto com Della Volpe) quem deixa a luta de classes se dissipar por trás da elaboração do materialismo histórico.

A regressão idealista é ao mesmo tempo uma regressão eurocêntrica. Em Marx e em Engels, o surgimento do materialismo histórico pressupõe, de um lado, a Revolução Industrial, e de outro, a revolução política, a começar pela Revolução Francesa. As duas revoluções não têm uma dimensão exclusivamente europeia. A primeira remete ao processo de formação do mercado mundial, ao expansionismo colonial, à acumulação capitalista originária; a segunda tem um de seus momentos mais altos na rebelião dos escravos negros de São Domingos e na abolição da escravidão colonial decretada em Paris pela Convenção Jacobina. Com Althusser (assim como com Della Volpe), ao contrário, a elaboração do materialismo histórico apresenta-se como o capítulo de uma história intelectual que se desenrola exclusivamente na Europa.

Não é difícil compreender as razões da atitude do filósofo francês: aqueles são os anos em que se agita a bandeira do "humanismo" para atenuar a luta contra o imperialismo; iniciou-se o processo que mais tarde levará à capitulação de Gorbatchov. Em última análise, a crítica filosófica do "humanismo", considerado propenso a ocultar o conflito social, é ao mesmo tempo o distanciamento das "concepções tingidas de reformismo e de oportunismo ou, mais simplesmente, revisionistas", que se difundem naqueles anos[40].

Infelizmente, tal polêmica é conduzida com base em posições equivocadas. Em primeiro lugar, deve-se ter presente que não apenas o apelo à humanidade (e à moral) comum, mas também o apelo à ciência podem levar a esquecer a luta de classes. E, no entanto, o filósofo francês posiciona-se justamente contra a frase que, condenando a visão interclassista da ciência, contrapunha a "ciência proletária" à "ciência burguesa"; ele reconhece a Stálin o mérito de ter se contraposto à "loucura" que pretendia "a todo custo fazer da língua uma superestrutura" ideológica. Graças a essas "simples paginazinhas" – conclui Althusser –, "percebemos que o uso do critério de classe não era irrestrito e que nos levavam a tratar como uma ideologia qualquer a ciência, cujo título incluía

---

[39] Louis Althusser, *Lénine et la philosophie* (Paris, Maspero, 1969), p. 24-5 [ed. bras.: *Lênin e a filosofia*, trad. Herberto Helder e A. C. Manso Pinheiro, São Paulo, Mandacaru, 1989].

[40] Louis Althusser e Étienne Balibar, *Leggere "Il capitale"*, cit., p. 149.

as próprias obras de Marx"[41]. E no que diz respeito à moral? Colocar no mesmo plano posições que reivindicam a unidade do gênero humano e posições que a negam e a depreciam, argumentar dessa forma em nome de uma pretensa luta de classes puramente proletária, significa perder de vista a real luta de classes como fundamento da desumanização de grandes massas de seres humanos, degradados a *under men*, ou ainda *Untermenschen*, e destinados apenas a ser oprimidos, escravizados ou aniquilados.

Polemizando com a leitura do marxismo em perspectiva humanista, Althusser não se cansa de repetir que Marx não parte do "homem" ou do "indivíduo", mas da estrutura histórica das relações sociais. Entretanto, é curioso que o conceito de "homem" ou de "indivíduo" seja dado como óbvio. Na realidade, o conceito de indivíduo e de homem enquanto tal, independente do sexo, do patrimônio ou da cor da pele, é o resultado de multisseculares lutas pelo reconhecimento, conduzidas agitando exatamente a bandeira do humanismo tão desprezado por Althusser. Isso vale para as mulheres (consideradas por natureza incapazes de entender e de querer no plano político e de desenvolver trabalhos intelectualmente qualificados), para os trabalhadores assalariados da metrópole (equiparados a instrumentos de trabalho, a máquinas bípedes, a animais de carga) e, de maneira especial, para os povos coloniais (desumanizados em todos os níveis). De fato, o filósofo francês reconhece que também pode existir um "humanismo revolucionário" que surge com a Revolução de Outubro[42], mas é muito hesitante em relação a esse ponto; e assim impossibilita a si mesmo a compreensão das gigantescas lutas conduzidas pelos "escravos das colônias" (para usar a linguagem cara a Lênin) e dispostas a arrancar o reconhecimento da sua dignidade humana.

Althusser afirma que o interclassismo compromete a categoria de homem, considerada por si só incapaz de chamar a atenção para a realidade da exploração e da opressão. Contudo, aqui intervém um segundo erro teórico. Não existem termos que por si sós sejam capazes de exprimir o antagonismo político e social em estado puro, não existem termos ideológica e politicamente "puros" que tenham sido sempre, e apenas, utilizados por revolucionários e em perspectiva revolucionária. Nos Estados Unidos do século XIX, definia-se como "democrático" o partido empenhado em defender, em primeiro lugar, a escravidão negra e depois o regime de *white*

---

[41] Louis Althusser, *Per Marx*, cit., p. 6.

[42] Louis Althusser e Étienne Balibar, *Leggere "Il capitale"*, cit., p. 150.

supremacy. É uma consideração que vale também para as categorias que pareceriam indissoluvelmente ligadas à história do movimento operário. Na França, após as revoluções de 1848, a bandeira do "trabalho" e do respeito pela "dignidade do trabalho" começa a ser empunhada também pelos conservadores ocupados em denunciar como "ociosos" e vagabundos os agitadores revolucionários ou os operários em greve por melhores condições de vida e de trabalho. Mais à frente de todos nesse quadro apresenta-se Hitler, que, já no nome do partido por ele fundado e dirigido, se levanta como defensor do "socialismo" e dos "operários alemães".

Em suma, apesar do ponto de partida distinto, Althusser chega às mesmas conclusões que Tronti. O autor italiano não se cansa de argumentar que "o universalismo é a visão burguesa clássica do mundo e do homem". Felizmente existem os operários: "com eles, apenas com eles, podemos finalmente deixar de ostentar valores universais, porque, do ponto de vista deles, tais valores são sempre ideologicamente burgueses"[43]. Mais do que o universalismo, o alvo de Althusser é o humanismo. Mas estamos sempre na presença do mesmo comportamento: sem se aperceber, ele acaba por embelezar o alvo de uma crítica que também pretende ser intransigente e avessa a qualquer tipo de compromisso.

Na realidade, qualificar o universalismo ou o humanismo por si sós como "burgueses" ou propensos ao compromisso com a burguesia significa deixar pela metade a crítica da sociedade capitalista: a ela se reprova o caráter meramente formal dos direitos civis e políticos, cujo titular deveria ser o homem enquanto tal e na sua universalidade, mas não se mencionam as terríveis cláusulas de exclusão que privam os povos coloniais ou de origem colonial também dos direitos civis e políticos (além daqueles econômicos e sociais). Ou seja, escamoteia-se a condição colonial, que, também aos olhos de Marx, é aquela que por excelência revela a barbárie da sociedade capitalista. Nesse caso, a carga de desumanização da ordem existente se revela em toda a sua brutalidade e acaba por se explicitar, como é confirmado de modo particularmente ostensivo pela teorização do *under man*, que, nos Estados Unidos, precede a teorização do *Untermensch*. Em outras palavras, era muito mais consequente e radical Togliatti, que, antes ainda da negação dos direitos econômicos e sociais, denunciava a "bárbara discriminação entre as criaturas humanas" em que se fundamenta a sociedade capitalista.

---

[43] Mario Tronti, *Noi operaisti*, cit., p. 62 e 17.

6. Herança e transfiguração do liberalismo em Bloch

Apesar da apaixonada denúncia do universalismo e do humanismo, ou melhor, exatamente graças a ela, recalcando significativamente a questão colonial, Tronti e Althusser, paradoxalmente, acabam por convergir para as posições de Bloch, que desde o início também corrobora sem problemas o universalismo e o humanismo de que o Ocidente liberal adora se vangloriar. Ao longo da Primeira Guerra Mundial, vimos o filósofo alemão subscrever a ideologia da Entente, que proclamava querer realizar nos impérios centrais e em todo o mundo a democracia por ela obstinadamente negada aos povos coloniais.

E desde o primeiro Bloch o Ocidente liberal é contraposto positivamente não apenas à Alemanha de Guilherme II, mas também ao país que nasce com a Revolução de Outubro. Em relação a ele, o jovem filósofo expressa um juízo severo antes mesmo da retirada do Exército alemão ou do fim da guerra civil: "Os proletários do mundo não combateram por quatro anos e meio contra a Prússia em nome da democracia mundial para depois abandonar a liberdade e a linha democrática (o orgulho das culturas ocidentais) em nome da conquista da democracia econômico-social" a que remete a Rússia soviética. Como parece miserável esta última quando comparada com a República norte-americana:

> Com toda a admiração por Wilson, jamais se poderia pensar, enquanto socialistas, que o sol de Washington um dia pudesse superar o esperado sol de Moscou, que a liberdade e a pureza pudessem vir da América capitalista.[44]

Está em curso um duplo recalque. Ignora-se o fato de que a guerra provocou um clima de terror e de caça às bruxas também nos países de tradição liberal mais consolidada e que, graças a sua localização geográfica, se encontram a uma distância segura dos campos de batalha e do perigo de invasão. O recalque mais grave diz respeito, entretanto, à questão colonial. Apenas alguns anos antes, recorrendo a uma repressão impiedosa e até a práticas genocidas, os Estados Unidos celebrados por Bloch haviam conseguido domar a revolução independentista das Filipinas. No próprio território metropolitano, entre os séculos XIX e XX, um regime de *white supremacy* terrorista atacava os negros, repetidamente submetidos a linchamentos, isto

---

[44] Ernst Bloch, *Kampf, nicht Krieg. Politische Schriften, 1917-1919* (Frankfurt, Suhrkamp, 1985 [1918]), p. 399-400.

é, a tortura e execução lentas e intermináveis, encenadas como espetáculos de massa para uma festiva comunidade branca.

A Segunda Guerra Mundial assiste à irrupção da questão colonial bem além do mundo colonial propriamente dito. Hitler pretende edificar as "Índias alemãs" na Europa oriental, por vezes comparada a uma espécie de Oeste ou Faroeste: da mesma forma que os peles-vermelhas, os "indígenas" que faziam fronteira com o Terceiro Reich precisam ser deportados e dizimados, a fim de que sejam conquistados novos territórios para a raça branca e germânica; os sobreviventes estão destinados a trabalhar como escravos negros a serviço da raça dos senhores. O Império japonês também não se comporta de maneira diferente na Ásia. No entanto, a centralidade assumida pela questão colonial não induz Bloch a nenhum tipo de reanálise.

Em 1961, ele publica *Direito natural e dignidade humana*. Como se depreende já do título, estamos bem distantes da subestimação da *libertas minor*, cara a Della Volpe; ao contrário, a reivindicação da herança da tradição liberal é alta e forte. A crítica dirigida a ela continua a ser a que já conhecemos e que o jovem Bloch expressava com as palavras de Anatole France: no mundo liberal-capitalista, "a igualdade perante a lei significa proibir em igual medida, aos ricos e aos pobres, roubar lenha e dormir sob as pontes"[45]. Em *Direito natural e dignidade humana*, o filósofo afirma que o liberalismo erra ao propor uma "igualdade formal e apenas formal". E acrescenta: "Para se impor, o capitalismo visa apenas à realização de uma universalidade da regulamentação jurídica que tudo abarca de igual modo"[46].

Essa afirmação pode ser lida num livro publicado no mesmo ano em que, em Paris, a polícia desencadeia uma impiedosa caça aos argelinos, afogados no Sena ou mortos a golpes de cassetete; e tudo isso à luz do sol, ou melhor, na presença de cidadãos franceses que, sob a proteção do governo da lei, assistem divertidos ao espetáculo. Quanta "igualdade formal"! Na mesma capital de um país capitalista e liberal, vemos em curso uma dupla legislação que entrega ao arbítrio e ao terror policial um grupo étnico bem definido[47]. Se, além disso, considerarmos as colônias e semicolônias e voltarmos o olhar, por exemplo, para a Argélia, para o Quênia ou para a Guatemala (país formalmente livre, mas de fato sob o protetorado estadunidense), vemos o Estado dominante, capitalista e liberal recorrendo em larga escala e sistematicamente às torturas, aos campos

---

[45] Ver, neste volume, cap. 1, § 7.

[46] Ernst Bloch, *Naturrecht und menschliche Würde* (Frankfurt, Suhrkamp, 1961), p. 157.

[47] Domenico Losurdo, *Il linguaggio dell'Impero*, cit., cap. 6, § 2.

88 O MARXISMO OCIDENTAL

de concentração e às práticas genocidas tendo como alvo os indígenas. Não há vestígio de nada disso em Bloch.

E os povos coloniais ou de origem colonial continuam ausentes quando o autor de *Direito natural e dignidade humana* procede à reconstrução histórica da modernidade e do liberalismo. Ele aprecia a orientação jusnaturalista de Grotius e de Locke, mas não faz nenhuma menção ao empenho de ambos em justificar a escravidão dos negros; com referência à guerra de independência americana, louva a luta dos "jovens Estados livres", que mais tarde fundam os Estados Unidos, mas silencia sobre o peso da escravidão na realidade político--social e na própria Constituição federal norte-americana[48].

Tal silêncio é ainda mais singular devido ao fato de que precisamente naqueles anos se desenvolve na república do outro lado do Atlântico a luta dos afro-americanos pela liquidação definitiva do regime de supremacia branca. É um episódio que atrai a atenção de Mao Tsé-tung em Pequim, e pode ser interessante comparar os posicionamentos de duas personalidades tão diferentes uma da outra. O filósofo alemão denuncia o caráter meramente "formal" da igualdade liberal e capitalista; o dirigente comunista ressalta o vínculo entre a desigualdade social e a desigualdade racial: os negros sofrem uma taxa de desemprego muito mais alta que os brancos, são confinados nos segmentos inferiores do mercado de trabalho e forçados a se contentar com salários mais baixos. Mao não se restringe a isso: também ressalta a violência racista desencadeada pelas autoridades do Sul e pelos grupos por elas tolerados ou encorajados e saúda "a luta do povo negro americano contra a discriminação racial e pela liberdade e igualdade dos direitos"[49]. Bloch critica a revolução burguesa por ter limitado "a igualdade à igualdade política"[50]; em relação aos afro-americanos, Mao ressalta que "a maior parte deles não tem direito de voto"[51]. Reduzidos a mercadoria e desumanizados por seus opressores, por séculos, os povos coloniais conduziram batalhas memoráveis pelo reconhecimento, mas em Bloch podemos ler: "O princípio segundo o qual os homens nascem livres e iguais já está presente no direito romano; agora deve estar presente também na realidade"[52]. Em contrapartida, vemos na conclusão do artigo do líder comunista chinês dedicado à luta dos

---

[48] Ernst Bloch, *Naturrecht und menschliche Würde*, cit., p. 80.

[49] Mao Tsé-tung, *On Diplomacy* (Pequim, Foreign Languages Press, 1998 [1963]), p. 377.

[50] Ernst Bloch, *Naturrecht und menschliche Würde*, cit., p. 7.

[51] Mao Tsé-tung, *On Diplomacy*, cit., p. 377.

[52] Ernst Bloch, *Naturrecht und menschliche Würde*, cit., p. 79.

afro-americanos pela emancipação: "O cruel sistema colonialista-imperialista se desenvolveu com a escravização e com o tráfico dos negros, e certamente chegará ao fim com a completa libertação deles"[53].

Como se vê, nos textos aqui citados de Mao (assim como naqueles já conhecidos de Ho Chi Minh), não existem nem a subestimação da *libertas minor*, cara a Della Volpe, nem a ilusão, comum sob diversas formas em Della Volpe e Bloch (e Bobbio), segundo a qual capitalismo e liberalismo garantiriam, de qualquer maneira, a "igualdade formal" ou até a "igualdade política".

7. HORKHEIMER, DO ANTIAUTORITARISMO AO FILOCOLONIALISMO

A incompreensão e a negação da questão colonial atingem o ápice numa corrente de pensamento à qual também devemos análises brilhantes e agudas dos problemas sociais, políticos e morais, próprios da sociedade capitalista. Refiro-me à Escola de Frankfurt. Ao publicar *O Estado autoritário*, em 1942, Horkheimer faz um balanço do capítulo de história iniciado com a Revolução de Outubro. O juízo de condenação é claro e sem meios-termos: na Rússia afirmou-se não o socialismo, mas o "capitalismo de Estado". Claro, cabe reconhecer que "este fortalece a produção" de maneira extraordinária e isso é de grande vantagem para "os territórios atrasados da terra", que em pouco tempo podem superar o atraso em relação aos países mais avançados[54]. Ao menos isso poderia ser considerado um resultado positivo? Na realidade, é certo que a Rússia governada com punho de ferro pelos bolcheviques obteve enorme sucesso no desenvolvimento industrial e econômico, a ponto de se tornar um modelo, mas quem se sensibiliza com isso?

> Ao invés de se transformar numa democracia participativa e de conselhos, o grupo [o Partido Comunista] pode fixar-se como autoridade. Trabalho, disciplina e ordem podem salvar a república e liquidar a revolução. Apesar de ter afirmado que a supressão dos Estados fazia parte de seu programa, aquele partido transformou sua pátria industrialmente atrasada no modelo secreto daquelas potências industriais que sofriam com seu parlamentarismo e já não podiam viver sem o fascismo.[55]

---

[53] Mao Tsé-tung, *On Diplomacy*, cit., p. 379.

[54] Max Horkheimer, "Lo Stato autoritario" [1942], em *La società di transizione* (org. Werner Brede, Turim, Einaudi, 1979), p. 4, 11 e 22.

[55] Ibidem, p. 8.

90 O marxismo ocidental

Enquanto essas linhas eram escritas, o Exército nazista, tendo dominado boa parte da Europa, está às portas de Moscou e Leningrado, cujos habitantes estão ameaçados de morte por uma assustadora máquina de guerra ou por um assédio impiedoso e pela fome por ele infligida. Em tais circunstâncias, que sentido tem invocar a "democracia participativa e de conselhos" e até mesmo o ideal ou a utopia da extinção do Estado? É o momento em que parece estar ao alcance das mãos a realização do projeto de Hitler, destinado explicitamente a escravizar os povos da Europa oriental de modo a edificar ali um grande império colonial de dimensão continental.

Se, apesar de submetida à colossal pressão exercida por um aparato militar gigantesco e de experimentada eficiência e brutalidade, a União Soviética consegue resistir, é graças ao desenvolvimento industrial a toque de caixa evidenciado pelo próprio Horkheimer. Porém, ele não dá nenhuma importância a tudo isso, considera irrelevante o fato de que o que está em jogo é o conflito entre colonialismo e escravismo, de um lado, e anticolonialismo e antiescravismo, do outro. Aos olhos do prestigiado expoente da "teoria crítica", é justamente o país nascido da Revolução de Outubro – e prestes a ser escravizado (depois que sua população foi dizimada) – que merece um juízo mais severo:

> A espécie mais coerente de Estado autoritário que se libertou de toda dependência do capital privado é o estatismo integral ou socialismo de Estado [...]. No estatismo integral é decretada a socialização. Os capitalistas privados são abolidos [...]. O estatismo integral não significa uma diminuição, mas, ao contrário, uma potencialização das energias, pode viver sem ódio racial.[56]

E mais uma vez nos deparamos com a falta de criticidade da teoria crítica: parece irrelevante a diferença entre um país empenhado em impor um Estado racial, decidido a dizimar e a escravizar as "raças inferiores", bem como a exterminar os grupos políticos e étnicos (bolcheviques e judeus) rotulados como instigadores da revolta das "raças inferiores", e um país que sabe estar entre as vítimas predestinadas de tal Estado racial e do qual se defende desesperadamente.

Mesmo com o olhar voltado para o passado e para o plano da filosofia da história em geral, Horkheimer presta pouca ou nenhuma atenção à questão colonial (e racial): "A Revolução Francesa era tendencialmente totalitária"[57].

---

[56] Ibidem, p. 11.

[57] Ibidem, p. 9.

Assim, torna-se alvo a revolução que, no início da era contemporânea, em São Domingos, estimulava a grande sublevação dos escravos negros e, em Paris, forçava a Convenção jacobina a decretar a abolição da escravidão nas colônias. Imunes às suspeitas de totalitarismo ou autoritarismo restam as duas revoluções inglesas do século XVII e a revolução americana do século XVIII, que impulsionavam a instituição da escravidão e que, no caso da República norte-americana, comportavam a primeira aparição do Estado racial (não por acaso, nas suas primeiras décadas de vida, presidido quase sempre por proprietários de escravos).

A condenação da Revolução Francesa não conhece limites: "O 'sans-culotte Jesus' anuncia o Cristo nórdico"[58]. A figura evocada pelas correntes mais radicais da Revolução Francesa, com a finalidade de derrubar de uma vez por todas a barreira quase naturalista que no Antigo Regime separava as classes populares das elites, é equiparada à figura elaborada pela cultura reacionária que desemboca no nazismo e está empenhada em restabelecer a barreira natural entre povos e "raças", a barreira que fora varrida pela épica rebelião dos jacobinos negros de São Domingos/Haiti e pela abolição da escravidão negra em Paris, sancionada por Robespierre.

Uma vez liquidadas a Revolução Francesa e a Revolução de Outubro, só resta se curvar ao liberalismo miticamente transfigurado e, portanto, identificado com a afirmação e a defesa da "autonomia do indivíduo"[59]. É uma transfiguração que envolve também a figura de Locke, lido como o defensor do princípio segundo o qual todos os homens seriam "livres, iguais e independentes[60]. E, novamente, como por encanto, desaparecem a escravidão e a defesa da escravidão negra graças a um filósofo que é beneficiário de tal instituição no plano material, por ser acionista da Royal African Company, ou seja, da sociedade que gerenciava o tráfico de gado humano.

Dados esses pressupostos, não surpreendem a desatenção, a desconfiança ou a hostilidade com que Horkheimer observa a revolução anticolonial mundial em curso na sua época. Ele lê a história de seu tempo como o conflito

---

[58] Ibidem, p. 10.

[59] Max Horkheimer, "La teoria critica ieri e oggi" [1970], em *La società di transizione*, cit., p. 175.

[60] Idem, *Eclissi della ragione. Critica della ragione strumentale* [1967] (trad. E. Vaccari Spagnol, Turim, Einaudi, 1969), p. 30 [ed. bras.: *Eclipse da razão*, trad. Carlos Henrique Pissardo, São Paulo, Editora Unesp, 2015].

92 O MARXISMO OCIDENTAL

entre "Estados civis" e "Estados totalitários". Isso vale também para os anos da Guerra Fria: "Devo dizer que se os Estados civis também não gastassem somas enormes com armamentos, há muito já estaríamos sob o domínio dessas potências totalitárias. Se criticamos, temos também de saber que os criticados eventualmente não podem se comportar de outra maneira"[61]. Estamos em 1970: a guerra contra o Vietná torna-se mais violenta que nunca, e o seu caráter colonial e as práticas genocidas nela utilizadas são públicos. Entretanto, o maior expoente da teoria crítica não tem dúvidas: o Ocidente "civil" precisa se defender dos bárbaros do Oriente!

Nem a luta dos afro-americanos contra o persistente regime da *white supremacy* no Sul dos Estados Unidos põe em xeque as certezas de Horkheimer. Sem dúvida, ele alude à "atual situação difícil das *race relations* do outro lado do Atlântico", mas acentua o "terrorismo dos ativistas negros em relação aos outros negros [...], que é muito mais forte do que se pensa"; "o negro médio tem mais medo dos negros"[62] do que dos brancos. No conjunto, a revolução anticolonialista mundial é, para dizer o mínimo, inútil: "a questão dos negros americanos" poderia ser rapidamente resolvida "se não existissem os contrastes entre o Oriente e o Ocidente" e os conflitos com "as partes atrasadas do mundo[63]. As discriminações contra as quais os afro-americanos combatiam eram atribuídas à Guerra Fria e à própria revolução anticolonial, como se percebe pela referência crítica ao "terrorismo dos ativistas negros" nos Estados Unidos e ao papel do Terceiro Mundo.

Na verdade, aconteceu exatamente o contrário. Em dezembro de 1952, a Suprema Corte dos Estados Unidos declarou inconstitucional a segregação racial nas escolas públicas, somente depois de ter sido alertada pelo Ministro da Justiça: uma sentença diferente teria radicalizado as "raças de cor" e favorecido o movimento comunista no Terceiro Mundo, bem como nos Estados Unidos[64]. A passagem da desconfiança à hostilidade é rápida:

> Nossa teoria crítica mais recente não lutou mais pela revolução porque, após a queda do nazismo nos países do Ocidente, a revolução conduziria a um novo terrorismo, a uma situação terrível. Trata-se, ao contrário, de preservar aquilo

---

[61] Idem, "La teoria critica ieri e oggi" [1970], em *La società di transizione*, cit.,p. 172.

[62] Ibidem, p. 138 e 178.

[63] Ibidem, p. 159.

[64] Ver, neste volume, cap. 6, § 2.

que tem um valor positivo, por exemplo, a autonomia, a importância do indivíduo, sua psicologia diferenciada, certos momentos da cultura, sem interromper o progresso.[65]

Essa declaração não parece distinguir Ocidente e Terceiro Mundo, de modo que também a revolução anticolonial então em curso no Vietnã (ou, alguns anos antes, aquela que obteve a vitória na Argélia) são comparadas ou equiparadas a um "novo terrorismo".

De caráter mais geral é esta outra declaração:

> A teoria crítica tem a função de expressar aquilo que, em geral, não é expresso. Deve, portanto, ressaltar os custos do progresso, o perigo de que, a partir dele, acabe por desaparecer até mesmo a ideia do sujeito autônomo, a ideia de alma, pois ela parece irrelevante em relação ao universo [...]. Agora queremos que o mundo seja unificado, queremos que o Terceiro Mundo não sofra mais com a fome, ou que não seja mais forçado a viver no limite da fome. Mas, para alcançarmos esse objetivo, teremos de pagar o preço de uma sociedade que se configura exatamente como um mundo administrado [...]. Aquilo que Marx imaginou ser o socialismo, na realidade, é o mundo administrado.[66]

Juntamente com o socialismo e com a revolução anticolonial propriamente dita, aqui se condena também o desenvolvimento econômico dos povos que se libertaram ou estão prestes a se libertar do jugo colonial. Somos colocados diante de uma alternativa terrível: conformar-se com a miséria de massa dominante fora do Ocidente ou mergulhar no horror do mundo administrado. E, ao menos para a teoria crítica, a segunda opção é bem pior que a primeira.

8. O UNIVERSALISMO IMPERIAL DE ADORNO

É possível constatar um elemento de involução em Horkheimer (e em Theodor W. Adorno). Em relação ao "fascismo", *Dialética do esclarecimento* (o livro publicado em coautoria por ambos nos anos 1940) observava que, antes de se alastrar e triunfar bem no coração da Europa, o "capitalismo totalitário"

---

[65] Max Horkheimer, "Lo Stato autoritario", cit., p. 168-9.
[66] Ibidem, p. 174-5.

e a "ordem totalitária" tinham assediado "apenas os pobres e os selvagens"[67]. As etapas preparatórias do fascismo eram assim identificadas na violência perpetrada pelas grandes potências ocidentais contra os povos coloniais e na violência consumada, bem no coração da metrópole capitalista, contra os pobres e os marginalizados confinados naquele tipo de campo de concentração que eram as "casas de trabalho". De alguma forma aludia-se ao fato de que o nazifascismo fizera seus primeiros ensaios no expansionismo e no domínio colonial. É verdade que as vítimas eram os "selvagens", muito mais do que povos determinados, com uma história e uma cultura próprias, e com a reivindicação de se constituírem como Estados nacionais independentes. E, todavia, sempre vinham à tona uma desaprovação do colonialismo e um reconhecimento do vínculo que ligava o nazifascismo ao colonialismo.

Tudo desapareceria sem deixar vestígios poucos anos depois, com a deflagração da Guerra Fria, quando a revolução anticolonialista se uniu ao movimento comunista internacional e, atingindo o Oriente Médio, passou a questionar também a política e até mesmo o Estado de Israel. A esse ponto, a polêmica com a agitação revolucionária do Terceiro Mundo se tornava uma constante e se desenvolvia em nome do universalismo. Em *Dialética negativa*, Adorno destruía a categoria hegeliana de "espírito de povo" e, portanto, a atenção reservada à questão nacional, enquanto "reacionária" e regressiva "em relação ao universal kantiano de seu período, a humanidade já visível", enquanto contaminada pelo "nacionalismo" e pelo provincianismo "na época de conflitos mundiais e do potencial de uma organização mundial do mundo". Pior, era o culto atribuído a um "fetiche", a um "sujeito coletivo" (a nação), em que "os sujeitos [individuais] desaparecem sem deixar rastros"[68].

Tratava-se de uma tomada de posição que *a posteriori* deslegitimava a revolução promovida e dirigida pela Frente de Libertação *Nacional* da Argélia, um povo e um país indubitavelmente mais provincianos, mais atrasados e menos cosmopolitas que a França, contra a qual haviam se rebelado; e deslegitimava igualmente as revoluções anticoloniais que também se desenrolavam sob os olhos de Adorno,

---

[67] Max Horkheimer e Theodor Adorno, *Dialettica dell'illuminismo* (trad. R. Solmi, Turim, Einaudi, 1982 [1944]), p. 62 e 92 [ed. bras.: *Dialética do esclarecimento*, trad. Guido de Almeida, Rio de Janeiro, Zahar, 1985].

[68] Theodor W. Adorno, *Dialettica negativa* (trad. C. A. Donolo, Turim, Einaudi, 1970 [1966]), p. 304-5 e 307 [ed. bras.: *Dialética negativa*, trad. Marco Antonio Casanova, Rio de Janeiro, Zahar, 2009].

a começar por aquela dirigida pela Frente de Libertação *Nacional* do Vietnã. Nesse último caso, o juízo negativo do filósofo era evidente e sem meios-termos:

> Na segura América, pudemos suportar, como exilados, as notícias vindas de Auschwitz; assim, não será fácil acreditar num sujeito qualquer que diga que a guerra do Vietnã lhe tira o sono; em especial, todo opositor da guerra colonial deveria saber que os vietcongues, por sua vez, torturam à moda chinesa.[69]

Tal declaração ocorria em 1969. No ano anterior se verificara o massacre de My Lai: a brigada às ordens do tenente William Calley não hesitara em assassinar 347 civis, na maioria idosos, mulheres, crianças e recém-nascidos. Era a confirmação indiscutível das práticas genocidas com as quais se manchava o exército enviado por Washington: ainda hoje, quarenta anos após o fim da guerra, são incontáveis os vietnamitas com o corpo martirizado pela dioxina fartamente despejada sobre a população civil pela aviação estadunidense. Tudo isso era comparado a Auschwitz e reduzido a uma bagatela; e tal bagatela não tirava o sono de Adorno, que, ao contrário, zombava dos que perdiam o sono por ela mais do que pelas... torturas "à moda chinesa" atribuídas aos vietcongues, em última análise, às vítimas!

Essa é uma página que não honra o filósofo. Mas é uma página que não constitui um acidente de percurso isolado. Também no plano da reconstrução histórica e da filosofia da história, Adorno não reservava atenção alguma e nenhuma simpatia às vítimas do Ocidente e de sua marcha expansionista:

> Mesmo as invasões dos conquistadores no antigo México e no Peru, que lá devem ter sido vistas como invasões de outro planeta, contribuíram sanguinariamente – de maneira irracional para os astecas e para os incas – para a difusão da sociedade racional no sentido burguês até chegar à concepção de *one world*, que se liga teleologicamente ao princípio de tal sociedade.[70]

Embora de maneira objetiva e "irracional", o expansionismo colonial teria contribuído para aproximar o gênero humano, para realizar um mundo finalmente unificado? *One world* é o "sujeito coletivo" no qual os sujeitos individuais,

---

[69] Idem, *Parole chiave. Modelli critici* (trad. M. Agrati, Milão, SugarCo, 1974 [1969]), p. 257 [ed. bras.: *Palavras e sinais: modelos críticos*, trad. Maria Helena Ruschel, Petrópolis, Vozes, 1995].

[70] Idem, *Dialettica negativa*, cit., p. 271.

96 O MARXISMO OCIDENTAL

e mesmo os vários povos individualmente, "desaparecem sem deixar vestígios", para retomar a crítica de Adorno dirigida a Hegel. Seja como for, temos de nos perguntar: ao contrário, o expansionismo colonial não teria, na verdade, cavado um abismo intransponível entre os povos, conferindo à raça superior dos senhores o direito de escravizar e sacrificar em massa os *under men* e os *Untermenschen*?

Se da descoberta-conquista da América avançarmos até a Revolução Francesa, o quadro não muda:

> A miséria particular, ao menos das massas parisienses, deveria ter deflagrado o movimento, enquanto em outros países, onde não era tão aguda, o processo de emancipação burguesa teve sucesso sem revolução e sem assumir a forma de domínio mais ou menos absolutista.[71]

Em relação ao tema do advento da modernidade, a comparação entre os diversos países se dá sem levar em conta a questão colonial. "A forma de domínio mais ou menos absolutista" é denunciada com referência à monarquia borbônica e ao jacobinismo na França, mas nunca ao poder exercido sobre os escravos negros pelos proprietários brancos (os quais nas primeiras décadas de vida dos Estados Unidos assumem com regularidade o cargo de presidente).

Subvertendo polemicamente as grandes palavras de Hegel segundo as quais "o verdadeiro é o todo"[72], Adorno afirma: "O todo é o falso"[73]. Porém, quando idealiza o país-guia do Ocidente e o Ocidente enquanto tal, Adorno confirma a validade do aforismo contido na *Fenomenologia do espírito*, não daquele por ele proclamado em *Minima moralia*. Hegel esclarece com grande lucidez que "a saída da colonização"[74] exerceu um papel importante na atenuação do conflito social do outro lado do Atlântico. O olhar voltado para o todo permitia que o grande teórico da dialética percebesse a ligação entre liberdade da comunidade branca, de um lado, e total falta de liberdade dos nativos, do outro, submetidos a um impiedoso processo de expropriação, deportação e dizimação. É o que

---

[71] Ibidem, p. 270.

[72] G. W. F. Hegel, *Werke in zwanzig Bänden* (org. E. Moldenhauer e K. M. Michel, Frankfurt, Suhrkamp, 1969-1979), v. 3, p. 34.

[73] Theodor W. Adorno, *Minima moralia: Reflexionen aus dem beschädigten Leben* (Frankfurt, Suhrkamp, 1951) § 29 [ed. bras.: *Minima moralia: reflexões a partir da vida lesada*, trad. Gabriel Cohn, Rio de Janeiro, Azougue, 2008].

[74] G. W. F. Hegel, *Werke in zwanzig Bänden*, cit., v. 12, p. 113-4.

escapa a uma visão que, enfatizando e absolutizando um aspecto particular da realidade investigada, acaba perdendo de vista a totalidade.

Uma última consideração. O apelo de Adorno a Kant não é nem um pouco convincente. Justamente *À paz perpétua*, a que alusivamente *Dialética negativa* remete, contém uma memorável denúncia não apenas da escravidão colonial e do colonialismo propriamente dito, mas também da "monarquia universal", sinônimo de "despotismo sem alma", enquanto fundada na opressão das nações e exatamente por isso destinada ao fracasso: "A natureza sabiamente separa os povos", a isso provê a "diversidade das línguas e das religiões"; a tentativa de unificar o mundo sob o signo do despotismo internacional se chocaria, assim, com a resistência dos povos e produziria, quando muito, a "anarquia"[75]. Em outra ocasião, fazendo, de certa forma, um balanço histórico e filosófico da Revolução Francesa, Kant observa: se o patriotismo corre o risco de resvalar para o exclusivismo e de perder de vista o universal, o amor abstrato da humanidade "desperdiça sua inclinação devido à sua universalidade excessivamente extensa" e, assim, corre o risco de ser reduzido a uma declaração vazia; trata-se, então, de conciliar o "patriotismo mundial" (*Weltpatriotismus*) com o "patriotismo local" (*Localpatriotismus*), ou com o "amor à pátria"; quem é autenticamente universalista "no apego ao próprio país deve ter a inclinação para promover o bem do mundo inteiro"[76]. Em última análise, pode-se afirmar que Adorno remete a um filósofo que antecipadamente o criticou e contestou.

9. Quem não quer falar do colonialismo deve calar-se também sobre o fascismo e o capitalismo

Os dois expoentes máximos da "teoria crítica" não se limitavam a contrapor seu universalismo imperial à revolução anticolonial em pleno curso. Vejamos esta eloquente declaração dos anos 1960:

> A alegria torna os homens melhores. É impossível que homens felizes, capazes de sentir prazer e que vislumbram muitas possibilidades para ser felizes sejam

---

[75] Immanuel Kant, *Gesammelte Schriften* (Berlim/Leipzig, Königlich Preußische Sozietät der Wissenschaften, 1900), v. 8 [1795]), p. 367-9; ver Domenico Losurdo, *Un mondo senza guerre: l'idea di pace dalle promesse del passato alle tragedie del presente* (Roma, Carocci, 2016), cap. I, § 6-7).

[76] Immanuel Kant,, *Gesammelte Schriften*, cit., v. 27 [1793-1794], p. 673-4.

particularmente maus [...]. Dizem que Kant e Goethe eram grandes entendedores de vinho, o que significa que, quando estavam sozinhos, decerto não eram atormentados pela inveja, ao contrário, tinham a possibilidade de sentir prazer, pois eram ricos de experiências.[77]

Sendo assim, não se podia esperar nada de bom dos "condenados da terra" caros a Frantz Fanon e ao movimento anticolonialista. Todavia, o mesmo Horkheimer reconhecia que "os industriais aprovaram o programa de Hitler"[78]. Homens presumivelmente "felizes", talvez também eles "grandes entendedores de vinhos" (não menos do que Kant e Goethe), haviam se mostrado "particularmente maus", abrindo caminho para um programa caracterizado pela guerra, pelo expansionismo colonial e pelo aniquilamento.

E, no entanto, o motivo em questão está presente também em Adorno. Também para ele a fonte do mal é o *ressentiment* (das classes e dos povos em condição de subalternidade), é o rancor que "ataca qualquer felicidade, até mesmo a própria", e em consequência do qual "a saciedade se tornou um insulto *a priori*, enquanto seu único aspecto negativo deveria consistir no fato de que há pessoas que não têm nada para comer". Aliás, este último é um problema que poderia ser resolvido "tecnicamente", isto é, não com a ação política dos deserdados, mas com a intervenção benéfica das classes e dos países detentores de uma cultura superior (e de riqueza e poder)[79]. Em sua época, Nietzsche negara qualquer tipo de objetividade à questão social, atribuindo-a ao *ressentiment* dos malsucedidos; os dois expoentes da teoria crítica procedem de maneira análoga quando enfrentam a questão social vigente no cenário internacional.

Não é de admirar, portanto, que o alvo principal da polêmica de Adorno seja a agitação revolucionária do Terceiro Mundo:

Indubitavelmente, hoje, o ideal fascista se funde sem maiores problemas com o nacionalismo dos chamados países subdesenvolvidos, que já não são mais definidos enquanto tais, mas como países em via de desenvolvimento. O acordo com aqueles que, na competição imperialista, se sentiam em desvantagem e também queriam participar do banquete manifestou-se já durante a guerra nos *slogans*

---

[77] Max Horkheimer, "Lo Stato autoritario", cit., p. 124.

[78] Ibidem, p. 40.

[79] Theodor W. Adorno, "Was bedeutet Aufarbeitung der Vergangenheit", em *Eingriffe. Neun kritische Modelle* (Frankfurt, Suhrkamp, 1964 [1959]), p. 136.

sobre as plutocracias ocidentais e as nações proletárias. É difícil dizer se, e em que medida, essa tendência já desembocou na corrente subterrânea, hostil à civilização e ao Ocidente, própria da tradição alemã, e se, também na Alemanha, está se delineando uma convergência entre nacionalismo fascista e comunista.[80]

Depois de deslegitimar o movimento anticolonialista e terceiro-mundista no plano psicológico como expressão de *ressentiment,* sempre lançando mão da polêmica de Nietzsche com o movimento socialista, a teoria crítica agora o condena também no plano ético e político: a agitação não é promovida pelo desejo de justiça nas relações internacionais, mas pela aspiração a participar pessoalmente do banquete imperialista. Nesse quadro, não há espaço para a revolução anticolonialista; os adversários são apenas imperialistas satisfeitos, já tranquilos, e imperialistas potenciais, muito mais agressivos e perigosos.

Mas a quais realidades políticas Adorno alude quando denuncia o caráter fundamentalmente fascista do "nacionalismo dos chamados países subdesenvolvidos" ou a "convergência entre nacionalismo fascista e comunista"? Estamos em 1959. Nesse momento, aqueles que cultivam "o ideal fascista" no sentido estrito do termo são apenas dois países: Portugal e Espanha. Nenhum dos dois fazia ou faz parte do Terceiro Mundo, eram ambos potências coloniais e ambos se sentiam, e eram, parte integrante do Ocidente: o primeiro era membro fundador da Otan; o segundo já estava empenhado numa aproximação paulatina dessa organização político-militar da qual viria a fazer parte em 1982.

Como explicar então o discurso de Adorno? Três anos antes, Grã-Bretanha, França e Israel haviam implementado a expedição colonial contra o Egito de Nasser, que nacionalizara o Canal de Suez e que, com o apoio do "campo socialista", conclamara o mundo árabe a se revoltar contra o jugo colonial e semicolonial. Nessa ocasião, Anthony Eden, o primeiro-ministro da Grã-Bretanha (que até então controlava o Canal de Suez) e fiel intérprete do Império, apontava Nasser como "uma espécie de Mussolini islâmico" e como um "paranoico" com "a mesma estrutura mental de Hitler"[81]. A essa altura, na ideologia da guerra (colonial) e na falsa consciência (filocolonialista) de Adorno, a conta fecha à perfeição: o nacionalismo manifestado pelo Egito "subdesenvolvido", mas decidido a recuperar a soberania nacional e a integridade territorial, era de tipo

---

[80] Ibidem, p. 137.

[81] Ver o texto de "Conclusão" em Domenico Losurdo, *Il linguaggio dell'Impero,* cit.

fascista, e o apoio que recebia de Moscou e Pequim constituía a confirmação da "convergência entre nacionalismo fascista e comunista".

O que mais impressiona nessas declarações é o fato de que estão inseridas num ensaio dedicado à "elaboração do passado" (*Aufarbeitung der Vergangenheit*): acertar as contas com o nazismo e com o horror da "solução final" significaria distanciar-se claramente da revolução anticolonial. É também a orientação de Horkheimer, ao qual – segundo um seu bem informado estudioso e admirador dos nossos dias – se deveria reconhecer o mérito de ter identificado rapidamente "a essência desumana do anti-imperialismo" e a linha de continuidade (sob a marca do "anti-imperialismo antiocidental") que iria do Terceiro Reich aos movimentos nacionais e revolucionários do Terceiro Mundo e ao terceiro-mundismo[82].

Horkheimer e Adorno partiam do pressuposto de que reconhecer as diferenças nacionais e exigir o respeito a elas seria sinônimo de "nacionalismo", de chauvinismo e talvez até de racismo, de forma que o discurso sobre a nação deveria ser inserido numa infausta tradição política que culminou no Terceiro Reich. Na realidade, o principal teórico nazista condena explicitamente o "entusiasmo pelo nacionalismo em si": uma vez generalizada, "a palavra de ordem do direito à autodeterminação dos povos" serve a "todos os elementos de raça inferior sobre a face da Terra para reivindicar para si a liberdade", como em sua época fizeram "os negros do Haiti e de São Domingos"[83].

Mais forte que nunca ressoa aqui o ódio às revoluções nacionais dos povos coloniais. O caráter particularmente bárbaro do nazismo reside, entre outros aspectos, na tentativa de construir um império colonial no coração da Europa, pretendendo, assim, negar o direito à autodeterminação e a uma existência nacional autônoma também àqueles povos que já haviam sido francamente reconhecidos pela comunidade internacional em seu todo. A linha de continuidade imaginosamente traçada por Adorno recalca o *pathos* exaltado do Ocidente – a ser defendido a todo custo da sublevação dos povos coloniais e de cor instigados pelos insanos agitadores judeus e bolcheviques –, que é o fio condutor do discurso de Hitler.

Horkheimer é o autor de uma grande sentença: "Quem não quer falar do capitalismo deve calar-se também sobre o fascismo"[84]. É uma sentença que,

---

[82] Stephan Grigat, "Befreite Gesellschaft und Israel. Zum Verhältnis von Kritischer Theorie und Zionismus", em Stephan Grigat (org.), *Feindaufklärung und Reeducation* (Friburgo, ça ira, 2015), p. 120.

[83] Alfred Rosenberg, *Der Mythus des 20*, cit., p. 645.

[84] Max Horkheimer, "Die Juden und Europa", *Zeitschrift für Sozialforschung*, n. 8, 1939, p. 115.

MARXISMO OCIDENTAL E REVOLUÇÃO ANTICOLONIAL: UM ENCONTRO MALOGRADO 101

contestando mais uma vez a "teoria crítica", deve ser reformulada: "Quem não quer falar do colonialismo deve calar-se também sobre o capitalismo e o fascismo". Como veremos melhor em seguida, o recalque do colonialismo também impossibilita uma autêntica elaboração do passado.

10. Marcuse e a penosa redescoberta do "imperialismo"

Ao contrário de Adorno, Marcuse aceitava a tese hegeliana segundo a qual o verdadeiro é o todo[85]. A partir desse pressuposto teórico, ao traçar o quadro do Ocidente liberal, ele não podia negligenciar a relação instituída pelo Ocidente com o Terceiro Mundo e com as colônias ou ex-colônias: "a Guerra do Vietnã revelou pela primeira vez a natureza da sociedade existente", isto é, "a necessidade que lhe é natural de expansão e de agressão"; sim, "o Vietnã não é absolutamente um negócio qualquer de política externa, mas um fato intimamente ligado à própria essência do sistema"[86]. Além da "desumana violência destrutiva"[87] empreendida naquele país, o que revela a natureza opressiva da República norte-americana (considerada como um todo) é o tratamento reservado à população de origem colonial: no Sul, "o assassinato e o linchamento dos negros [empenhados na luta contra a discriminação racial] permanecem impunes mesmo quando os culpados são conhecidos"[88]. Não se deve perder o todo de vista nem quando se examina o problema da riqueza e da pobreza: "A derrota da escassez ainda se restringe a pequenas áreas da sociedade industrial avançada. A prosperidade delas esconde o Inferno dentro e fora de suas fronteiras", esconde as áreas de pobreza na metrópole capitalista e, sobretudo, a pobreza desesperada das colônias e semicolônias[89].

Impõe-se, assim, o resgate de categorias geralmente apagadas do pensamento dominante: a indignação diante dos "massacres neocoloniais"[90] deve

---

[85] Herbert Marcuse, "Repressive Toleranz", em Henryk M. Broder (org.), *Kritik der reinen Toleranz* (trad. A. Schmidt, Frankfurt, Suhrkamp, 1967), p. 95.

[86] Herbert Marcuse, *La fine dell'utopia* (trad. S. Vertone, Laterza, Bari, 1968), p. 56-7 [ed. bras.: *O fim da utopia*, trad. Carlos Nelson Coutinho, Rio de Janeiro, Paz e Terra, 1969].

[87] Idem, "Repressive Toleranz", cit., p. 94-5.

[88] Idem, *La fine dell'utopia*, cit., p. 56.

[89] Idem, *L'uomo a una dimensione* (trad. L. Gallino e T. G. Gallino, Turim, Einaudi, 1967), p. 250 [ed. bras.: *O homem unidimensional: estudos da ideologia da sociedade industrial avançada*, trad. Robespierre de Oliveira, Deborah Christina Antunes, Rafael Cordeiro Silva, São Paulo, Edipro, 2015].

[90] Idem, "Repressive Toleranz", cit., p. 94.

102 O MARXISMO OCIDENTAL

obrigar a pôr fim ao colonialismo e ao *"neocolonialismo* em todas as suas formas"[91]. Em especial, "o mundo está experimentando um *imperialismo* de uma extensão e de uma potência até agora sem exemplos na história". É uma agressividade que não ameaça apenas os pequenos países: "diante da imensa força agressiva do sistema tardo-capitalista [e dos Estados Unidos, de maneira particular], o totalitarismo oriental está de fato na defensiva, ou melhor, se defende desesperadamente"[92].

Ainda que penosamente redescoberta, entre incertezas e oscilações, a categoria de "imperialismo" tende a abalar outra categoria, aquela de "totalitarismo". Marcuse compreende bem os problemas enfrentados pelos países que conseguiram se livrar do jugo colonial. Eles tendem "a pensar que, para permanecer independentes, é necessário que a industrialização seja rápida" e que rapidamente se aumente o "nível de produtividade". Entretanto, "a industrialização nessas áreas atrasadas não acontece no vazio", "para se transformar em sociedades industriais, as sociedades subdesenvolvidas precisam se libertar o quanto antes das formas pré-tecnológicas". E eis que surgem as primeiras dificuldades graves: "O peso morto dos costumes e das condições pré-tecnológicas e até pré-'burguesas' oferece uma forte resistência a tal desenvolvimento imposto de cima". Pois bem, "tal resistência será quebrada com métodos liberais e democráticos?". Seria uma expectativa irrealista:

> Parece mais que o desenvolvimento desses países, imposto de cima, trará consigo um período de administração total mais violento e mais duro que o atravessado pelas sociedades avançadas, que podem se apoiar nas realizações da era liberal. Para resumir: é provável que as áreas atrasadas sucumbam a uma das várias formas de neocolonialismo ou a um sistema, em menor ou maior escala, terrorista de acumulação primitiva.[93]

Numa posição não muito diferente daquela dos países de independência recente se encontrava a União Soviética. Sabemos dos perigos que a "imensa força agressiva" do Ocidente capitalista e imperialista fazia pesar sobre ela. De que forma poderia ser enfrentada tal ameaça? "Graças ao poder da administração total, no sistema soviético, a automação pode proceder com mais rapidez,

---

[91] Idem, *L'uomo a una dimensione*, cit., p. 67.

[92] Idem, *La fine dell'utopia*, cit., p. 161-2 e 112.

[93] Idem, *L'uomo a una dimensione*, cit., p. 65-6.

uma vez que certo nível técnico tenha sido alcançado"[94]. Como para os países de independência recente, também para a União Soviética a escolha era entre a capitulação ao colonialismo e ao imperialismo, de um lado, e o acelerado desenvolvimento econômico e tecnológico, de outro, que só podia ser obtido sacrificando em maior ou menor medida as exigências da democracia.

No entanto, Marcuse parece recuar assustado diante dessa conclusão que emerge de sua própria análise. E não por falta de coragem intelectual, mas porque ele não percebia completamente a dimensão progressista e emancipadora da revolução anticolonialista mundial. Sim, ele saudava calorosamente a luta de libertação nacional do povo vietnamita, que conseguia "manter em xeque, com armas rudimentares, o mais eficiente sistema destrutivo de todos os tempos", o que representava "um fato novo [e encorajador] na história do mundo". De modo geral, "as frentes de libertação nacional" podiam fornecer uma preciosa contribuição para a "crise do sistema" capitalista. Mas as reservas e as dúvidas não tardaram em despontar. Sim, a vitória da resistência vietnamita "seria um passo extremamente positivo", mas "não teria ainda nada a ver com a construção de uma sociedade socialista"[95]. É verdade que para os países de independência recente o rápido desenvolvimento econômico e tecnológico é uma questão de vida ou morte. Todavia, "temos de nos perguntar quais provas existem de que os países ex-coloniais ou semicoloniais seriam capazes de adotar um modo de industrialização essencialmente diferente" em relação ao modelo próprio do "capitalismo" e basicamente retomado pela União Soviética[96].

O filósofo que assim argumentava não era tocado pela dúvida: a superação de uma divisão internacional do trabalho que vê um punhado de países deter o monopólio da tecnologia e da indústria tecnologicamente avançada e exercer de tal forma um poder (não só econômico) sobre o resto do mundo não tem nada a ver com a realização de "um modo de industrialização essencialmente diferente" em relação ao passado?

Depois de falar da permanência da escassez, sobretudo do lado de fora da "sociedade industrial avançada", como de um "Inferno", Marcuse parecia considerar irrelevante a diminuição dessa área infernal. Chamava a atenção para o escândalo da extrema polarização entre a abundância da "sociedade industrial avançada" e a desesperada miséria do Terceiro Mundo, mas em seguida

---

[94] Ibidem, p. 56-7.

[95] Idem, *La fine dell'utopia*, cit., p. 57, 65 e 73.

[96] Idem, *L'uomo a una dimensione*, cit., p. 65.

104 O MARXISMO OCIDENTAL

argumentava como se o desenvolvimento do Terceiro Mundo não introduzisse nenhuma novidade substancial na ordem existente. Por que a diminuição da polarização social em escala planetária deveria ser menos importante do que a diminuição da polarização social no interior de um único país? Somos levados a pensar na situação proposta pelo provérbio de quem não vê a floresta porque as árvores impedem a vista. O resultado era paradoxal: depois de chamar a atenção para o choque entre revolução anticolonial e reação colonialista e imperialista, insatisfeito com o caráter não suficientemente "diferente" e novo da realidade político-social que estava emergindo, Marcuse convidava-nos a constatar que o "sistema mundial já [está] unido pela vida e pela morte"[97]!

11. O 4 DE AGOSTO DA "TEORIA CRÍTICA" E DA "UTOPIA CONCRETA"

Se o Vietnã é um motivo de discórdia entre os filósofos da "teoria crítica" e da "utopia concreta" (as declarações de repúdio aos Estados Unidos se entrelaçam com as declarações de apoio), a unidade se restabelece por ocasião da Guerra dos Seis Dias (5 a 10 de junho de 1967), que vê Israel triunfar sobre o Egito, a Síria e a Jordânia. Claro, a unidade de que se trata está longe de ser granítica. Horkheimer e Adorno se identificam tão completamente com Israel que não se preocupam nem mesmo em defendê-lo da acusação de colonialismo ou imperialismo que lhe era dirigida pelos movimentos de inspiração anticolonialista e terceiro-mundista. Ao contrário, para os dois expoentes da "teoria crítica", trata-se, sim, de levar exatamente estes últimos para o banco dos réus.

Enquanto no plano mais imediatamente político assume uma posição bastante semelhante à de Horkheimer e Adorno, Bloch, por outro lado, defende Israel da acusação de colonialismo ou imperialismo: é verdade – ele argumenta –, trata-se de um país que goza do apoio do presidente estadunidense, do "Johnson da Guerra no Vietnã" (de uma guerra de caráter colonial e imperial); e, todavia, não é o caso de confundir coisas diferentes. Em consonância com seu estilo de pensamento, o filósofo da "utopia concreta" evoca um futuro sem sombras, sob o espírito não só da convivência pacífica, mas da "simbiose" entre judeus e árabes; além disso, declara não se reconhecer no sionismo e lamenta que a fundação de Israel tenha ocorrido sob o comando de Herzl, seguidor do "nacionalismo" e nem um pouco propenso à "simbiose com outros povos já residentes no território". Explica-se assim o tratamento injusto reservado pelo novo Estado aos

---

[97] Idem, *La fine dell'utopia*, cit., p. 70.

"refugiados árabes" e à "minoria árabe que permaneceu em Israel". Para Bloch, tudo teria avançado de modo muito diferente se tivessem se afirmado a linha e a herança do internacionalista e "socialista Moses Hess", digno epígono da grande tradição dos profetas judeus. Entretanto, reatualizando um glorioso passado, pode-se esperar uma "nova simbiose" árabe-judaica e até mesmo, "em caso de necessidade", uma simbiose que veja garantida a "autonomia de Israel" no âmbito de um "espaço estatal árabe infinitamente maior"[98].

Infelizmente, à evocação de um futuro radiante e talvez utópico corresponde, no que diz respeito ao presente, uma orientação bem diferente: Bloch não se limita a se identificar totalmente com Israel, não se contenta em apoiar sem restrições a guerra contra o Egito de Nasser. Vai além: acusa Nasser de seguir um "modelo nazista", de ser inspirado por um "ódio aos judeus até a solução final", e tudo isso com a cumplicidade do mundo árabe em seu conjunto, do qual provêm "ameaças mortais" a Israel. Portanto, a esquerda que, de alguma forma, apoia a causa árabe produz ela própria "sons de *pogrom*", seja ela consciente disso ou não[99].

Argumentando assim, o filósofo da "utopia concreta" acabava acusando o anticolonialismo e o terceiro-mundismo como um todo, à maneira dos dois expoentes da "teoria crítica". É imprescindível não perder de vista que, embora pretendendo ignorar a tragédia palestina, no Oriente Médio daqueles anos o colonialismo estava bem presente, mesmo em sua forma clássica, e com conotações raciais. Pouco mais de uma década antes, em 1956, por ter nacionalizado o Canal de Suez, o Egito sofrera o ataque conjunto de Israel, Grã-Bretanha (nem um pouco disposta a renunciar ao Império) e França (decidida a dar uma lição em Nasser, também visando consolidar seu frágil domínio na Argélia). Apesar do desacordo e da rivalidade entre Washington e Londres, se Churchill chamara o Ocidente a sustentar a presença da Inglaterra no Canal de Suez, "com a finalidade de prevenir um massacre dos brancos", Eisenhower lamentara que, com a nacionalização do Canal de Suez, Nasser visava "derrubar os brancos". Claramente, para os dois estadistas ocidentais, os árabes continuavam a fazer parte das populações negroides[100]. Sabemos que o *pathos* da raça branca não era absolutamente alheio a Hitler, ao lado do qual, porém, Bloch não hesitava em colocar Nasser.

---

[98] Ernst Bloch, "Zum Pulverfass im Nahen Osten", em *Politische Messungen, Pestzeit, Vormärz* (Frankfurt, Suhrkamp, 1970 [1967]), p. 421-4.

[99] Ibidem, p. 419-21.

[100] Domenico Losurdo, *Il linguaggio dell'Impero*, cit., cap. 6, § 3.

Por ocasião da guerra de 1967, o mais problemático parece ser Marcuse. O comportamento por ele recomendado "não implica uma completa aceitação nem das teses de Israel nem daquelas de seus adversários". Por um lado:

A fundação de Israel como Estado autônomo pode ser definida ilegítima na medida em que aconteceu, graças a um acordo internacional, em solo estrangeiro e sem levar em conta a população local [...]. Admito que à injustiça inicial outras se somaram por parte de Israel. O tratamento reservado à população árabe foi, no mínimo, reprovável, se não pior. A política de Israel revelou traços racistas e nacionalistas que justamente nós, judeus, deveríamos ser os primeiros a repudiar [...]. Uma terceira injustiça [...] é o fato, creio incontestável, de que, desde a fundação do Estado, a política israelense seguiu de maneira muito passiva a política externa estadunidense. Nunca, em nenhuma ocasião, os representantes ou o representante de Israel nas Nações Unidas tomaram posição a favor da luta de libertação do Terceiro Mundo contra o imperialismo.[101]

Por outro lado:

A injustiça [inicial] não pode ser reparada com uma segunda injustiça. O Estado de Israel existe, e deve ser buscado um terreno de encontro e de compreensão com o mundo hostil que o cerca [...]. Em segundo lugar, caberia também levar em conta as repetidas tentativas de acordo feitas por Israel e sempre rejeitadas pelos representantes do mundo árabe. E, em terceiro lugar, as declarações, não genéricas, mas claras e fortes, dos porta-vozes árabes que afirmam querer conduzir uma guerra de aniquilamento contra Israel.

Um cálculo tão árduo dos erros e dos acertos parece ter de caminhar lado a lado com dúvidas e incertezas. E, no entanto, a conclusão é peremptória: "Nessas circunstâncias, a guerra preventiva (tal foi, de fato, a guerra contra o Egito, a Jordânia e a Síria) pode e deve ser compreendida e justificada"[102]. É uma conclusão inteiramente baseada no pressuposto da "guerra de aniquilamento" reprovada aos países árabes.

Trata-se de um pressuposto que tem por trás a terrível memória da "solução final"; entretanto, seu significado não apenas não é demonstrado como nem

---

[101] Herbert Marcuse, *La fine dell'utopia*, cit., p. 165.

[102] Ibidem, p. 165-6.

Marxismo ocidental e revolução anticolonial: um encontro malogrado 107

sequer é esclarecido com precisão. Na história, o "aniquilamento" de um Estado ou de um país não é um fenômeno raro: pense-se na Polônia do fim do século XVIII, dividida entre Rússia, Áustria e Prússia; nos Estados ou minúsculos Estados absorvidos numa entidade estatal superior ao longo do processo de unificação nacional na Itália e na Alemanha; no desaparecimento da Confederação do Sul no fim da Guerra Civil Americana; na dissolução da União Soviética (ou do Império do Mal, nas palavras de seu inimigo implacável, Ronald Reagan) no século XX. Ou ainda na transformação da velha África do Sul, fundada na supremacia branca, numa África do Sul completamente nova. Em todos esses casos, o "aniquilamento" político de um Estado, por mais arbitrário e injusto que possa ser, não comportou aniquilamento físico de seus habitantes. Marcuse faz vista grossa para tudo isso, mas suas certezas não tardam a se revelar frágeis:

> Nas esquerdas [nos Estados Unidos] existe uma tendência muito forte e totalmente compreensível de se identificar com Israel. Por outro lado, a esquerda, e de modo particular a esquerda marxista, não pode fingir ignorar que o mundo árabe coincide, em parte, com o campo anti-imperialista. Assim, nesse caso, a solidariedade emotiva e a solidariedade conceitual mostram-se objetivamente separadas, ou melhor, cindidas.

Por que a "solidariedade emotiva" prevalece sobre a "solidariedade conceitual"? Ao menos para um filósofo, deveria ocorrer o contrário. Marcuse se justifica remetendo à sua ascendência judaica: "Vocês compreenderão como eu me sinto solidário e me identifico com Israel por razões muito pessoais, e não apenas pessoais"[103]. Mas deixar-se levar pela "solidariedade emotiva" dos laços nacionais e étnicos não havia sido também o comportamento assumido pela social-democracia alemã, que, em 4 de agosto de 1914, votou a favor dos créditos de guerra na Alemanha de Guilherme II? O mês de junho de 1967 é o 4 de agosto da "teoria crítica" e da "utopia concreta" (e, por vezes, do próprio Marcuse).

12. 1968 E O EQUÍVOCO GENERALIZADO DO MARXISMO OCIDENTAL

Ao longo dos anos 1960 e 1970, um equívoco generalizado caracterizava a esquerda de orientação marxista na Europa e nos Estados Unidos: as grandes manifestações a favor do Vietnã se entrelaçavam tranquilamente com a

---

[103] Ibidem, p. 164.

108   O marxismo ocidental

homenagem prestada a Adorno e Horkheimer, que viam como retrógrados e reacionários os movimentos de libertação nacional e olhavam com frieza ou (especialmente no caso de Horkheimer) não deixavam de apoiar a guerra deflagrada pelos Estados Unidos na Indochina.

Naqueles anos, junto com o Vietnã, também a China recebia um grande apoio de massa; porém, assistimos a uma nova comédia de erros, e não só pelo fato de que, nascida de uma secular luta de libertação nacional e anticolonial, a República Popular aspirava a se colocar na liderança dos movimentos de libertação nacional e anticolonial (dos movimentos desdenhados pela "teoria crítica").

Há outra razão. Em 1966, Mao lançava a Revolução Cultural. Na Itália, o "jornal comunista" *Il Manifesto* a saudava em seu segundo número (28 de abril de 1971) com um artigo de K. S. Karol, que expressava sua satisfação com o fato de que "durante a Revolução Cultural foi fortemente reduzido o aparato do partido e do Estado". Era o início da realização da utopia, a começar pela extinção do Estado! Na realidade, Mao já se distanciara publicamente de tal ideal depois de alguns poucos anos de exercício de poder em escala nacional. A duração por tempo indeterminado dos "órgãos do nosso Estado" já era clara: "Tomemos os tribunais [...]. Também serão necessários tribunais daqui a dez mil anos, porque, mesmo depois da eliminação das classes", as contradições, mesmo não sendo antagônicas, continuariam a subsistir no comunismo e necessitariam de um ordenamento jurídico e estatal para serem regulamentadas[104].

Em todo caso, no que dizia respeito à Revolução Cultural, ainda em 1969, por ocasião do IX Congresso do Partido Comunista Chinês, Lin Piao, naquele momento o herdeiro designado por Mao Tsé-tung, explicitara com clareza os objetivos perseguidos pelos dirigentes de Pequim:

> Exatamente como foi ressaltado nos *dezesseis pontos* [que três anos antes haviam assinalado o início da Revolução Cultural]: "A Grande Revolução Cultural proletária constitui uma potente força motriz para o desenvolvimento das forças produtivas sociais no nosso país"; a produção agrícola no nosso país obteve boas colheitas por vários anos consecutivos; apresenta-se também uma situação vigorosa na produção industrial e na ciência e na tecnologia; o entusiasmo das grandes massas trabalhadoras com a revolução e a produção atingiram um nível sem precedentes; numerosas fábricas, mineradoras e outras empresas bateram

---

[104] Mao Tsé-tung, *Rivoluzione e costruzione. Scritti e discorsi, 1949-1957* (org. M. Arena Regis e F. Coccia, Turim, Einaudi, 1979 [1956]), p. 451.

sucessivos recordes na produção, elevando-os a um nível nunca visto na história, e a revolução técnica está em contínuo desenvolvimento [...]. "Fazer a revolução e estimular a produção" – este princípio está totalmente certo.[105]

Era um ponto em que Lin Piao insistia com veemência:

Temos de fazer com firmeza a revolução e estimular com vigor a produção, e cumprir e superar o plano de desenvolvimento da economia nacional. É claro que a grande vitória da Grande Revolução Cultural proletária continuará a originar novos saltos para a frente no *front* econômico e na nossa causa da edificação socialista como um todo.

Não por acaso, uma das principais sentenças de acusação dirigidas ao deposto presidente da República Popular Chinesa, Liu Shaoqi, era "a teoria dos passos de lesma", isto é, a incompreensão do fato de que a Revolução Cultural, aos olhos de seus promotores, aceleraria prodigiosamente o desenvolvimento das forças produtivas, conduzindo o país rapidamente ao nível dos países capitalistas mais avançados[106]. A Revolução Cultural relançava o Grande Salto para a Frente de 1958, através do qual a China ousadamente esperava, graças à mobilização e ao entusiasmo de massa no trabalho e na produção, queimar as etapas do desenvolvimento econômico e industrial.

O que o marxismo ocidental compreendia de tudo isso? Na Itália, com frequência os mesmos que se entusiasmavam com o novo curso que se impunha em Pequim saudavam um livro cuja tese central era: a revolução socialista "suprime o trabalho. E exatamente assim consegue abolir o domínio de classe. Supressão operária do trabalho e destruição violenta do capital são, portanto, uma coisa só"[107].

A essa altura, a comédia de erros atingia o ápice. Já em 1937, em seu ensaio *Sobre a prática*, Mao ressaltara a centralidade da "atividade produtiva material" com a finalidade do aumento não só da riqueza social, mas também do "conhecimento humano". Sim, "a produção em escala reduzida limitava o horizonte dos homens"; em virtude também dessa sua função pedagógica, a atividade

---

[105] Lin Piao, *Rapporto al IX Congresso Nazionale del Partito Comunista Cinese* (Pequim, Casa Editrice in Lingue Estere, 1969), p. 61-2.

[106] Ibidem, p. 64-5 e 48-9.

[107] Mario Tronti, *Operai e capitale* (Turim, Einaudi, 1966), p. 263.

produtiva material não estava fadada a desaparecer nem mesmo "na sociedade sem classes", no comunismo[108]. No Ocidente, ao contrário, a celebração do líder da revolução chinesa podia muito bem se conjugar com a expectativa do fim do trabalho; citava-se frequentemente o ensaio *Sobre a prática*, mas apenas para remeter à luta de classes, ignorando tanto a luta pela produção quanto a luta pela "experimentação científica". Junto com a principal palavra de ordem lançada pela Revolução Cultural ("Fazer a revolução e estimular a produção"), o marxismo ocidental reduzia também o pensamento de Mao, ao qual, entretanto, não raras vezes prestava homenagem. De resto, a palavra de ordem da "supressão operária do trabalho" de fato também rompia com Marx e com o cenário pós-capitalista por ele traçado. Segundo o *Manifesto Comunista*, "o proletariado se servirá de seu poder político" e do controle dos meios de produção, em primeiro lugar, "para aumentar, com a maior rapidez possível, a massa das forças produtivas"[109].

Essa tese de caráter geral assumia no Oriente uma importância toda particular. Depois de terem se libertado do jugo colonial, os países e os povos de independência recente estavam empenhados em consolidá-la no plano econômico: não queriam mais depender da esmola ou do arbítrio de seus antigos patrões; julgavam essencial quebrar o monopólio que os países mais poderosos detinham (e ainda, em parte e em certa medida, detêm) da tecnologia mais avançada.

Mao, que já em 1949 alertara para o perigo de a República Popular Chinesa "se tornar uma colônia americana" no plano econômico, sentia-se fortemente empenhado em eliminar dois tipos de desigualdade: aquela imperante no interior da China, mas também, e talvez ainda mais, aquela que separava a China dos países mais avançados. Acelerando intensamente o desenvolvimento das forças produtivas, a superação da primeira contradição facilitaria também a superação da segunda; assim, a nação chinesa se ergueria de maneira estável e a longa luta pelo reconhecimento, que havia sido necessária em virtude da opressão e da humilhação impostas pelo imperialismo, seria, então, coroada com um sucesso completo. Graças a uma revolução política invocada para promover a igualdade tanto no plano internacional como no interno e, ao mesmo tempo, graças a um poderoso desenvolvimento das forças produtivas, o grande

---

[108] Mao Tsé-tung, *Opere scelte* (Pequim, Casa editrice in lingue estere, 1969-1975), v. 1 [1937], p. 313-5.

[109] Karl Marx e Friedrich Engels, *Werke*, cit., v. 4, p. 481.

país asiático se tornaria um modelo inevitável para a revolução anticolonialista mundial (e para a edificação do socialismo).

A orientação expressa pelos comunistas vietnamitas não era muito diferente. Enquanto estava em pleno andamento a guerra pela independência e pela unificação nacional, o então primeiro secretário do Partido dos Trabalhadores do Vietná do Norte declarava que, uma vez conquistado o poder, a tarefa mais importante consistia na "revolução técnica". A partir desse momento, eram "as forças produtivas que deveriam exercer o papel decisivo"; tratava-se, portanto, de se empenhar a fundo para "alcançar uma produtividade mais elevada, estimulando a construção da economia e o desenvolvimento da produção"[110].

Nas grandes agitações em curso na Ásia (e no Terceiro Mundo), o marxismo ocidental percebia apenas o aspecto da revolta, da revolta contra o capitalismo ainda mais do que contra o imperialismo (escassa atenção era reservada às lutas de libertação nacional), sobretudo da revolta contra o poder enquanto tal. É nesse sentido que era lida a palavra de ordem ("Rebelar-se é justo!") com que Mao tentava se desvencilhar dos adversários que ainda ocupavam relevantes posições de poder no âmbito do Partido Comunista. Se na China a rebelião era invocada com a finalidade de abrir caminho para o empenho entusiasmado das massas no trabalho e no desenvolvimento da riqueza social, no Ocidente a rebelião contra o poder enquanto tal tornava impossível a edificação de uma ordem social alternativa àquela existente e implicava a redução do marxismo a (impotente) "teoria crítica" ou, na melhor das hipóteses, a uma espera messiânica.

No quadro geral, a anarquia era, na China, a consequência objetiva e imprevista da Revolução Cultural e isso era resolvido com a intervenção do Exército; no Ocidente, ao contrário, o apelo à rebelião (contra o poder enquanto tal, na sociedade ou no local de trabalho) servia para reavivar o anarquismo também no plano teórico. Penosamente derrotado pelo marxismo na época da Segunda Internacional, o anarquismo conhecia agora uma revanche estrondosa no movimento de 1968 e em setores relevantes do marxismo ocidental daqueles anos.

13. O ANTICOLONIALISMO POPULISTA E IDEALISTA DE SARTRE

A tal tendência não eram capazes de opor resistência nem mesmo autores fortemente empenhados na luta contra o colonialismo. Tomemos Jean-Paul Sartre. Como esclarece um capítulo central da *Crítica da razão dialética*, em última

---

[110] Le Duan, *Rivoluzione d'Ottobre, rivoluzione d'agosto* (Verona, EDB, 1969 [1967]), p. 61-3.

análise ele localiza a origem dos diversos conflitos humanos na "escassez" (*rareté*), à qual é atribuído um papel decisivo: "A escassez, independente da forma que assuma, domina a práxis [...]. Na reciprocidade modificada pela escassez, o Mesmo aparece para nós como o contra-homem, enquanto esse Mesmo homem nos aparece como radicalmente Outro (ou seja, portador para nós de uma ameaça de morte)"[111].

O resultado dessa abordagem é devastador. Na medida em que parece determinar uma luta de vida ou morte, a condição de escassez acaba por justificar os próprios opressores, de alguma forma também eles vítimas de uma trágica luta pela sobrevivência que no presente se impõe de maneira fatal e, no futuro, só pode ser eliminada pelo desenvolvimento das forças produtivas. Do outro lado, os oprimidos parecem movidos, em primeiro lugar, exclusivamente pelo desejo de escapar de intoleráveis condições de vida; mas, então, já que a língua, a cultura, a identidade e a dignidade nacional não exercem papel algum, não se compreende a participação na luta contra a opressão nacional por parte de estratos sociais que gozam de uma condição de vida confortável ou de um razoável bem-estar. De fato, Sartre será contestado pelo próprio livro (*Os condenados da terra*) escrito pelo teórico da revolução argelina (Fanon), para o qual o filósofo francês contribuiu com um prefácio apaixonado:

> Na primeira fase da luta nacional, o colonialismo tenta desarticular a reivindicação nacional lançando mão do economicismo. Desde as primeiras reivindicações, o colonialismo simula compreender, reconhecendo com ostensiva humildade que o território sofre de subdesenvolvimento grave, carente de um esforço econômico e social significativo.[112]

O repúdio ao "economicismo" é de fato a crítica da tese que vincula a origem da questão colonial exclusivamente à "escassez". No próprio Sartre há uma contradição: se na *Crítica da razão dialética* remete à "escassez", no prefácio de *Os condenados da terra* ele aposta no paradigma do reconheci-

---

[111] Jean-Paul Sartre, *Critica della ragione dialettica*, v. 1 (trad. P. Caruso, Milão, Il Saggiatore, 1990 [1960]), p. 256-7 [ed. bras.: *Crítica da razão dialética*, trad. Guilherme João de Freitas Teixeira, Rio de Janeiro, DP&A, 2002].

[112] Frantz Fanon, *I dannati della terra* (2. ed., trad. C. Cignetti, Turim, Einaudi, 1967 [1961]), p. 147 [ed. bras.: *Os condenados da terra*, trad. José Laurênio de Melo, prefácio de Jean-Paul Sartre, Rio de Janeiro, Civilização Brasileira, 1968].

mento; os "inimigos do gênero humano" o negam obstinadamente à "raça de subumanos", que seriam os argelinos e os povos coloniais em geral[113]. Como se vê, a indignação com os crimes do colonialismo e a simpatia ou solidariedade pelos povos coloniais em luta contra a opressão não garantem por si sós uma compreensão adequada da questão nacional.

O fato é que, para Sartre, os protagonistas da revolução anticolonial são sempre "os condenados da terra", empenhados numa luta desesperada para se libertar do domínio colonial. Está ausente, note-se, qualquer referência à segunda etapa da revolução anticolonial, aquela centrada na edificação econômica. No entanto, Fanon lhe dedica insistente atenção: para conferir concretude e solidez à independência conquistada graças à luta armada, o país de independência recente deve sair do subdesenvolvimento. Desse modo, o empenho no trabalho e na produção toma o lugar da coragem na batalha; a figura do trabalhador, mais ou menos qualificado, substitui a do guerrilheiro. Quando se sente forçada a capitular, a potência colonial parece dizer aos revolucionários: "Já que vocês querem a independência, fiquem com ela e morram"; assim, "a apoteose da independência se transforma em maldição da independência". É a esse novo desafio, de caráter não mais militar, que é preciso saber responder: "São necessários capitais, técnicos, engenheiros, mecânicos etc."; é necessário o "esforço grandioso" de um povo inteiro[114].

De algum modo, estão previstas, por um lado, a estagnação de tantos países africanos que não conseguiram passar da fase militar para a fase econômica da revolução e, por outro lado, a reviravolta que se verificou em revoluções anticoloniais, como a chinesa, a vietnamita ou a argelina. Estamos em 1961. Nesse mesmo ano, outro eminente teórico da revolução anticolonialista dedicava à figura de Toussaint Louverture um livro que era também um balanço da revolução de que o jacobino negro havia sido o grande protagonista. Após a vitória militar, ele teve o mérito de se colocar o problema da edificação econômica: para tal fim, estimulou a cultura do trabalho e da produtividade e tentou utilizar também técnicos e especialistas brancos provenientes das fileiras do inimigo derrotado. Exatamente o que mais tarde faria Lênin nos anos da Nova Política Econômica (NEP), introduzindo nos locais de trabalho o fim da "indolência" e "a mais rigorosa disciplina", recorrendo aos "especialistas burgueses"[115].

---

[113] Jean-Paul Sartre, "Prefazione", em Frantz Fanon, *I dannati della terra*, cit., p. xxii.

[114] Frantz Fanon, *I dannati della terra*, cit., p. 56 e 58.

[115] Aimé Césaire, *Toussaint Louverture. La révolution française et le problème colonial* (Paris, Présence Africaine, 1961), p. 242.

Trata-se de um ponto difícil de compreender e de aceitar para Sartre. A teoria da revolução formulada na *Crítica da razão dialética* é toda atravessada pelo desapontamento com o fato de que o "grupo em fusão", protagonista da destruição do Antigo Regime e irmanado pelo entusiasmo revolucionário, tende a se transformar, após a conquista do poder, numa estrutura "prático-inerte", com novas hierarquias que tomam o lugar daquelas abaladas. Contudo, não é o grupo em fusão que pode promover e realizar o desenvolvimento econômico e tecnológico de um país de independência recente.

Uma revolução anticolonialista (ou de um país localizado às margens do mundo capitalista mais desenvolvido e, portanto, exposto aos perigos da agressão e sujeição colonial ou neocolonial) é realmente vitoriosa apenas quando se revela capaz de dar impulso à edificação econômica. Dados os pressupostos de sua filosofia, Sartre demonstra dispor de poucos instrumentos para compreender tal problema. O *pathos* do sujeito ("é preciso partir da subjetividade") e a polêmica com "o mito da objetividade" originam um idealismo subjetivo: "Em suma, é necessária uma teoria filosófica que mostre que a realidade do homem é ação e que a ação sobre o universo é indissociável da compreensão deste universo assim como é; ou, em outras palavras, que a ação é revelação da realidade e, *ao mesmo tempo*, transformação dela"[116]. Somos levados a pensar em Fichte, para quem a Revolução Francesa encontrava a sua expressão teórica na filosofia do mesmo Fichte, que libertava o sujeito "dos vínculos das coisas em si, das influências externas" – em última análise, da objetividade material. É uma visão capaz, talvez, de estimular a destruição do Antigo Regime e do domínio colonial, mas é de escassa utilidade no momento em que a edificação econômica (necessária para a obtenção de uma independência real) é chamada a se defrontar com a objetividade material, com as "coisas em si"[117].

Vimos Sartre evidenciar a "ação" como instrumento de compreensão e transformação da realidade política; a ação de que se fala aqui é exclusivamente a ação política. Muito diferente era a argumentação dos protagonistas da revolução anticolonial. Em 1937, Mao Tsé-tung insistia no fato de que a verdade nasce não da especulação solitária, mas "no decorrer do processo

---

[116] Jean-Paul Sartre, *L'esistenzialismo è un umanismo* (org. F. Fergnani, Milão, Mursia, 1978 [1946]), p. 47 [ed. bras.: *O existencialismo é um humanismo*, trad. João Batista Kreuch, Petrópolis, Vozes, 2012]; e *Materialismo e rivoluzione* (org. F. Fergnani e P. A. Rovatti, Milão, Il Saggiatore, 1977 [1947]), p. 55 e 91.

[117] Domenico Losurdo, *La lotta di classe*, cit., cap. 8, § 1.

da prática social", ao que logo acrescentou que, além da "luta de classes" (ou ação política), a "produção material" e a "experimentação científica" também eram parte integrante da "prática social"[118]. Empenhado em governar as áreas já libertadas durante a revolução anticolonial, o líder chinês decerto não podia ignorar o confronto com a materialidade objetiva inerente ao cumprimento da tarefa incontornável de promoção do desenvolvimento econômico e tecnológico.

Concentrando sua atenção apenas no esforço desesperado dos "condenados da terra" para romper as correntes da escravidão colonial e reservando sua simpatia exclusivamente para o grupo em fusão, protagonista do momento mágico, mas breve, da revolução, aquele do entusiasmo geral responsável pela destruição de um antigo regime universalmente odiado, Sartre é o defensor de um anticolonialismo certamente apaixonado e meritório, que ao mesmo tempo é, contudo, populista e idealista. É um anticolonialismo que não consegue compreender a fase da revolução empenhada na construção da nova ordem, quando, como sublinha Fanon, a competência técnica se torna essencial e, para citar mais uma vez o teórico da revolução argelina, estão na ordem do dia o "esforço grandioso" de um povo inteiro ou, citando agora Césaire, o fim da "indolência" e "a mais rigorosa disciplina" no local de trabalho.

14. TIMPANARO ENTRE ANTICOLONIALISMO E ANARQUISMO

Aguda consciência da questão colonial também revela Sebastiano Timpanaro, que, nesse sentido, submete a dura crítica o marxismo desenvolvido na metrópole capitalista, em geral incapaz de olhar além dela: entre os séculos XIX e XX, o "marxismo da Segunda Internacional" se agarrara a "uma filosofia da história esquemática e tenazmente eurocêntrica", que prestava escassa atenção às "aventuras belicistas e reacionárias" da burguesia e à "fase imperialista do capitalismo". Uma reviravolta teria se verificado com a Revolução de Outubro? Infelizmente, só em parte. O eurocentrismo e a escassa atenção às tragédias infligidas pela Europa e pelo Ocidente aos povos coloniais não foram absolutamente superados pelo "marxismo ocidental", propenso ao "antileninismo". É uma tendência desastrosa no plano teórico e político, acentuada após a reviravolta imprescindível de 1956: "a desestalinização -- devido à maneira confusa como foi empreendida e levada a cabo, e devido ao caráter tendencialmente social-democrata que, infelizmente, logo assumiu –

---

[118] Ver, neste volume, cap. 3, § 12.

transformou-se, também nos países comunistas, num reflorescimento de tendências "ocidentalizantes"[119].

Porém, assim como em Sartre, também no caso do filólogo-filósofo italiano, embora de modo diferente, emerge a defasagem entre plataforma política e categorias teóricas. É verdade que, remetendo a Lênin, ele reconhece a "persistência de reivindicações nacionais" legítimas contra a opressão exercida pelo imperialismo e apoia, sem hesitação, a luta do povo vietnamita contra o imperialismo estadunidense; mas, por outro lado, lança uma sombra pesada de desconfiança sobre os movimentos de libertação nacional quando equipara "o ódio de raça e o conflito de nações"[120]. Certamente o indivíduo "pode sentir, por efeito de ideologias mistificadoras, a solidariedade nacional, religiosa, racial, acima da solidariedade de classe", mas, seja como for, trata-se sempre de "ideologias mistificadoras" que tentam ocultar a "inconsistência da raça e da nação como categorias biológico-culturais"[121]. De fato, vimos que o desejo de resgate nacional de um povo oprimido pode bem se conjugar com um *pathos* universalista que questiona a arrogância, frequentemente impregnada de racismo, demonstrada pela potência que exerce o domínio colonial.

O apaixonado empenho anticolonialista de Timpanaro mostra-se em contradição com a plataforma teórica por ele elaborada em diversos níveis. Ao retomar a tese marxiana da extinção do Estado, radicaliza-a com um apelo explícito ao anarquismo de Bakunin[122]. Já irrealista por si só, a expectativa da eliminação de todas as normas entra em contradição direta com a luta militar e/ou econômica dos povos empenhados em se libertar do domínio colonial e em se constituir e se afirmar como Estados nacionais independentes.

A urgência do desenvolvimento econômico e tecnológico, pressuposto ineludível de uma independência real, implica (na China, no Vietná e, em nossos dias, também em Cuba) tanto a abertura para o mercado, quanto concessões à burguesia nacional (de cuja competência empresarial e gerencial se necessita) e internacional (cuja aprovação é necessária para o acesso à tecnologia mais avançada). Entretanto, Timpanaro formula um juízo crítico sobre a política que, na Rússia soviética, põe fim ao chamado comunismo de guerra: "A NEP, em

---

[119] Sebastiano Timpanaro, *Sul materialismo* (3. ed. rev. amp., Milão, Unicopli, 1997 [1970]), p. 92-3 e 5; e "Prefazione alla seconda edizione" [1975], em *Sul materialismo*, cit., p. xxxi.

[120] Idem, *Sul materialismo*, cit., p. 216 e 16.

[121] Ibidem, p. 184 e 23.

[122] Ibidem, p. xxi-xxii.

suas [de Lênin] intenções, devia ser apenas uma 'retomada de fôlego' transitória. Ao invés disso, depois de sua morte, se tornou uma realidade duradoura"[123]. Junto com o desaparecimento da nação e do Estado, Timpanaro parece sonhar também com o desaparecimento do mercado, a partir de uma visão de tipo messiânico e anarquista da sociedade pós-capitalista.

15. O ISOLAMENTO DE LUKÁCS

Quando equipara nação e raça, Timpanaro cai num dilema sem escapatória: ou a nação se remete à biologia (exatamente como a raça de que falam os teóricos do racismo biológico), ou, uma vez liquidada essa visão infeliz, só resta constatar a "inconsistência" da própria nação. Em todo caso, não há lugar para a questão nacional e colonial. Poderíamos dizer com o último Lukács: "Ou o ser social não se distingue do ser em geral, ou se trata de algo radicalmente diverso que já não tem o caráter do ser"[124].

E assim chegamos ao filósofo ocidental que, ao lado de Gramsci, mais quis se aproximar de Lênin. É verdade, seu grande texto da juventude, *História e consciência de classe*, não dedica nenhuma atenção à questão colonial e nacional. E, mesmo no que se refere aos escritos da maturidade, faz pensar o fato de que o balanço histórico do período que vai de 1789 a 1814, ou seja, do fim do Antigo Regime à Restauração, seja traçado sem referência alguma à abolição da escravidão negra nas colônias (por obra de Toussaint Louverture e Robespierre) e à sua reintrodução (por obra de Napoleão).

Todavia, é de grande relevância o fato de que, no livro de 1924 dedicado a Lênin, o papel revolucionário das "nações oprimidas e exploradas pelo capitalismo" é analisado e descrito com precisão. A luta dessas nações é parte integrante do processo revolucionário mundial: é dura a crítica dirigida àqueles que, na busca da "pura revolução proletária", transcuram a questão colonial e nacional e, em última análise, acabam perdendo de vista o processo revolucionário na sua concretude[125].

---

[123] Ibidem, p. xvii.

[124] György Lukács, *Ontologia dell'essere sociale* (trad. A. Scarponi, Roma, Editori Riuniti, 1976--1981), v. 1 [1971], p. 3 [ed. bras. *Para uma ontologia do ser social*, v. 1, trad. Carlos Nelson Coutinho et al., São Paulo, Boitempo, 2012].

[125] Idem, *Lenin. Studie über den Zusammenhang seiner Gedanken* (Neuwied/Berlim, Luchterhand, 1967 [1924]), p. 41 e 45 [ed. bras.: *Lênin: um estudo sobre a unidade de seu pensamento*, trad. Rubens Enderle, São Paulo, Boitempo, 2011].

Graças à atenção reservada ao colonialismo – e à barbárie a ele intrínseca –, o filósofo húngaro fica bem distante da transfiguração idealista do Ocidente liberal em que repetidamente escorregam Bloch, Horkheimer e Adorno. Ele salienta a denúncia que Marx faz da "escravidão da Irlanda" posta em prática pelo Império Britânico e lamenta que tal denúncia tenha encontrado pouca ressonância no "movimento operário inglês da época" e na Segunda Internacional[126]. Caberia acrescentar que, infelizmente, também a tese (que Lukács retoma de Lênin) da centralidade da questão colonial e nacional no âmbito do processo revolucionário mundial teve pouca ressonância no marxismo ocidental.

Embora caracterizado por uma variedade de posições, que vão de um anticolonialismo convicto, mas de plataforma teórica frequentemente frágil, a um filocolonialismo declarado, em seu todo o marxismo ocidental não compareceu ao encontro com a revolução anticolonialista mundial.

---

[126] Ibidem, p. 43.

IV
TRIUNFO E MORTE DO MARXISMO OCIDENTAL

1. *Ex Occidente lux et salus!*

Pode-se agora compreender melhor o manifesto com que Perry Anderson, em 1976, proclama a excelência de um marxismo ocidental que finalmente se desprendeu de qualquer vínculo com o marxismo oriental. Estamos no ano da morte de Mao, à qual se segue uma competição entre os aspirantes ou potenciais herdeiros, com o advento de um grupo dirigente que rapidamente liquida a "revolução cultural". Todavia, a tensão entre China e União Soviética continua alta. Não apenas o campo socialista, mas também o campo anticolonialista é acometido por contradições e pelo vento da crise. Na Europa, afirma-se o "eurocomunismo" que, ao se distanciar nitidamente do socialismo real (inteiramente localizado no Leste), agrupa os mais importantes partidos comunistas da Europa ocidental, os da Itália, da França e da Espanha. Também à esquerda se difunde a religião do Ocidente: *ex Occidente lux et salus!*

É assim que atinge a maturidade uma tendência que já se manifestara logo após a Revolução de Outubro. Enquanto a guerra civil ainda incandescia na Rússia, o líder reformista italiano Filippo Turati repreendia os seguidores do bolchevismo por terem perdido de vista "nossa grande superioridade de evolução civil do ponto de vista histórico" e por se entregarem à "paixão" pelo "mundo oriental, em detrimento do mundo ocidental e europeu"; eles se esqueciam de que os "sovietes" russos estavam para os "parlamentos" ocidentais assim como a "horda" bárbara estava para a "cidade"[1].

---

[1] Filippo Turati, "Leninismo e marxismo" [1919] e "Socialismo e massimalismo" [1919], em *Socialismo e riformismo nella storia d'Italia: scritti politici 1878-1932* (org. Franco Livorsi, Milão, Feltrinelli, 1979), p. 332 e 345.

O primeiro dos dois ensaios do líder reformista por mim citados contrapunha, já no título, *Leninismo e marxismo*. "Leninismo" seria sinônimo de marxismo oriental (grosseiro e bárbaro, por definição), ao passo que "marxismo" seria sinônimo de marxismo ocidental (civilizado, fino e autêntico, sempre como pressuposto). Essa leitura "orientalista" da realidade política, social e cultural da Rússia soviética se difundia amplamente no Ocidente. Antes mesmo de Turati, enquanto a guerra ainda estava em curso, Bloch[2] sentenciava: da Rússia soviética "não vem nada, a não ser fedor e barbárie; dito de outra forma, um novo Gengis Khan, que se apresenta como libertador do povo e agita abusivamente os emblemas do socialismo".

No entanto, era o próprio filósofo quem chamava a atenção para a dramaticidade da situação vigente no país protagonista da revolução, apesar de atribuí-la aos bolcheviques, culpados (aos olhos de Bloch) por se recusarem a continuar lutando ao lado ou a serviço da França, da Grã-Bretanha e dos Estados Unidos. Não havia dúvida quanto ao reconhecimento de um ponto importante: a Alemanha de Guilherme II invadira a Rússia, estava anexando extensas áreas e tornava-se responsável por massacres de tipo colonial[3]. Todavia, o reconhecimento do trágico estado de exceção não arranhava a leitura orientalista da revolução e do poder bolchevique. A uma década de distância, Kautsky[4] lamentava: "as cidade da Rússia ainda estão saturadas de essência oriental".

Naturalmente, havia algo de verdadeiro nesse modo de argumentar. O país protagonista da Revolução de Outubro não tinha atrás de si uma história marcada pelo constitucionalismo. No entanto, ignorava-se ou recalcava-se o apoio oferecido pelo Ocidente liberal, primeiro à autocracia tsarista, depois aos bandos de "Brancos" que tentavam restaurar essa autocracia ou instaurar uma ditadura militar. Nem sequer se fazia alguma referência à situação geopolítica bastante precária do país surgido da Revolução de Outubro e ao estado de exceção permanente a ele imposto por esta ou aquela potência do Ocidente liberal. Bloch não percebia uma contradição fundamental: por um lado, reivindicava um desenvolvimento liberal e parlamentar do regime nascido da Revolução de Outubro; por outro, exigia a continuação de uma guerra que, por sua intrínseca brutalidade e barbárie e pelo fato de já se chocar com a resistência da enorme maioria da população, só podia ser conduzida com métodos impiedosamente

---

[2] Ernst Bloch, *Geist der Utopie* (Frankfurt, Suhrkamp, 1971 [1918]), p. 399.

[3] Ver, neste volume, cap. 2, § 4.

[4] Karl Kautsky, *Die materialistische Geschichtsauffassung* (Berlim, Dietz, 1927), v. 2, p. 434.

ditatoriais. No que se refere a Kautsky, não por acaso ele se referia mais à "essência oriental" do que à história e à geografia.

Essa abordagem essencialista permanecia no tempo. Ainda em 1968, quando a guerra desencadeada no Vietnã pelos Estados Unidos revelava todo o seu horror, mais do que se indignar com a crueldade estadunidense e ocidental, Horkheimer[5] explicava Stálin, Mao e o "aparato totalitário" por eles posto em ação com "a crueldade coletiva praticada no Oriente". No mesmo ano, embora reconhecendo (como sabemos) "a imensa força agressiva" do capitalismo-imperialismo que coagia os países atacados a se defender "desesperadamente", Marcuse falava em "totalitarismo oriental", recorrendo a uma categoria de viés essencialista. Sem fazer nenhuma referência à difícil situação geopolítica da União Soviética ou da China e ignorando o limite teórico de Marx (um filósofo *ocidental* parcamente interessado no problema da limitação do poder, já que muitas vezes propenso à espera messiânica da extinção do Estado e do poder enquanto tal), a categoria de "totalitarismo oriental" atribuía a ausência de desenvolvimento democrático nesses países exclusivamente a um mítico Oriente.

O marxismo ocidental continuava a sentir profundamente a influência da ideologia da Guerra Fria: George F. Kennan, o grande teórico estadunidense da política de "contenção", fundamentava tal política também na necessidade de manter sob controle a "mentalidade oriental" (*oriental mind*)[6]. Aliás, no marxismo ocidental, a abordagem orientalista sobrevive à Guerra Fria: veremos Žižek definir Mao como um déspota feroz e caprichosamente sanguinário a ponto de nos fazer pensar nos estereótipos do orientalismo mais grosseiro[7].

Situado nesse contexto, o sucesso do livro de Anderson não devia impressionar: abandonando à sua sorte o marxismo oriental e os países por ele inspirados, o marxismo ocidental se desembaraçaria de algo que encurtava suas asas e o impedia de voar alto. Na realidade, o sucesso e até o triunfo de que gozavam o marxismo ocidental e o eurocomunismo se revelariam breves; a morte de ambos sobreviria rapidamente.

---

[5] Max Horkheimer, "La psicanalisi nell'ottica della sociologia" [1968], em *La società di transizione* (org. Werner Brede, Turim, Einaudi, 1979), p. 138.

[6] Citado em Richard Hofstadter, *Great Issues in American History* (Nova York, Vintage Books, 1982), v. 3, p. 414.

[7] Ver, neste volume, cap. 5, § 2.

2. O culto a Arendt e o recalque da relação colonialismo-nazismo

Já há um bom tempo, a desdenhosa recusa em compreender o que acontecia no Oriente como consequência da revolução anticolonial e do pós-capitalismo preparara o terreno para a capitulação ideológica. Consideremos o culto apaixonado a certa altura prestado a uma filósofa que, apesar de partir de posições de extrema-esquerda, acabou acusando Marx de inimigo da liberdade e inspirador do totalitarismo comunista. Refiro-me a Hannah Arendt, que nos dias atuais é perigosamente comparada a Rosa Luxemburgo[8] e é um dos autores de referência de *Império*, o livro de maior sucesso midiático do marxismo ocidental! Já tênues, os vínculos do marxismo ocidental com a revolução anticolonialista mundial se rompiam por completo.

Por um longo tempo, sobretudo entre os povos coloniais ou de origem colonial em luta pela emancipação, esteve presente a consciência do vínculo estreito entre nazifascismo e tradição colonialista. Um ano depois do advento do Terceiro Reich, Du Bois[9] comparava o Estado racial que Hitler erguia na Alemanha ao Estado racial que há muito vigia no Sul dos Estados Unidos e ao regime da *white supremacy* e de domínio colonial ou racial que o Ocidente como um todo fazia valer em escala planetária. Alguns anos depois, ao publicar sua autobiografia, o autor afro-americano reiterava um ponto essencial: "Hitler é o expoente tardio, cru, mas consequente, da filosofia racial do mundo branco"; portanto, não tinha nenhuma credibilidade a democracia estadunidense e ocidental em geral, fundada seja na exclusão das "classes inferiores", seja, e sobretudo, na exclusão dos "povos de cor da Ásia e da África"[10].

Significativamente, a relação entre o Terceiro Reich e a tradição colonialista subjacente era às vezes evidenciada com o recurso à categoria de "totalitarismo". Em 1942-1943, mesmo se distanciando do criticado método violento do movimento comunista, um militante afro-americano de extrema-esquerda (Randolph) destacava um ponto a seu ver essencial: para a Alemanha nazista, para o Império colonial e racial que o Japão tentava impor na China e que a Grã-Bretanha estava decidida a manter na Índia, assim como para o regime

---

[8] Frigga Haug, *Rosa Luxemburg und die Kunst der Politik* (Hamburgo, Argument, 2007), p. 181-2 e 196.

[9] William E. B. Du Bois, *Writings* [1934] (Nova York, The Library of America, 1986), p. 1.243.

[10] Idem, "Dusk of Dawn" [1940], em *Writings*, cit., p. 678.

de supremacia branca que continuava a caracterizar o Sul dos Estados Unidos, podia-se falar de "hitlerismo", de "racismo", mas também de "tirania totalitária". A situação internacional caracterizava-se pela luta das "raças de cor" contra os diversos "imperialismos" e as diversas formas de "racismo" e de "tirania totalitária"[11]. "Totalitarismo" era o poder exercido pelas pretensas raças superiores sobre os povos de cor e sobre o mundo colonial.

Ao assumir essa posição, Randolph se referia a Gandhi, líder do movimento independentista, que, de fato, numa entrevista dada em 25 de abril de 1941, havia declarado: "Na Índia, temos um governo hitlerista, embora camuflado em termos mais brandos"[12]. Tal argumentação falhava ao não atribuir a devida relevância às diferenças existentes entre as diversas realidades políticas confrontadas, mas acertava ao destacar o aspecto comum: a ideia da hierarquia racial, a ideia de que os povos vistos como "raças inferiores" estavam destinados pela natureza e pela Providência a sofrer o domínio da raça branca ou ariana. E era essa ideia que impelia Hitler a instituir as "Índias alemãs", baseadas no modelo das Índias britânicas, ou a buscar na Europa oriental o Oeste ou o Faroeste a ser subjugado e colonizado de acordo com o modelo estadunidense.

Mesmo depois do fim da Segunda Guerra Mundial, era muito difusa entre os afro-americanos a visão que ligava o regime da *white supremacy* ainda vigente no Sul dos Estados Unidos ao Terceiro Reich. Eloquente por si só foi um episódio ocorrido naqueles anos em Nova York e que, mesmo sem compreender toda sua dimensão, Arendt relatou numa carta a Karl Jaspers, datada de 3 de janeiro de 1960: "Todas as classes dos últimos anos das escolas de ensino fundamental de Nova York receberam um tema para redação: imaginar uma maneira de punir Hitler. E eis o que propôs uma menina negra: deveríamos recobri-lo com uma pele negra e depois obrigá-lo a viver nos Estados Unidos"[13]. De modo claro e ingênuo, a cândida menina de cor imaginava uma espécie de retaliação, com base na qual os responsáveis pela violência racista da Alemanha nazista seriam forçados a sofrer, na qualidade de negros, as humilhações e perseguições do regime de *white supremacy* por eles incansavelmente alardeado e impiedosamente posto em ação.

---

[11] Sudarshan Kapur, *Raising Up a Prophet: The African-American Encounter with Gandhi* (Boston, Beacon Press, 1992), p. 107, 109 e 112.

[12] Mohandas K. Gandhi, *The Collected Works of Mahatma Gandhi* (Nova Déli, Publications Division, Ministry of Information and Broadcasting, 1969-2001), v. 80, p. 200.

[13] Citado em Elisabeth Young-Bruehl, *Hannah Arendt 1906-1975: Per amore del mondo* [1982] (trad. David Mezzacapa, Turim, Bollati Boringhieri, 1990), p. 361.

124 O MARXISMO OCIDENTAL

Nesses mesmos anos, uma vez mais os militantes da revolução argelina e seu teórico (Fanon) comparavam o império colonial francês ao Terceiro Reich. E isso não apenas pela ferocidade da repressão: o que foi o nazifascismo "senão o colonialismo no seio de países tradicionalmente colonialistas?"; sim, "por alguns anos, o nazismo transformou a Europa inteira numa colônia"[14]. Não se tratava da orientação de uma única personalidade, mas da conclusão a que chegara a coalizão antifascista: em Nuremberg, os dirigentes do Terceiro Reich foram condenados por perseguirem um programa de conquistas coloniais em nome do superior direito da "raça dos senhores" e por terem desenvolvido, no decorrer do segundo conflito mundial, um gigantesco sistema de drenagem e exploração em larga escala do trabalho forçado, como "nos tempos mais sombrios do tráfico de escravos"[15].

Da relação entre colonialismo e nazifascismo também tinha consciência a primeira Arendt, que, no curso da guerra, definia o nazismo como o "imperialismo mais terrível que o mundo já conheceu"[16]. Nesses anos, o imperialismo era descrito com o olhar constantemente voltado para sua ideologia racista e para seu ponto de deságue constituído pelo Terceiro Reich: ele era a pretensão de dividir a humanidade "em raças superiores e inferiores", "em raças de patrões e escravos, em estirpes nobres e plebeias, em brancos e povos de cor". O "culto da raça", próprio do imperialismo, levara os ingleses a se definirem como "brancos" e os alemães como "arianos"; explicavam-se assim "os crimes do imperialismo moderno"[17].

Assim, a filósofa estava tão distante da teoria dos dois totalitarismos mais ou menos gêmeos que reconhecia à União Soviética (naquele momento, guiada por Stálin) o mérito de ter "simplesmente liquidado o antissemitismo", no âmbito de "uma solução justa e muito moderna da questão nacional"[18]. Tal apreciação foi reiterada três anos mais tarde: "No que se refere à Rússia,

---

[14] Frantz Fanon, *I dannati della terra* (trad. Carlo Cignetti, Turim, Einaudi, 1967 [1961]), p. 50 nota e 59 [ed. bras.: *Os condenados da terra*, trad. José Laurênio de Melo, prefácio de Jean-Paul Sartre, Rio de Janeiro, Civilização Brasileira, 1968].

[15] Citado em Joe J. Heydecker e Johannes Leeb, *Der Nürnberger Prozess* (Colônia, Kiepenheuer & Witsch, 1985), v.2, p. 531 e 543 [ed. bras.: *O processo de Nuremberg*, trad. Jaime Mas e Leite de Melo, Rio de Janeiro, Ibis, 1968].

[16] Hannah Arendt, "Die Krise des Zionismus" [1942], em *Essays & Kommentare* (orgs. Eike Geisel e Klaus Bitterman, Berlim, Tiamat, 1989), v. 1, p. 193.

[17] Idem, "Imperialism: Road to Suicide", em *Commentary*, fev. 1946, p. 28-9.

[18] Idem, "Die Krise des Zionismus", cit., p. 193.

aquilo em que todo movimento político e nacional deveria prestar atenção – o seu modo, completamente novo e bem-sucedido, de enfrentar e conduzir os conflitos de nacionalidades, de organizar populações diferentes com base na igualdade nacional – foi negligenciado tanto pelos amigos quanto pelos inimigos"[19]. Também eloquente foi um texto de janeiro de 1946: "No país que nomeou Disraeli seu primeiro-ministro, o judeu Karl Marx escreveu *O capital*, um livro que, em seu anseio pela justiça, alimentou a tradição judaica de maneira muito mais eficaz do que o afortunado conceito de 'homem eleito da raça eleita'"[20]. A contraposição entre duas figuras típico-ideais do judaísmo soava como uma contraposição indireta da União Soviética, que não cessava de se referir a Marx, à Grã-Bretanha, que com Disraeli alimentara uma ideologia típica do imperialismo (e do próprio nazismo).

Seja como for, a luta para extirpar de uma vez por todas as raízes do fascismo estava na ordem do dia. Era preciso enfrentar o "irresoluto problema colonial" e da "supremacia branca" e aquele da rivalidade "entre nações imperialistas". Em síntese: "Dessa vez o fascismo foi derrotado, mas estamos muito distantes de ter aniquilado o mal profundo de nosso tempo. Suas raízes ainda são fortes e carregam o nome de antissemitismo, racismo, imperialismo"[21]. A derrota imposta ao Terceiro Reich ainda não era a solução definitiva do problema.

Ao final de uma "era imperialista", poderíamos nos encontrar numa fase em que os nazistas apareceriam como precursores grosseiros dos métodos políticos futuros. Seguir uma política não imperialista e manter-se fiel a uma doutrina não racista se torna cada dia mais difícil porque se torna cada dia mais claro o quão pesado é para o homem o fardo da humanidade.[22]

Tal ponto de vista foi reiterado com veemência um ano depois:

O imperialismo, que entrou em cena no fim do século passado [isto é, do século XIX], tornou-se hoje o fenômeno político dominante. Uma guerra conduzida

---

[19] Idem, "Ripensare il sionismo" [1945], em *Ebraismo e modernità* (org. G. Bettini, Milão, Unicopli, 1986), p. 99.

[20] Idem, "La morale della storia" [1946], em *Ebraismo e modernità*, cit., p. 121.

[21] Idem, "Antisemitismus und faschistische Internationale" [1945], em *Essays & Kommentare*, cit., p. 45 e 48.

[22] Idem, "Organized Guilt and Universal Responsibility", em *Jewish Frontier*, jan. 1945, p. 23.

em escala apocalíptica revelou as tendências suicidas inerentes a toda política coerentemente imperialista. Mesmo assim, as três principais forças motrizes do imperialismo – poder pelo poder, expansão pela expansão, racismo – continuam a governar o mundo[23].

Enfim. Em dezembro de 1948, por ocasião da visita aos Estados Unidos de Menahem Begin (futuro primeiro-ministro de Israel), numa carta aberta ao *New York Times*, assinada também por Albert Einstein, Arendt chamava à mobilização contra o responsável pelo massacre na aldeia árabe de Deir Yassin, destacando que o partido por ele dirigido, com sua mistura de "ultranacionalismo", de ostentação de "superioridade racial" e de violência terrorista contra a população civil árabe, mostrava-se "estreitamente aparentado com os partidos nacional-socialistas e fascistas"[24]. Promovendo o impiedoso expansionismo colonial de uma suposta raça superior, Begin rastreava os passos do nazismo e do fascismo.

A relação entre nazismo e colonialismo por vezes também vinha à tona nas duas primeiras partes de *As origens do totalitarismo*, aquelas dedicadas, respectivamente, ao antissemitismo e ao imperialismo. Com sua primeira edição publicada em 1951, o livro reservava grande espaço à história ideológica e política do Império Britânico: já no curso da reação contra a Revolução Francesa, emergiu, através de Edmund Burke, a tese que alçava "todo o povo britânico [...] à posição de aristocracia entre as nações"; assumiam contornos claros o racismo, a principal "arma ideológica do imperialismo", e a "eugenia", a nova pseudociência decidida a aperfeiçoar a raça mediante a esterilização forçada dos defeituosos (ou talvez através de medidas mais radicais). Nessa linha se colocava Disraeli, que orgulhosamente contrapunha os "direitos de um inglês" aos "direitos do homem" por ele ridicularizados e que, junto com Arthur de Gobineau, era um dos dois mais "devotos defensores da 'raça'"[25].

Dados esses pressupostos ideológicos, nas colônias começava a ser teorizado e experimentado, contra os povos coloniais, um poder sem as restrições encontradas na metrópole capitalista. Tal poder tendia a assumir formas cada

---

[23] Idem, "Imperialism: Road to Suicide", cit., p. 27.

[24] Idem, "Der Besuch Menahem Begins" [1948], em *Essays & Kommentare*, cit., p. 113-5.

[25] Idem, *Le origini del totalitarismo* (trad. Amerigo Guadagnin, Milão, Comunità, 1989 [1951]), p. 224, 245-6 e 256 [ed. bras.: *As origens do totalitarismo*, trad. Roberto Raposo, São Paulo, Companhia da Letras, 1989].

vez mais inquietantes: já no âmbito do Império Britânico surgia a tentação dos "massacres administrativos" como instrumento para liquidar qualquer ameaça à ordem vigente[26]. Estamos nos limiares da ideologia e da prática do Terceiro Reich. Do representante do poder colonial no Egito, Lord Cromer, Arendt traçava um retrato que não era desprovido de analogias com aquele posteriormente dedicado a Eichmann (o famigerado dirigente nazista): a banalidade do mal parece encontrar uma primeira, mais débil, encarnação no "burocrata imperialista" britânico que, "na fria indiferença, na genuína falta de interesse pelos povos administrados", desenvolvera uma "filosofia do burocrata" e "uma nova forma de governo", "uma forma de governo mais perigosa que o despotismo e a arbitrariedade"[27]. E essa forma de governo que ia além do tradicional despotismo nos faz pensar no totalitarismo: mesmo na primeira Arendt percebia-se a tendência a empregar a categoria de totalitarismo para definir a relação entre nazismo e colonialismo. O primeiro modelo de poder totalitário era aquele exercido sobre os povos coloniais, desumanizados através da ideologia racista, dizimados e escravizados.

O quadro mudava radicalmente com a passagem à terceira parte de *As origens do totalitarismo*, claramente influenciada pelo clima ideológico que sobreveio após a eclosão da Guerra Fria. Não importava tanto o juízo sobre a União Soviética, graças à categoria de totalitarismo colocada substancialmente no mesmo plano que a Alemanha hitlerista; porém, era decisivo sobretudo o recalque do vínculo que unia o Terceiro Reich à tradição colonialista e imperialista da qual ele queria ser o herdeiro consequente e mais intransigente.

Verifica-se, então, uma reviravolta. Enquanto ainda se encontrava na França e antes de atravessar o Atlântico, em 1941, Arendt, segundo sua biógrafa, via o trabalho que estava escrevendo "como uma obra exaustiva sobre o antissemitismo e sobre o imperialismo, e uma pesquisa histórica sobre aquele fenômeno que ela então chamava de 'imperialismo racial'"[28]. Para ser preciso, o próprio ensaio sobre o imperialismo publicado na *Commentary* de fevereiro de 1946 foi precedido por uma nota que informava o leitor que a autora estava "escrevendo um livro sobre o imperialismo". O Terceiro Reich enquanto "imperialismo racial", enquanto imperialismo que levava ao extremo a componente racial inerente ao domínio colonial e à submissão imposta aos povos e "raças"

---

[26] Ibidem, p. 182, 186 e 301.

[27] Ibidem, p. 259 e 295-6.

[28] Elisabeth Young-Bruehl, *Hannah Arendt 1906-1975*, cit., p. 193.

considerados inferiores ou estagnados numa fase primitiva do desenvolvimento social; o Terceiro Reich enquanto fase suprema do imperialismo! Era essa a visão que inspirava Arendt nos anos da luta contra o nazifascismo e que ainda transparecia nas duas primeiras partes de *As origens do totalitarismo*: era do imperialismo e do colonialismo, era dos processos políticos e ideológicos que envolviam também o Império Britânico e outras potências ocidentais que precisávamos partir para entender a gênese e o desenvolvimento do nazifascismo.

Em última instância, a terceira parte de *As origens do totalitarismo* era um livro novo comparativamente às duas partes precedentes e ao trabalho sobre o "imperialismo racial". No livro originalmente programado ainda sob a emoção da luta contra o nazismo, no centro da análise estava a categoria de imperialismo, o *genus* que combinava diversas espécies, em primeiro lugar o Império Britânico e o Terceiro Reich (a expressão mais completa da barbárie do imperialismo); nesse quadro, conferia-se um papel positivo à União Soviética, protagonista da luta contra o imperialismo nazista e inspiradora dos movimentos de libertação anticolonial. Na terceira parte do livro, efetivamente publicado enquanto a Guerra Fria se acirrava, no centro da análise estava a categoria de totalitarismo, o *genus* que combinava, agora, a União Soviética stalinista e a Alemanha hitlerista; o novo quadro conferia um papel positivo ao Ocidente antitotalitário em seu conjunto, incluídos países como a Grã-Bretanha e a França, que ainda eram impérios coloniais para todos os efeitos.

O caráter heterogêneo de *As origens do totalitarismo* não escapou aos historiadores. Logo após sua publicação, o livro foi submetido a uma dura crítica de Golo Mann:

> As duas primeiras partes da obra tratam da pré-história do Estado total. Mas aqui o leitor não encontrará aquilo a que está habituado em estudos similares, isto é, pesquisas sobre a história peculiar da Alemanha ou da Itália ou da Rússia [...]. Em vez disso, Hannah Arendt dedica dois terços de seu esforço ao antissemitismo e ao imperialismo – e, sobretudo, ao imperialismo de matriz inglesa. Não consigo acompanhá-la [...]. Somente na terceira parte, em vista da qual tudo foi empreendido, Hannah Arendt parece chegar realmente ao tema.[29]

---

[29] Golo Mann, "Vom Totalen Staat" [1951], em *Die Neue Zeitung-Die amerikanische Zeitung in Deutschland*, 20-21 out., p. 14.

Portanto, estariam substancialmente fora do tema as páginas dedicadas ao antissemitismo e ao imperialismo; contudo, tratava-se de explicar a gênese de um regime, aquele hitlerista, que declaradamente almejava erguer na Europa central e oriental um grande império colonial fundado no domínio de uma raça pura branca e ariana.

Mann não conseguia aceitar a relação com o Império Britânico. Em sua crítica a Arendt, tentava envolver também Jaspers, a quem perguntava com insistência: "Acredita [o senhor também] que o imperialismo inglês, em particular Lord Cromer no Egito, tenha alguma coisa a ver com o Estado totalitário?"[30]. O historiador alemão considerava uma traição do mundo livre jogar sombras de suspeição sobre o país que, mais que qualquer outro, encarnava a tradição liberal. Ele teria feito bem em ler a descrição que, em meados do século XIX, um ilustre historiador, liberal e britânico (Thomas B. Macaulay) fez sobre o regime que o governo de Londres impôs na Índia em situações de crise: era um "reino do terror" em relação ao qual "todas as injustiças dos opressores anteriores, asiáticos e europeus, pareciam uma bênção"[31]. E, de novo, não obstante a indignação filisteia dos ideólogos da Guerra Fria, as práticas de governo empregadas nas colônias do Ocidente liberal nos reconduzem ao totalitarismo.

O caráter heterogêneo de *As origens do totalitarismo* foi captado por outros historiadores, que chamavam a atenção para o esforço artificial de fazer do "comunismo soviético o equivalente totalitário do nazismo", por exemplo, inventando um pan-eslavismo bolchevique que seria o *pendant* do pangermanismo nazista[32]; em seu conjunto, "no que se refere ao stalinismo, o livro é menos satisfatório", e fica aqui evidente a ausência de uma "teoria clara" dos "sistemas totalitários"[33]. Mais precisamente: "em numerosas passagens, a análise da União Soviética parece ter sido mecanicamente igualada à da Alemanha, como se tivesse sido inserida mais tarde por motivos de simetria"[34]. Sim, o livro de Arendt sobre o totalitarismo, na realidade, "é essencialmente uma explicação

---

[30] Idem, *Memorie e pensieri: Una giovinezza in Germania* (trad. Marta Keller, Bolonha, il Mulino, 1988 [1986]), p. 232-3.

[31] Ver, neste volume, cap. 6, § 2.

[32] H. Stuart Hughes, citado em Abbott Gleason, *Totalitarianism: The Inner History of the Cold War* (Nova York/Londres, Oxford University Press, 1995), p. 112.

[33] Ian Kershaw, *Che cos'è il nazismo? Problemi interpretativi e prospettive di ricerca* (trad. Giovanni Ferrara degli Uberti, Turim, Bollati Boringhieri, 1995 [1985]), p. 42.

[34] Abbott Gleason, *Totalitarianism: The Inner History of the Cold War*, cit., p. 112.

da ascensão do nazismo ao poder, e os temas tratados nas duas primeiras partes – respectivamente, o antissemitismo e o imperialismo – têm pouco a ver com a natureza do poder soviético"; convém dar adeus à categoria de "totalitarismo", que visa somente liquidar a União Soviética por meio de uma "comparação" artificial, mas "letal", com a Alemanha hitlerista[35].

Ainda no que se refere à heterogeneidade do livro, se para Golo Mann era preciso liquidar, porque fora do tema, as duas primeiras partes que, junto com o antissemitismo, acusavam também o colonialismo e o imperialismo, para os historiadores posteriormente citados era preciso compreender o caráter falso e ideológico da terceira parte que, adaptando-se às exigências ideológicas e práticas da Guerra Fria, tentava freneticamente comparar a União Soviética ao Terceiro Reich. E, agora, leiamos *Império*, um texto-chave do marxismo ocidental: "É uma trágica ironia do destino que, na Europa, o socialismo nacionalista acabasse por se assemelhar ao nacional-socialismo"[36]. Ao traçar o balanço da primeira metade do século XIX, os dois autores ignoravam o confronto entre colonialismo e anticolonialismo – ou seja, entre reafirmação e abolição da escravidão colonial – e se rebaixavam às posições dos paladinos ocidentais da Guerra Fria, empenhados em criminalizar o comunismo, absolvendo ou reduzindo o colonialismo e o imperialismo a uma questão menor.

3. O Terceiro Reich, da história do colonialismo à história da loucura

Na abordagem original da filósofa também era clara a relação entre imperialismo e antissemitismo e entre antissemitismo e anticomunismo: os "imperialistas raciais" foram impelidos a ver um corpo estranho nos judeus, acusados de serem "organizados no plano internacional e de estarem ligados um ao outro pelo sangue"[37]; estes foram acusados como "representantes étnicos da Internacional Comunista", definida por sua vez como instrumento da "conspiração judaica mundial dos Sábios de Sião"[38].

---

[35] Ian Kershaw, *All'inferno e ritorno. Europa 1914-1949* (Bari/Roma, Laterza, 2016 [2015]), p. 525 e 334 e seg. [ed. bras.: *De volta ao inferno: Europa, 1914-1949*, trad. Donaldson M. Garschagen e Renata Guerra, São Paulo, Companhia das Letras, 2016].

[36] Michael Hardt e Antonio Negri, *Impero* (trad. Alessandro Pandolfi, Milão, Garzanti, 2002 [2000]), p. 115 [ed. bras.: *Império*, trad. Berilo Vargas, Rio de Janeiro, Record, 2001].

[37] Hannah Arendt, "Imperialism: Road to Suicide", cit., p. 34.

[38] Idem, "Antisemitismus und faschistische Internationale", cit., p. 44-5.

Nesses anos, Arendt contrapunha negativamente Herzl a outra grande figura da cultura hebraica, a saber, Lázaro[39]. Ao contrário do primeiro, o segundo tentara promover a emancipação dos judeus não mais arrancando alguma concessão colonial às grandes potências da época, mas sim inserindo num projeto revolucionário completo, de orientação anticolonialista e anti-imperialista, a luta dos judeus e as dos outros povos oprimidos, a luta contra o antissemitismo e a luta contra o racismo colonial. Do lado oposto, Hitler era o inimigo irredutível ao mesmo tempo da revolução anticolonial e da emancipação dos judeus.

Nesse contexto incluía-se também o crime mais monstruoso do Terceiro Reich, o genocídio dos judeus. Caracterizavam o imperialismo a pretensão de fazer valer a "'lei natural do direito do mais forte" e a tendência a "exterminar 'as raças inferiores que não são dignas de sobreviver'"[40]. Era preciso ter presente que o "extermínio dos indígenas" estava "quase na ordem do dia" quando se tratava de realizar "novos assentamentos coloniais na América, na Austrália e na África"[41]. Embora sem precedentes pela forma sistemática com que foi conduzido, o genocídio de judeus tinha suas raízes numa história repleta de genocídios, na história do colonialismo e do imperialismo.

Pode-se acrescentar que, no âmbito dessa história, o extermínio não apenas era praticado como também explicitamente teorizado. No fim do século XIX, com o olhar voltado para a inquietação que começava a se fazer sentir entre os povos coloniais, personalidades e círculos importantes acalentavam a tentação do genocídio. Theodore Roosevelt escrevia: se "uma das raças inferiores" agredisse a "raça superior", esta só poderia reagir com uma "guerra de extermínio" (*war of extermination*); como "cruzados", os soldados brancos seriam chamados a "condenar à morte homens, mulheres e crianças". Haveria protestos, é claro, mas eles logo seriam calados se o poder ou o "controle branco" estivessem em perigo[42].

De fato, poucos anos depois, o movimento independentista das Filipinas, que se tornara uma colônia estadunidense após a vitoriosa guerra contra a Espanha, teve de enfrentar a destruição sistemática das lavouras e do gado, com o confinamento em massa da população nos campos de concentração – que tinham uma alta taxa de mortalidade – e até com o assassinato de todos os

---

[39] Idem, "Herzl e Lazare" [1942], em *Ebraismo e modernità*, cit., p. 27-33.

[40] Idem, "Organized Guilt and Universal Responsibility", cit., p. 23.

[41] Idem, "Die vollendete Sinnlosigkeit" [1950], em *Essays & Kommentare*, cit., p. 9.

[42] Theodore Roosevelt, *The Letters* (orgs. Elting E. Morison, John M. Blum e John Buckley, Cambridge, Harvard University Press, 1951 [1894]), p. 377.

homens com mais de dez anos de idade[43]. A afirmação de Roosevelt suscitava uma pergunta: que sorte esperava aqueles que tinham incitado as "raças inferiores" à revolta contra o poder ou contra o "controle branco"?

O problema se tornava atual com a Revolução de Outubro e o apelo que ela lançava aos "escravos das colônias" para que rompessem suas correntes. Em 1923, quando soava o alarme pelo perigo mortal que a agitação bolchevique e a revolta dos povos de cor faziam pesar sobre a civilização e a supremacia branca vigente em nível planetário, um autor estadunidense, já célebre nas duas margens do Atlântico, Lothrop Stoddard, ressaltava a posição eminente que os judeus ocupavam "no 'corpo dos oficiais' da revolta" bolchevique e anticolonial. Sim, a começar por Marx, eles desenvolviam um papel de primeiro plano no "movimento revolucionário"; sua "crítica destrutiva" fazia deles "líderes revolucionários excelentes", como era confirmado em particular pela Revolução de Outubro e pela emergência do "regime judaico-bolchevique da Rússia soviética"[44]. Antes mesmo de Hitler, já com o teórico estadunidense da *white supremacy,* o inimigo a ser liquidado de uma vez por todas era o "regime judaico-bolchevique da Rússia soviética"!

A palavra de ordem que mais tarde nortearia a cruzada genocida do Terceiro Reich era lançada num livro publicado originalmente dez anos antes da assunção de Hitler ao poder. Seu autor se tornara celebridade no Ocidente por um livro de 1921 que já no título chamava à luta em defesa da "supremacia branca mundial" contra a "maré montante dos povos de cor"[45]. E ele não se cansava de reiterar que, contra o *under man*, contra o "sub-homem" (os povos coloniais rebeldes e seus incitadores bolcheviques e judeus), era inevitável recorrer a medidas mais radicais. Não se podia deixar o trabalho pela metade: "via de regra" – ele observava com o olhar claramente voltado também para os judeus –, "bolchevique se nasce, não se torna"; "é impossível converter um sub-homem", "é a própria natureza que o declara impróprio de ser convertido à civilização"; se necessário, contra os inimigos jurados da civilização, podia-se proceder com uma "extirpação completa"[46].

---

[43] Domenico Losurdo, *Il revisionismo storico. Problemi e miti* (Roma/Bari, Laterza, 2015), cap. 5, § 5 [ed. bras.: *Guerra e revolução: o mundo um século após outubro de 1917*, trad. Ana Maria Chiarini e Diego Silveira Coelho Ferreira, São Paulo, Boitempo, 2017].

[44] Lothrop Stoddard, *The Revolt against Civilization. The Menace of the Under Man* (Nova York, Scribner, 1984 [1923]), p. 151-52.

[45] Idem, *The Rising Tide of Color against White World-Supremacy* (Westport, CT, 1971 [1921]).

[46] Lothrop Stoddard, *The Revolt against Civilization*, cit., p. 233, 86-7 e 212.

A guerra do Terceiro Reich contra o "regime judaico-bolchevique da Rússia soviética" já denunciado por Stoddard dava início, por um lado, ao genocídio judeu e, por outro, à liquidação sistemática dos quadros do Partido Comunista e do Estado soviético e à redução de milhões de russos à condição de escravos coloniais, desde o princípio destinados a morrer devido ao trabalho forçado, à inanição e às doenças ligadas a tudo isso. Uma conclusão se impunha: o genocídio judeu é parte integrante da cruzada contra o judaico-bolchevismo e da contrarrevolução colonialista, que vê o Terceiro Reich como protagonista principal, mas que tem início fora da Alemanha e antes de Hitler assumir o poder.

É a esse capítulo da história que acenava a primeira Arendt, que observava: no final dos anos 1920, "o partido nacional-socialista se tornava uma organização internacional, cuja direção residia na Alemanha" e cujo objetivo era revitalizar a "supremacia branca"[47]. Tudo isso desaparecia na terceira parte de *As origens do totalitarismo*, tanto que a passagem da categoria de "imperialismo racial" para a categoria de "totalitarismo" implicava um desvio metodológico. O totalitarismo era agora lido em chave psicologizante e psicopatológica. O que o caracterizaria seria a "loucura", o "desprezo totalitário pela realidade e pelos próprios fatos". Quando adentramos na Alemanha hitlerista e na "sociedade totalitária", temos a impressão de entrar num mundo de loucos. Não é somente o fato de que "a punição é aplicada sem ter qualquer relação com um crime". Há mais que isso:

> A exploração exercida sem lucro e o trabalho realizado sem um produto é um lugar onde cotidianamente se cria a insensatez [...]. Ao mesmo tempo que destrói todas as relações de sentido com que normalmente se calcula e se age, o regime impõe uma espécie de supersentido [...]. O bom senso educado no raciocínio utilitário é impotente contra o supersentido ideológico assim que o regime consegue criar através deste um mundo que realmente funciona.

A própria política externa do Terceiro Reich não responde nem a uma lógica nem a um cálculo. Ele desencadeia suas guerras não por "sede de poder", "nem pelo anseio de expansão nem pelo lucro, mas apenas por razões ideológicas: para demonstrar, em nível mundial, que a própria ideologia tinha razão, para erguer um mundo fictício coerente, não mais passível de ser perturbado pelos

---

[47] Hannah Arendt, "Antisemitismus und faschistische Internationale", cit., p. 43-5.

fatos"[48]. Noutras palavras, o totalitarismo é a loucura que quer a loucura. A filósofa esquece, assim, a observação feita poucos anos antes, segundo a qual, na história do colonialismo, os "novos domínios coloniais na América, na Austrália e na África" caminharam lado a lado com o "extermínio dos indígenas", o que estava na ordem do dia também no momento da colonização da Europa oriental. Claro, a violência genocida atingia os judeus de modo muito particular. A esse respeito vem à mente outra observação de Arendt: aos olhos dos nazistas, os judeus eram "os representantes étnicos da Internacional Comunista"; junto com os bolcheviques, dos quais se distinguiam com dificuldade, eles eram os inimigos mais perigosos da "supremacia branca", que era preciso defender e reiterar a qualquer custo. A partir da terceira parte de *As origens do totalitarismo*, se tudo é loucura, e loucura cujo método é até inútil investigar, não faz sentido ligar o Terceiro Reich à tradição colonial, incontestavelmente caracterizada pela "sede de poder", pela busca do "lucro" e pelo cálculo utilitário.

É preciso dizer desde logo que o método – ou a falta de método, à qual Arendt se apega a esse respeito – tem um crédito cada vez menor na historiografia. Refiro-me não apenas aos historiadores que, criticando-a explicitamente, destacam os "fins utilitários" perseguidos pelo Terceiro Reich[49]. Talvez sejam ainda mais significativos os autores que, mesmo sem mencionar a filósofa, chamam a atenção para alguns pontos essenciais: com suas guerras de dizimação e escravização conduzidas no Leste, Hitler criou um gigantesco tráfico de escravos, que serviu admiravelmente para alimentar a produção de bens e de armas da Alemanha na guerra; para edificar seu Império continental na Europa oriental, o Führer detonou a maior guerra colonial da história; tratou-se de uma guerra conduzida recorrendo não apenas aos exércitos, mas também a ondas de colonos provenientes da Alemanha e de outros países e chamados a seguir os passos dos brancos, via de regra emigrados da Europa para a América do Norte e, aqui, protagonistas da colonização do Oeste e do Faroeste[50].

---

[48] Idem, *Le origini del totalitarismo,* cit., p. 626-9.

[49] Götz Aly e Susanne Heim, *Vordenker der Vernichtung. Auschwitz und die deutsche Pläne für eine neue europäische Ordnung* (Frankfurt, Fischer, 2004), p. 11.

[50] Ver, para o tráfico de escravos, Mark Mazower, *Hitler's Empire* (Londres, Penguin Books, 2009 [2008]); para a guerra colonial no Leste, David Olusoga e Casper W. Erichsen, *The Kaiser's Holocaust: Germany's Forgotten Genocide* (Londres, Faber and Faber, 2001; e para o Faroeste hitlerista, Carroll P. Kakel III, *The American West and the Nazi East. A Comparative and Interpretative Perspective* (Londres, Palgrave Macmillan, 2011) e *The Holocaust as Colonial Genocide: Hitler's 'Indian Wars' in the 'Wild East'* (Londres, Palgrave Macmillan, 2013).

A política do Terceiro Reich não é expressão de pura loucura, assim como não o são o tráfico de escravos propriamente dito, a expansão da República norte-americana de um oceano ao outro, as guerras coloniais em geral.

A última Arendt insere-se no âmbito de uma tradição de pensamento que fala explicitamente de manicômio ao tratar da revolução de 1848 (Tocqueville) ou da Comuna de Paris (Hippolyte Taine), que lê as grandes crises históricas como explosões de loucura e, assim, coloca a ordem existente a salvo de críticas radicais, rotuladas como expressões da falta de bom senso e de distanciamento patológico da realidade[51]. Com efeito, o paradigma psicopatológico permite a Arendt abrandar a postura do colonialismo e adornar o Ocidente liberal, um e outro considerados alheios ao horror da solução final. Do lado contrário, depois de destacar que a campanha hitlerista contra o judaico-bolchevismo identifica e ataca conjuntamente, ainda que de maneiras distintas, judeus e comunistas, a terceira parte de *As origens do totalitarismo* tende a fazer do comunismo do século XX o irmão gêmeo do nazismo. O fato é que, ao desembarcar no paradigma psicopatológico, só é possível explicar o totalitarismo recorrendo à "paranoia" e ao jogo enfadonho da comparação de um "paranoico" a outro, todos rotulados enquanto tais com base num diagnóstico que se recusa a qualquer análise e, portanto, por decisão soberana e arbitrária da intérprete.

O marxismo ocidental não soube opor resistência a essa operação ideológica. Dessa forma, ressurgiu o contraste com o marxismo oriental que vimos se manifestar nos momentos decisivos da história do século XX. Na eclosão da Primeira Guerra Mundial, os expoentes do marxismo oriental em formação insistiam no fato de que os horrores do capitalismo-imperialismo não esperaram o agosto de 1914 para se manifestar nas colônias. Um conflito análogo emergia a propósito da Segunda Guerra Mundial, que o marxismo ocidental equivocadamente fazia iniciar em 1939, no ano em que irrompia na Europa o expansionismo imperialista que há tempos já se difundia em detrimento das colônias. Enfim, reduzindo-se às posições da última Arendt, o marxismo ocidental já moribundo aproximava-se novamente da ideologia dominante e desenvolvia o discurso sobre o poder e sobre as instituições totais, abstraindo por completo o mundo colonial.

---

[51] Domenico Losurdo, "Psicopatologia e demonologia. La lettura delle grandi crisi storiche dalla Restaurazione ai giorni nostri", em *Belfagor. Rassegna di varia umanità*, mar. 2012, p. 151-72.

4. No banco dos réus: o colonialismo ou suas vítimas?

É necessário analisar em toda sua dimensão a guinada que se verifica em Arendt com a eclosão da Guerra Fria. A essa altura o juízo formulado sobre este ou aquele país já abstraía a sorte reservada aos povos coloniais: "Mussolini, que gostava tanto do termo totalitário, não tentou instaurar um regime totalitário sistemático, satisfazendo-se com uma ditadura de partido único". À Itália fascista eram comparados a Espanha de Franco e o Portugal de Salazar[52]. Que tipo de poder exerciam os três países nas colônias a eles submetidas? Por mais genocida (e totalitário) que fosse esse poder, os três países do Ocidente colonialista eram absolvidos da acusação de totalitarismo.

O prefácio de 1966 às *Origens do totalitarismo* se perguntava se se devia falar de "totalitarismo" a propósito da China de Mao Tsé-tung[53], mas não se colocava tal problema acerca da China escravizada pelo Império do Sol Nascente – período que, no entanto, marca uma das páginas mais horrendas do século XX. Com a tomada de Nanquim de 1937, o massacre tornou-se uma espécie de disciplina esportiva e, ao mesmo tempo, de diversão: quem seria o mais rápido e eficiente em decapitar os prisioneiros? A implantação de um poder sem limites e a desumanização do inimigo tinham atingido uma completude bastante rara e talvez com algumas características de "unicidade": em vez de animais, os experimentos de vivissecção eram realizados em chineses, os quais, por sua vez, passaram a ser o alvo vivo dos soldados japoneses que se exercitavam atacando-os com a baioneta. A implantação de um poder ilimitado recaíra totalmente também sobre as mulheres, submetidas a uma brutal escravidão sexual. Todavia, Arendt só aplicava a suspeita de totalitarismo ao regime que pôs fim a tudo isso.

Não é só isso. Vimos Lord Cromer, membro do primeiro escalão da administração colonial britânica, ser representado como uma espécie de proto-Eichmann. Mas leiamos agora um excerto destinado a explicar a gênese do governo "totalitário":

> Tal forma de governo parece encontrar condições favoráveis nos países do tradicional despotismo oriental, na Índia e na China, onde há uma reserva humana praticamente inesgotável, capaz de alimentar a máquina totalitária acumuladora

---

[52] Hannah Arendt, *Le origini del totalitarismo,* cit., p. 427-8.

[53] Ibidem, p. xxxi.

de poder e devoradora de indivíduos, e onde, ademais, o sentido da superfluidade dos homens, típico das massas (e absolutamente novo na Europa, um fenômeno associado ao desemprego geral e ao incremento demográfico dos últimos cinquenta anos), por séculos dominou absoluto no desprezo da vida humana[54].

Bem distante de acusar o colonialismo e o imperialismo, o discurso sobre a origem do totalitarismo acabava atingindo suas vítimas, isto é, os povos coloniais. E isso ocorria independentemente de seu regime político, como se evidenciava pela referência à Índia (uma democracia, ainda que via de regra aliada da União Soviética no decorrer da Guerra Fria). O que se constituía numa condição prévia, ou melhor, numa ameaça de totalitarismo, era a "reserva humana praticamente inesgotável".

Paradoxalmente, Arendt acabava retomando um argumento clássico da ideologia colonialista: o grito de alarme pelo "suicídio racial", que ameaçava a raça branca (cuja baixa fertilidade a tornava incapaz de enfrentar a maré humana dos povos coloniais e de cor), era um mote caro a Theodore Roosevelt e também a Oswald Spengler[55]. E isso não era estranho nem mesmo para Churchill, empenhado em defender o domínio colonial britânico sobre um povo – o indiano – propenso à desobediência e à rebelião também em função de "seu pulular" desmesurado e incontrolado[56]. Em termos semelhantes, Hitler se colocava em guarda contra o perigo que a proliferação dos indígenas na Ucrânia e na Europa oriental representava para as Índias alemãs[57]. Da condenação do domínio colonial como primeira fonte e manifestação do poder totalitário à retomada de um lugar-comum da ideologia colonialista para acusar os povos coloniais, inclinados ao totalitarismo simplesmente por seu grande número, era evidente o anseio teórico da tentativa de Arendt de adequar *As origens do totalitarismo* como um todo ao ambiente ideológico da Guerra Fria!

Essa involução se agrava com o decorrer do tempo, como se depreende sobretudo do ensaio *Sobre a revolução*. Aqui, Marx é o autor da "doutrina

---

[54] Ibidem, p. 430-1.

[55] Domenico Losurdo, *Il linguaggio dell'Impero. Lessico dell'ideologia americana* (Roma/Bari, Laterza, 2007), cap. 3, § 5 [ed. bras.: *A linguagem do império: léxico da ideologia estadunidense*, trad. Jaime A. Clasen, São Paulo, Boitempo, 2010].

[56] Em Madhusree Mukerjee, *Churchill's Secret War. The British Empire and the Ravaging of India during World War II* (Nova York, Basic Books, 2010), p. 246-7.

[57] Adolf Hitler, *Tischgespräche*, org. H. Picker (Frankfurt/Berlim, Ullstein,1989 [1951]), p. 453-4.

138 O MARXISMO OCIDENTAL

politicamente mais danosa da idade moderna, ou seja, que a vida é o bem supremo e que o processo vital da sociedade é o próprio centro de todo esforço humano". O resultado é catastrófico:

> Esta virada conduziu Marx a uma verdadeira capitulação da liberdade diante da necessidade. Ele fez, assim, aquilo que seu mestre de revolução, Robespierre, fizera antes dele e aquilo que seu maior discípulo, Lênin, faria depois dele na revolução mais grandiosa e terrível que seus ensinamentos haviam inspirado até então.[58]

Os três maiores inimigos da liberdade e, indiretamente, os paladinos mais perigosos do totalitarismo são, agora, Robespierre, Marx e Lênin. Trata-se, respectivamente, do dirigente político jacobino que selou a abolição da escravidão em São Domingos e a vitória da revolução dos escravos negros guiados por Toussaint Louverture (este último, não por acaso conhecido como o "jacobino negro" ou como o líder dos jacobinos negros, poderia ser tranquilamente inserido por Arendt em seu elenco dos inimigos da liberdade); do filósofo que, antes de qualquer outro, denunciou a intrínseca barbárie do colonialismo; do dirigente político que logo após a conquista do poder chamou os "escravos das colônias" a romperem suas correntes, promovendo, assim, a revolução anticolonialista mundial (o elemento de grandeza do século XX). De fato, agora já não é o colonialismo, mas sim seus grandes antagonistas a se sentarem no banco dos réus; apontam-se como inimigas consequentes da liberdade as duas revoluções, a Revolução Francesa (e jacobina) e a Revolução de Outubro, que promoveram o desmantelamento do sistema colonialista-escravista mundial.

Essa mudança de rumo não é acidental. Passemos por alto também o acidente de percurso que por um instante leva Arendt a brandir um *topos* da ideologia colonialista. Um ponto, contudo, é claro. Se, como acontece na terceira parte de *As origens do totalitarismo* e na produção sucessiva, abstraímos o poder despótico e tendencialmente totalitário que colonialismo e imperialismo impõem aos povos coloniais e de origem colonial e deixamos de lado as terríveis dificuldades que o processo de emancipação inflige aos povos subjugados ou na iminência de ser subjugados e nos concentramos exclusivamente na presença ou na ausência de instituições liberais capazes de limitar o poder, é claro desde

---

[58] Hannah Arendt, *Sulla rivoluzione* (trad. Maria Magrini, Milão, Comunità, 1983 [1963]), p. 65-6.

logo que a suspeição de totalitarismo recairá não sobre os responsáveis pelas guerras coloniais, mas sobre suas vítimas.

Para dar um exemplo: a França da monarquia de julho que no início de 1830 se lançava à conquista da Argélia era mais liberal do que o país árabe por ela subjugado. Entretanto, foi justamente a França liberal que formulou e pôs em prática uma política assim sintetizada por Tocqueville: "Destruir tudo aquilo que se assemelhe a uma agregação permanente de população ou, em outras palavras, a uma cidade. Creio ser da maior importância não deixar subsistir ou nascer nenhuma cidade nas regiões controladas por Abd el-Kader"[59] (o líder da resistência). Pois bem, que sentido haveria em dirigir a suspeita de totalitarismo apenas às vítimas de tal política declaradamente genocida?

Ainda assim, talvez também em virtude do passado de Arendt, por algum tempo influenciada pelo pensamento de Marx e pelo próprio movimento comunista, a partir ao menos dos anos 1970, *As origens do totalitarismo* não encontrava nenhuma resistência nas fileiras do marxismo ocidental, que chegara então a seu estágio terminal.

5. COM ARENDT, DO TERCEIRO MUNDO AO "HEMISFÉRIO OCIDENTAL"

A reviravolta ocorrida em Arendt com o início da Guerra Fria não estava ligada apenas à leitura do passado. Voltemos para duas décadas antes da primeira edição de *As origens do totalitarismo*. Naqueles anos, a revolução anticolonialista mundial se manifestava também nos Estados Unidos com a luta dos afro--americanos pela emancipação: o Terceiro Mundo exigia o fim de um capítulo plurissecular da história marcado pelo colonialismo, pelo neocolonialismo e pela supremacia branca no plano político, econômico e ideológico. É contra esse tumultuoso movimento de colônias, ex-colônias, povos coloniais e povos de origem colonial que se posicionava a filósofa com uma declaração peremptória: "O Terceiro Mundo não é uma realidade, mas uma ideologia". Essa declaração foi reiterada poucos anos depois: o Terceiro Mundo é "uma ideologia ou uma ilusão. A África, a Ásia, a América Latina: essas são realidade"[60].

---

[59] Domenico Losurdo, *Controstoria del liberalismo* (Roma/Bari, Laterza, 2005), cap. 6, § 6 [ed. bras.: *Contra-história do liberalismo*, trad. Giovanni Semeraro, Aparecida, Ideias & Letras, 2006].

[60] Hannah Arendt, *Crises of the Republic* (San Diego/Nova York/Londres, Harcourt Brace Jovanovich, 1972), p. 123 e 209-10.

140　O marxismo ocidental

Mas se o Terceiro Mundo é uma abstração ideológica, por que a Ásia deveria ser entendida como uma "realidade"? Obviamente, fala-se aqui de realidades políticas: seria absurdo contrapor a Ásia como categoria geográfica ao Terceiro Mundo, que é claramente uma categoria política. Pois bem, no momento em que vinha à tona a declaração de Arendt, a Ásia abarcava realidades políticas contrapostas. Era enorme a disparidade de renda que separava o Japão dos países menos desenvolvidos e ainda estava viva a lembrança do horror com que o Império do Sol Nascente se manchara na tentativa de colonizar e escravizar seus vizinhos asiáticos.

Poucos anos antes da declaração que acabamos de ver, ao condenar as revoluções que se moviam na esteira de Marx e Lênin, em seu livro *Sobre a revolução*, a filósofa se abandonava a outra afirmação peremptória: "A vida humana está acometida pela pobreza desde tempos imemoriais, e a humanidade continua a sofrer esta maldição em todos os países fora do hemisfério ocidental"[61]. "Hemisfério ocidental"! Sob uma única categoria se misturavam as mais distintas realidades político-sociais: o país industrial mais avançado e os países então mais atingidos pelo subdesenvolvimento e pela miséria de massa; a superpotência que, com base na doutrina Monroe, se arrogava o direito de intervir soberanamente na América Latina e os países que eram forçados a sofrer tais intervenções e a condição semicolonial a elas ligada. *Sobre a revolução* citava uma só vez James Monroe, e o citava univocamente como paladino da causa da liberdade[62]; não mencionava nem os escravos de sua propriedade nem a doutrina que levava seu nome e que reivindicava o domínio neocolonial da república norte-americana sobre todo o continente, sobre o "hemisfério ocidental".

Justificada em nome da rejeição das "abstrações", a fuga do Terceiro Mundo desembocava numa entidade ainda mais abstrata (em termos político-sociais). No entanto, essa segunda abstração permitia imediatamente entrever um país bem específico, sobre o qual a filósofa novamente se expressava de modo peremptório: "o colonialismo e o imperialismo das nações europeias" são o "grande crime em que os Estados Unidos jamais estiveram implicados"[63]. Nesse quadro, que revela uma desatenção incrível, não há espaço para a guerra contra o México e seu desmembramento, para a colonização e a anexação das ilhas do Havaí, para a conquista das Filipinas e a repressão do movimento

---

[61]　Idem, *Sulla rivoluzione,* cit., p. 120.

[62]　Ibidem, p. 68.

[63]　Idem, "Reflections on Little Rock" [1958], em *Dissent,* inv. 1959, p. 46.

TRIUNFO E MORTE DO MARXISMO OCIDENTAL   141

independentista conduzida de maneira impiedosa, fazendo uso, às vezes explicitamente, das práticas genocidas outrora empregadas contra os índios.

Deparamos, assim, com o recalque mais clamoroso: a expropriação, deportação e dizimação dos nativos a fim de adquirir a terra cultivada graças ao trabalho dos escravos negros, deportados da África numa viagem marcada por uma altíssima taxa de mortalidade. Não por acaso, esse capítulo da história inspirou Hitler, que identificava nos "indígenas" da Europa oriental os índios a serem expropriados e dizimados a fim de tornar possível a germanização dos territórios conquistados, enquanto os sobreviventes seriam destinados a trabalhar à guisa de escravos negros a serviço da raça dos senhores. Assim sendo, de acordo com Arendt, esse capítulo da história, que abarca o arco temporal do expansionismo colonial do Ocidente e sintetiza todo seu horror, não teria nada a ver com a história do colonialismo, ao menos no que se refere à sua fase americana inicial!

No princípio do século XX, um ilustre político e historiador britânico observava que a *Democracia na América*, de Tocqueville, "não é tanto um estudo político, mas um trabalho de construção"[64]. Nesta última categoria inclui-se também *Sobre a revolução* de Arendt. Trata-se de dois textos que celebram a fundação dos Estados Unidos como o maior capítulo da história da liberdade, sem proferir nenhuma palavra sobre o fato de que a recém-nascida República norte-americana sanciona em sua Constituição a escravidão negra e por décadas vê os proprietários de escravos exercerem uma influência decisiva sobre as instituições políticas. "Num período em que o movimento pela abolição da escravidão já estava em marcha nas duas margens do Atlântico"[65], o instituição da escravidão assumia sua configuração mais dura (o proprietário branco podia vender, se necessário, como peças ou mercadorias separadas os membros de uma família negra de sua propriedade) e conhecia seu triunfo político e constitucional. Publicado pouco depois da primeira grande revolução anticolonial (a de São Domingos-Haiti), ao mesmo tempo que a ela se referia com desdém, *Democracia na América* exprimia sua admiração pelos Estados Unidos, que tentava reduzir à fome e forçar à capitulação o país governado por ex-escravos. *Sobre a revolução* via a luz no momento culminante da revolução anticolonialista mundial e sua autora assumia a mesma postura que

---

[64] James Bryce, *Studies in History and Jurisprudence* (Nova York/Londres, Oxford University Press, 1901), p. 325.

[65] Niall Ferguson, *Civilization. The West and the Rest* (Londres, Penguin Books, 2011), p. 129.

142 O MARXISMO OCIDENTAL

Tocqueville: condenava tal revolução e erguia um monumento à superpotência que por todos os meios tentava destruí-la.

Apesar de tudo isso, Arendt continuava a exercer uma grande influência sobre o marxismo ocidental. Veremos que a tese de que o colonialismo e o imperialismo seriam estranhos aos Estados Unidos é acriticamente retomada por Hardt e Negri[66]. Poder-se-ia dizer que o percurso de Arendt (fuga da revolução anticolonial e do Terceiro Mundo e desembarque no "hemisfério ocidental" e seu país-guia, miticamente transfigurados) é também o percurso dos dois autores de *Império*.

6. FOUCAULT E O RECALQUE DOS POVOS COLONIAIS DA HISTÓRIA

Em consonância com Hannah Arendt, o filósofo marxista mais prestigiado no momento, e reconhecido já nos anos 1960 por Althusser[67], tornava irreparável a ruptura do marxismo ocidental com a revolução anticolonial. Refiro-me a Michel Foucault. Graças à sua análise da capacidade de propagação, ou da onipresença, do poder não só nas instituições e nas relações sociais, mas também no aparato conceitual, ele emanava uma aura de radicalismo sedutor que permitia confrontar o poder e a ideocracia na base do "socialismo real", cuja crise se manifestava cada vez mais claramente.

De fato, o radicalismo é não apenas aparente, mas se reverte no seu contrário. O gesto que denuncia qualquer relação de poder, ou melhor, qualquer forma de poder, tanto no âmbito da sociedade como no discurso sobre a sociedade, torna muito problemática ou impossível a "negação determinada" (*bestimmte Negation*), aquela negação de um "conteúdo determinado" que, hegelianamente, é o pressuposto de uma real transformação da sociedade, o pressuposto da revolução[68]. Além do mais, o esforço de identificação e desmistificação da dominação em todas as suas formas revela lacunas surpreendentes exatamente onde a dominação se manifesta em toda sua brutalidade: a atenção reservada à dominação colonial é escassa ou inexistente.

---

[66] Ver, neste volume, cap. 4, § 10.

[67] Louis Althusser e Étienne Balibar, *Leggere "Il capitale"* (trad. Raffaele Rinaldi e Vanghelis Oskian, Milão, Feltrinelli, 1968 [1965]), p. 27, 46 e 110 [ed. bras.: *Ler "O capital"*, trad. Nathanael C. Caixeiro, Rio de Janeiro, Zahar, 1980].

[68] Georg W. F. Hegel, *Werke in zwanzig Bänden* (org. Eva Moldenhauer e Karl Markus Michel, Frankfurt, Suhrkamp, 1969-79 [1812]), v. 5, p. 49.

Diante do protesto contra o massacre dos argelinos em Paris – promovido por Sartre e que contava com a participação de seu amigo Pierre Boulez –, Foucault não parece ter se mobilizado. Em geral, ele não desempenhava nenhum papel na luta contra a tortura e a feroz repressão com que o poder tentava esmagar a luta pela libertação nacional na Argélia. A propósito de Foucault observou-se com razão que "a sua crítica do poder continua a olhar para a Europa"[69].

Em suas obras, os povos coloniais ou de origem colonial encontram-se ausentes também no plano histórico. Explica-se assim a afirmação de que no fim do século XVIII teria começado a se manifestar "na Europa e nos Estados Unidos" o "término do espetáculo da punição" e da "ritualização pública da morte"[70]. A periodização aqui sugerida alude ao suplício infligido em 1757 a Robert-François Damiens (autor de um malogrado atentado a Luís XV) e reconstruído por Foucault com abundância de pormenores repugnantes[71]. Na verdade, se no cenário introduzirmos também os afro-americanos, seremos forçados a admitir que, entre fins do século XIX e o início do século XX, assistimos não ao término, mas ao triunfo do "espetáculo da punição" e "da ritualização pública da morte". Eis como a *white supremacy*, nos Estados Unidos, condenava à morte o negro acusado (não raro, equivocadamente) de atentado à pureza sexual e racial de uma mulher branca:

> Notícias dos linchamentos eram publicadas nos jornais locais, e vagões suplementares eram atrelados aos trens para espectadores, por vezes milhares, provenientes de localidades a quilômetros de distância. Para assistir aos linchamentos, as crianças podiam faltar a um dia de aula.
>
> O espetáculo podia incluir castração, escalpelamento, queimaduras, enforcamento, tiros com arma de fogo. Os suvenires para os interessados na compra podiam incluir dedos de mãos e pés, dentes, ossos e até os genitais das vítimas, bem como ilustrações do evento.[72]

---

[69] Bernhard H. F. Taureck, *Michel Foucault* (Hamburgo, Rowoholt, 2004), p. 40 e 116.

[70] Michel Foucault, *Surveiller et punir. Naissance de la prison* (Paris, Gallimard, 1975), p. 13-4 [ed. bras.: *Vigiar e punir: nascimento da prisão*, trad. Raquel Ramalhete, Petrópolis, Vozes, 1987]; idem, *Bisogna difendere la società* (trad. Mauro Bertani e Alessandro Fontana, Milão, Feltrinelli, 2009 [1976]), p. 213 [ed. bras.: *Em defesa da sociedade*, trad. Maria Ermantina Galvão, São Paulo, Martins Fontes, 1999].

[71] Idem, *Surveiller et punir*, cit. p. 9-11.

[72] C. Vann Woodward, "Dangerous Liaisons", em *The New York Review of Books*, 19 fev. 1998, p. 16.

Estamos bem distantes da reconstrução da história da "economia da punição" ("na Europa e nos Estados Unidos") e da "alma moderna" enquanto tal como é delineada pelo filósofo francês, para quem, nas primeiras décadas do século XIX, "aos poucos a punição deixou de ser uma encenação e tudo que nela podia existir de espetáculo foi atingido por um juízo de valor negativo"[73]. Na realidade, no que diz respeito aos afro-americanos, entre os séculos XIX e XX, o suplício e a morte alcançavam uma espetacularização sem precedentes e, bem longe de ser reservados apenas a eventos excepcionais (como o atentado a um rei ou a um chefe de Estado), se transformaram em prática quase cotidiana.

7. FOUCAULT E A HISTÓRIA ESOTÉRICA DO RACISMO...

Tudo isso é ignorado pelo filósofo francês, e não se trata de mero acidente de percurso. Ele traça uma história bizarra do racismo, aliás tão bizarra a ponto de se tornar esotérica. Em síntese: "em meados do século XIX", em contraposição à tradição analítica empenhada em consagrar a soberania, afirma-se na França um discurso totalmente novo, antiautoritário e revolucionário que decompõe a sociedade em raças (ou classes) em luta e introduz "um princípio de heterogeneidade: a história de uns não é a história dos outros"[74].

Contudo, algum tempo depois, verifica-se uma guinada: "a ideia de raça, com tudo o que esta implica, ao mesmo tempo, de monista, estatal e biológico, será substituída pela ideia de luta de raças". Trata-se de uma verdadeira reviravolta: "O racismo representa, literalmente, o discurso revolucionário, mas pelo avesso". Considera-se que "a raiz de que se parte é a mesma"[75]. Seriam explicados assim a tragédia e o horror do século XX. O Terceiro Reich "retoma o tema, difuso no final do século XIX, de um racismo de Estado encarregado de proteger a raça". Quanto ao país que nasceu da Revolução de Outubro, "o que o discurso revolucionário designava como inimigo de classe, no racismo de Estado soviético se tornará uma espécie de perigo biológico"[76].

Trata-se de uma reconstrução histórica que suscita numerosos problemas. Em primeiro lugar: o "racismo de Estado" irrompe apenas no século XX? Foram os abolicionistas que puseram em dúvida tal periodização com grande anteci-

---

[73] Michel Foucault, *Surveiller et punir*, cit., p. 13-4 e 27.

[74] Idem, *Bisogna difendere la società*, cit., p. 73 e 65.

[75] Ibidem, p. 74.

[76] Ibidem, p. 75.

pação, no século XIX, ao queimar em praça pública a Constituição americana, tida como um pacto com o diabo por consagrar a escravidão racial; ou aqueles abolicionistas que desaprovavam a lei sobre os escravos fugitivos, de 1850, por pretender obrigar todo cidadão estadunidense a se transformar num caçador de homens: era passível de punição não só quem escondesse ou ajudasse o negro perseguido por seus legítimos proprietários, mas também aquele que não colaborasse na sua captura[77]. Para justificar parcialmente Foucault, poderíamos dizer que ele ignora esse capítulo da história, mas ele poderia ao menos ter lido o comentário de Marx sobre a *Fugitive Slave Law*: "Atuar como caçador de escravos em nome dos proprietários sulistas de escravos parecia ser o dever constitucional do Norte"[78]. De toda forma, não estamos diante de um racismo que se manifesta apenas no nível da sociedade civil: baseando-se em explícitas normas constitucionais e jurídicas, o que determinava a inserção social e o destino de um indivíduo era seu pertencimento racial, confirmado e sancionado com base numa lei; estamos claramente diante de um "racismo de Estado".

Se é desprovida de qualquer fundamento a tese de que o "racismo de Estado" teria surgido no século XX, seria ao menos indiscutível a afirmação de que é o advento do Terceiro Reich que marca o "surgimento de um Estado absolutamente racista"[79]? O horror particular com que se macula a Alemanha de Hitler, o horror do extermínio dos judeus, está fora de discussão, mas não é disso que se trata. Leiamos um respeitado historiador estadunidense do racismo: "A definição nazista de um judeu nunca foi tão rígida quanto a norma definida '*the one drop rule*'", predominante na classificação dos negros nas leis sobre a pureza da raça no sul dos Estados Unidos"; o que definia o judeu, com base nas leis de Nuremberg, era também o pertencimento à religião hebraica deste ou daquele antepassado, enquanto, nos Estados Unidos, a religião não exercia papel algum na definição do negro. O que decidia tudo era o sangue, mesmo uma única gota de sangue[80].

Se, além do mais, fizermos referência aos Estados Unidos antes da Guerra de Secessão, seremos mais que nunca obrigados a tirar uma conclusão: aqui a realidade do Estado racial emerge com mais clareza do que no Terceiro

---

[77] Domenico Losurdo, *Controstoria del liberalismo*, cit., cap. 4, § 2.

[78] Karl Marx e Friedrich Engels, *Werke* (Berlim, Dietz, 1955-1990, 43 v.), v. 15, p. 333.

[79] Michel Foucault, *Bisogna difendere la società*, cit., p. 225.

[80] George M. Fredrickson, *Breve storia del razzismo* (trad. Annalisa Merlino, Roma, Donzelli, 2002), p. 8 e 134-35.

Reich; Hitler não possuía escravos (nem negros nem judeus), enquanto, como bem sabemos, durante as primeiras décadas de história da República norte--americana, quase todos os seus presidentes eram proprietários de escravos (negros). Contudo, na história que Foucault traça do racismo não há espaço para os afro-americanos, nem para os povos coloniais ou de origem colonial como um todo. Dessa forma, a compreensão do nazismo fica totalmente comprometida: veremos seu principal ideólogo, Alfred Rosenberg, invocando, três anos antes do advento de Hitler ao poder, o "Estado racial" já em vigor nos Estados Unidos (no Sul) como modelo a se levar em conta para a construção do Estado racial na Alemanha.

De modo geral, o recalque do colonialismo torna impossível uma compreensão adequada do capitalismo. Se analisarmos os países capitalistas juntamente com as colônias por eles possuídas, podemos facilmente reconhecer que estamos diante de uma dupla legislação, uma para a raça dos conquistadores, outra para a raça dos conquistados. Nesse sentido, o Estado racial, ou o "racismo de Estado" de que fala Foucault, acompanha como uma sombra a história do colonialismo (e do capitalismo); porém, esse fenômeno se apresenta com maior evidência nos Estados Unidos devido à contiguidade espacial em que vivem as diferentes "raças".

Infelizmente, ao reconstruir a história do racismo, o filósofo francês ignora por completo não apenas a tradição colonial, mas também a história político--social enquanto tal. Ele não parte do encontro/choque entre culturas diversas e da relação instituída pelo Ocidente com aquele que progressivamente veio a se tornar o mundo colonial ou semicolonial. Ele se concentra num capítulo da história das ideias vinculado totalmente ao Ocidente e, em especial, à França. Não se trata aqui do país (metrópole e colônias) em que, no curso da revolução, emerge a condenação do regime escravista e racista em atividade em São Domingos (assim como na vizinha República norte-americana) e baseado na dominação, sancionada por lei, da "aristocracia da epiderme" e da "nobreza da pele". Não se trata do país em que acontece a primeira prova épica de força entre defensores e opositores da escravidão negra e do Estado racial.

Não, é outra a França que se encontra no centro da história do racismo delineada por Foucault. Ainda que em termos muito vagos e sem mencionar textos ou autores determinados, ele faz referência ao discurso que se afirmou ao longo da revolução, que interpretava em termos raciais o conflito político--social não no Império francês como um todo, mas na França metropolitana (ignorando as colônias): se Boulainvilliers defendia os privilégios dos nobres enquanto herdeiros dos francos vitoriosos, autores como Sieyès e Thierry replicavam reivindicando o direito dos galo-romanos (ou do Terceiro Estado) a se libertarem do domínio imposto a eles justamente pelos francos.

Mais uma vez salta aos olhos a maneira singular com que procede Foucault, que parte não de Boulainvilliers, mas de seus antagonistas: os revolucionários teriam sido os primeiros a interpretar o conflito político-social em termos raciais. Mas ignoremos também isso: os críticos de Boulainvilliers estariam realmente contaminados pelo racismo, pretenderiam buscar uma "heterogeneidade" naturalista e insuperável entre os sujeitos político-sociais em luta? Falando de raça ou de povos em luta e em guerra, Sieyès contestava a posição de absoluto privilégio reivindicada pelos defensores da aristocracia, que "chegam até a se considerar outra espécie de homem"[81], uma espécie superior. Como demonstra a referência à humanidade comum, estamos, no limite, diante de uma crítica do racismo, não de sua teorização. Na verdade, agora "a história de uns não é a história dos outros"?

De fato, quando, em 1853, Thierry descrevia a história do Terceiro Estado, ele partia, sim, da luta entre francos e gauleses, mas terminava por celebrar a progressiva "fusão das raças", o progressivo desaparecimento da "distinção das raças" e das "consequências legais da diversidade de origem", e tudo isso na esteira de uma luta que via os servos da gleba e os excluídos em geral fazerem referência polêmica aos senhores feudais nestes termos: "Somos homens como eles"[82]. Aqui estaríamos diante de um discurso racista ou de sua crítica?

No que diz respeito a Boulainvilliers, é claro que ele justificava os privilégios de sua classe de pertencimento referindo-se a um conflito entre "raças" diferentes, mas se tratava de raças no âmbito do Ocidente: ele comparava o Terceiro Estado aos galo-romanos, derrotados, mas não estranhos à área da civilização; não o comparava aos negros das colônias, a uma "raça" considerada inferior por natureza e, por natureza, capaz apenas de trabalho servil. Com sua teoria, Boulainvilliers não propunha, é claro, submeter à escravidão ou ao domínio colonial a burguesia que conhecera uma notável ascensão social na França; propunha corroborar o caráter exclusivo da restrita área do privilégio aristocrático.

---

[81] Emmanuel Joseph Sieyès, *Écrits politiques* (org. Roberto Zapperi, Paris, Éditions des Archives Contemporaines, 1985 [1788]), p. 99.

[82] Augustin Thierry, "Saggio sulla storia della formazione e dei progressi del Terzo Stato" [1853], em *Gli scritti storici di Augustin Thierry* (org. Regina Pozzi, Turim, Utet, 1983), p. 411, 413 e 424.

Ao contrário, o processo de autêntica racialização atingia, em primeiro lugar, os povos coloniais (e, em segundo, as classes populares da metrópole, frequentemente equiparadas aos selvagens das colônias), e de tais processos participava o estrato superior do Terceiro Estado, que brandia o tema da humanidade comum apenas em função da luta contra os privilégios da aristocracia.

Tudo isso vai além do quadro histórico-conceitual de Foucault. Nele não há espaço para os seculares processos de racialização e desumanização que atingem os povos coloniais, assim como não há espaço para as grandes lutas pelo reconhecimento, a começar por aquela que, com a radicalização da Revolução Francesa, conduz à abolição da escravidão nas colônias. Somos levados a nos perguntar: para explicar a história do racismo no Ocidente, o debate que se desenrolou na França sobre francos e galo-romanos com a participação de um número restrito de intelectuais seria realmente mais importante que as guerras de conquista contra povos que passam a ser considerados um punhado de *homunculi* destituídos de real dignidade humana e, portanto, destinados a ser escravizados ou aniquilados, como acontece no decorrer do que foi definido, por suas dimensões, como o "maior genocídio da história da humanidade"[83], aquele que se consumou após a descoberta-conquista da América? No que diz respeito à França, o breve capítulo da história das ideias em que se concentra a atenção de Foucault seria mais significativo do que a revolução e a guerra que se alastraram em São Domingos em torno da manutenção ou da abolição da escravidão negra? Trata-se de um conflito gigantesco que envolve grandes massas de pessoas e que constitui um capítulo central da história mundial. Entretanto, tudo isso é por demais atravessado de elementos materiais (as correntes da escravidão real, os lucros derivados do mercado dos escravos e dos bens por eles produzidos) e por demais conhecido para suscitar o interesse de Foucault, empenhado em demonstrar que revolução e racismo caminham lado e lado e em buscar uma originalidade que beira o esoterismo.

O zelo antirrevolucionário e o culto do esoterismo atingem o ápice na leitura do trintênio stalinista como um regime sob a égide do racismo de Estado e biológico. A teoria tradicional do totalitarismo aproxima e assemelha, de maneira mais ou menos radical, a Alemanha de Hitler e a União Soviética de Stálin. Mas resta sempre uma grande distância e até uma clara antítese no

---

[83] Tzvetan Todorov, *La conquista dell'America. Il problema dell'"altro"* (trad. Aldo Serafini, Turim, Einaudi, 1984 [1982], p. 7 [ed. bras.: *A conquista da América: a questão do outro*, trad. Beatriz Perrone Moisés, São Paulo, Martins Fontes, 1996].

plano ideológico: o primeiro país proclama abertamente que pretende edificar um império colonial fundado na supremacia branca e ariana; o segundo, por sua vez, ergue-se como defensor da luta contra o colonialismo e o racismo. Já Foucault se empenha numa operação que parecia muito ousada para os adeptos da teoria do totalitarismo em voga: ele equipara Hitler e Stálin também no plano ideológico, ambos enquanto defensores do "racismo biológico". É uma tese indubitavelmente nova, mas é possível afirmar que se sustenta em alguma demonstração ou em argumentos que se pareçam com uma demonstração?

No que diz respeito à relação com o inimigo externo, foi o mestre do revisionismo histórico, isto é, Nolte, que observou que, ao longo da Segunda Guerra Mundial, a representação "racista" da Alemanha estava bem presente no Oeste, com "uma espécie de réplica" da leitura do conflito "cara ao nacional-socialismo", não na União Soviética, que se atinha a uma "representação histórica". De fato, não era Stálin, mas Roosevelt quem acalentava um projeto de solução biológica: "Temos de castrar o povo alemão ou tratá-lo de tal maneira que não possa mais continuar a reproduzir gente que queira se comportar como no passado". Não por acaso, já no final da Segunda Guerra, ao criticar esse comportamento, Benedetto Croce ressaltava que as ditas "esterilizações" seguiam o "exemplo dado pelos próprios nazistas". Com efeito, nos anos do Terceiro Reich, a "solução final" havia sido precedida por recorrentes programas ou sugestões de "esterilizações em massa dos judeus". Todavia, Croce ignorava que o Terceiro Reich, por sua vez, aprendera muito com a tradição eugênica e racista dos Estados Unidos, como se nota nas próprias declarações de Rosenberg e de Hitler. Resta o fato de que, com sua observação pontual, o filósofo liberal rejeitava antecipadamente a inventiva história do racismo traçada pelo filósofo radical francês.

No que diz respeito ao inimigo interno, invocando uma declaração de Stálin de que "o filho não responde pelo pai", em fins de 1935, o *Pravda* anunciava a superação das discriminações que impediam aos filhos das classes privilegiadas de ingressar na universidade. É eloquente a obsessão pedagógica que caracterizava o *gulag*, na visão de uma historiadora estadunidense de reconhecida fé anticomunista, Anne Applebaum: sem trégua, enquanto se acirrava a guerra de aniquilamento conduzida por Hitler e o país inteiro se encontrava numa situação absolutamente trágica, não se mediam esforços para obter, e investir, "tempo e dinheiro" para "a propaganda, os cartazes e as reuniões de doutrinação política" dos detentos. Ficam claros o caráter terrorista da ditadura e o horror do *gulag*, obviamente, mas onde está a biologia? Caberia distinguir a desespecificação (a exclusão em relação à comunidade humana e

150 O MARXISMO OCIDENTAL

civil) político-moral, que rege as guerras de religião e as guerras ideológicas e que deixa à vítima a saída da conversão, da desespecificação racial, que é naturalmente incontornável[84]. Podemos sentir a maior repugnância pela Cruzada contra os albigenses e pelo massacre da noite de São Bartolomeu, mas não conheço historiadores ou filósofos que insiram esses dois eventos no âmbito da história do racismo biológico.

Uma última consideração. Quando Foucault ministra seu curso no Collège de France aqui analisado – estamos em 1976 – ainda está bem vivo o regime de *apartheid* da África do Sul racista. Além do mais, uns dez anos antes, Arendt chamara a atenção para a proibição, ainda vigente em Israel, dos casamentos inter-raciais e para outras normas de inspiração análoga, em paradoxal consonância com as "infames leis de Nuremberg de 1935"[85]. Contudo, quando o autor francês sai em busca de outra realidade a ser comparada ao Terceiro Reich sob o signo do "racismo de Estado", ele consegue identificá-la apenas na União Soviética, o país que, desde sua fundação, desempenhara um papel decisivo na promoção da emancipação dos povos coloniais e que, ainda em 1976, se encontrava em primeiro plano na denúncia das políticas contra negros e árabes conduzidas, respectivamente, pela África do Sul e por Israel.

8. ... E DA BIOPOLÍTICA

Não menos esotérica e não menos impregnada de zelo antirrevolucionário é a história que Foucault reconstrói da "biopolítica", a categoria que deve sua extraordinária fortuna precisamente ao filósofo francês, que dela se utiliza para explicar o horror do século XX. Vejamos em extrema síntese o balanço histórico por ele traçado: a partir do século XIX, afirmam-se uma nova visão e uma "nova tecnologia do poder". Já não se trata, como no passado, de disciplinar o

---

[84] Para a observação de Nolte e para o projeto de esterilização forçada dos alemães acalentado por F. D. Roosevelt, ver Domenico Losurdo, *Il revisionismo storico. Problemi e miti* (Roma/Bari, Laterza, 2015), cap. 4, § 2 e 5; para as várias formas de desespecificação, ver ibidem, cap. 5, § 9 e 2, § 8; para Applebaum e a União Soviética de Stálin, idem, *Stalin. Storia e critica di uma legenda nera* (Roma, Carocci, 2008), p. 143-50 [ed. bras.: *Stalin: história crítica de uma lenda negra*, trad. Jaime A. Clasen, Rio de Janeiro, Revan, 2010].

[85] Hannah Arendt, *La banalità del male. Eichmann a Gerusalemme* (5. ed., trad. Piero Bernardini, Milão, Feltrinelli, 1993 [1963]), p. 15-6 [ed. bras.: *Eichmann em Jerusalém: um relato sobre a banalidade do mal*, trad. José Rubens Siqueira, São Paulo, Companhia das Letras, 2006].

corpo dos indivíduos; agora o poder "se aplica à vida das pessoas, ou melhor, afeta não tanto o indivíduo-corpo quanto o indivíduo que vive, o indivíduo enquanto ser vivo", afeta "processos de conjunto que são específicos da vida, como o nascimento, a morte, a produção, a doença", a "reprodução" da vida humana[86]. Sim, com o advento da biopolítica, "o poder, no século XIX, tomou posse da vida", ou, ao menos, "incumbiu-se da vida", e isso "equivale a dizer que este chegou a ocupar toda a superfície que se estende do orgânico ao biológico, do corpo à população", aos "processos biológicos de conjunto"; conviria agora garantir "a segurança do conjunto em relação aos seus perigos internos".

A guinada biopolítica por si só já é repleta de perigos. Junta-se a ela o racismo, ou melhor, o racismo de Estado e biológico, que pretende "introduzir uma separação, uma separação entre o que deve viver e o que deve morrer" e que transforma a biopolítica numa prática de morte[87]. É daí que viriam as consequências catastróficas que já conhecemos na União Soviética stalinista e na Alemanha hitlerista.

Como para a história do racismo, também para a história da biopolítica é ensurdecedor o silêncio em relação ao colonialismo, que também é o lugar de nascimento do racismo (como já vimos) e da biopolítica (como veremos a seguir). É esclarecedor o que acontecia na América com a chegada dos *conquistadores*. Os nativos eram condenados a trabalhar até a morte. Havia um número de escravos potenciais quase que ilimitado e não faltavam os que se esforçavam em aumentar a própria riqueza promovendo a reprodução do gado humano de que eram proprietários:

> Las Casas relata que o preço de uma escrava aumenta quando ela está grávida, exatamente como acontece com as vacas. "Aquele homem indigno se gabou, se vangloriou, sem demonstrar vergonha alguma, diante de um religioso, de ter feito de tudo para engravidar muitas mulheres índias, a fim de poder obter um melhor preço, vendendo-as como escravas grávidas".[88]

O testemunho de Las Casas alude a um período em que os índios ainda não tinham sido suplantados pelos negros como força de trabalho servil. Quando interveio tal mudança, os primeiros, tidos como peso morto e incômodo,

---

[86] Michel Foucault, *Bisogna difendere la società*, cit., p. 211 e 209-10.

[87] Ibidem, p. 218, 215 e 220.

[88] Tzvetan Todorov, *La conquista dell'America*, cit., p. 213.

foram destinados a ser varridos da face da terra, enquanto os últimos viram-se obrigados a trabalhar e a se reproduzir como escravos. Para reforçar e perpetuar a hierarquia racial, nas colônias inglesas da América do Norte e, depois, nos Estados Unidos, recorria-se a duas normas: de um lado, a proibição da miscigenação, ou do "abastardamento", isto é, a proibição de relações sexuais e matrimoniais entre membros da raça "superior" e membros das raças "inferiores". Assim, uma rígida barreira legal e biopolítica separava a raça dos senhores e a raça dos escravos e havia garantias suficientes para que esta última continuasse a ser dócil e obediente. Quando necessário, se recorria à segunda norma: uma morte infligida com sofrimentos terríveis aguardava quem desse sinais de não ter aprendido a lição. Uma vez garantido o inalterado funcionamento da instituição da escravidão, o gado humano era chamado a crescer e a se multiplicar.

Em 1932, Thomaz R. Dew, influente ideólogo do Sul, declarava sem nenhum embaraço, ou melhor, com certo orgulho, que a Virgínia era um "Estado para a criação de negros": num ano exportava cinco mil. Um fazendeiro se vangloriava de que suas escravas eram "animais de criação de extraordinária qualidade". Entre os proprietários de escravos era um método difundido aumentar o capital através do estímulo à maternidade precoce e à promoção de nascimentos em geral: não poucas vezes, aos treze ou catorze anos, as meninas se tornavam mães e, aos vinte, já tinham cinco filhos; podiam até conseguir a emancipação depois de terem enriquecido seu proprietário com dez ou quinze novos pequenos escravos[89]. Tal prática não escapou à atenção de Marx, que analisava nestes termos a situação vigente nos Estados Unidos às vésperas da Guerra de Secessão: alguns estados eram especializados na "criação de negros" (*Negerzucht*)[90], ou no "*breeding of slaves*"[91]; renunciando aos tradicionais "artigos de exportação", esses estados "criam escravos" na qualidade de mercadorias "a serem exportadas"[92].

Era o triunfo da biopolítica. Se os *conquistadores* recorriam a uma biopolítica de caráter privado (embora tolerada ou encorajada pelo poder político), agora, ao contrário, estamos diante de uma biopolítica posta em prática segundo regras e normas precisas; estamos diante de uma biopolítica de Estado (além de um racismo de Estado). O Estado, o "poder", se ocupa dos "processos biológicos

---

[89] John Hope Franklin, *Negro. Die Geschichte der Schwarzen in den USA* (trad. Irmela Arnsperger, Frankfurt/Berlim/Viena, Ullstein, 1983 [1947]), p. 149.

[90] Karl Marx e Friedrich Engels, *Werke*, cit., v. 23, p. 467.

[91] Ibidem, v. 30, p. 290.

[92] Ibidem, v. 15, p. 336.

de conjunto", "tomou posse da vida", e age da maneira mais radical, impondo uma drástica "separação, aquela entre o que deve viver e o que deve morrer": a criação de negros caminha lado a lado com a deportação e a dizimação dos nativos. É uma separação que se reproduz entre os negros: aqueles que forem suspeitos de colocar em perigo "a segurança do conjunto" (para usar os termos de Foucault) são considerados indignos de viver e são levados à morte; os outros são estimulados a crescer e a se multiplicar como escravos.

Mais tarde, no início do século XX, John A. Hobson, o honesto e liberal inglês amplamente citado por Lênin em seu ensaio sobre o imperialismo, sintetiza com estas palavras a biopolítica do Ocidente capitalista e colonialista: sobrevivem (ou melhor, são estimuladas a aumentar em número) as populações que "podem ser exploradas com lucro pelos colonizadores brancos superiores", enquanto as outras "tendem a desaparecer" (ou, mais propriamente, a ser dizimadas e aniquiladas)[93].

Não há nenhum vestígio desse capítulo central da história da biopolítica, do capítulo colonialista, em Foucault. Mas seu silêncio não termina aqui. Mesmo na metrópole capitalista se adensava uma população excedente e improdutiva. Também esta era peso morto e, sem dúvida, fazia pensar nos índios. Uma sorte semelhante aguardava uns e outros. Era a opinião expressa com clareza por Benjamin Franklin, que, a propósito dos nativos, observava:

Se consta entre os desígnios da Providência extirpar esses selvagens a fim de dar espaço aos cultivadores da terra, parece-me provável que o rum seja o instrumento apropriado. Ele já aniquilou todas as tribos que antes habitavam no litoral.

Seis anos antes, Franklin alertara um médico com as seguintes palavras:

Metade das vidas que salvais não é digna de ser salva porque é inútil, enquanto a outra metade não deveria ser salva porque é pérfida. Vossa consciência nunca vos culpa pelo sacrilégio desta guerra permanente contra os planos da Providência?

A biopolítica reservava um análogo tratamento radical ao peso morto externo ou interno à metrópole capitalista. Como para os índios propriamente ditos, também para os "índios" da metrópole, a biopolítica separava soberanamente

---

[93] John Atkinson Hobson, *L'imperialismo* (trad. Luca Meldolesi, Milão, Isedi, 1974 [1902]), p. 214.

as vidas "dignas de serem salvas" das outras, ou melhor, para citar Foucault, "o que deve viver e o que deve morrer". Mais de um século depois de Franklin, Nietzsche se pronunciava em prol do "aniquilamento das raças decadentes" e do "aniquilamento de milhões de deficientes".

A preocupação biopolítica impregnava todos os aspectos da sociedade capitalista. De que forma garantir a força de trabalho dócil e submissa de que o capitalismo necessita? Sieyès sonhava em resolver o conflito social promovendo o acasalamento entre negros e macacos antropomorfos que gerasse, assim, uma raça de escravos por natureza. De maneira mais realista, Jeremy Bentham propunha confinar nas "casas de trabalho" (forçado), junto com os desocupados, também os seus filhos em tenra idade, para mais tarde acasalá-los e gerar uma "classe indígena", habituada ao trabalho e à disciplina. Seria "a mais gentil das revoluções" – assegurava o liberal inglês –, a revolução sexual ou, utilizando o termo que se afirmou nos dias de hoje, a revolução biopolítica. É a partir de tal base ideológica e política que é possível entender a invenção, na Inglaterra, da "eugenia", uma nova ciência que, na Europa, contava com Nietzsche entre seus seguidores mais convictos e que, nos Estados Unidos, viu uma maciça difusão e aplicação[94].

Também esse segundo capítulo da história da biopolítica, aquele mais propriamente capitalista, é ignorado por Foucault, que não presta atenção nem ao terceiro, ao capítulo que poderíamos definir bélico. De fato, o termo em questão emerge na esteira da Primeira Guerra Mundial e o primeiro a utilizá-lo é o sueco Rudolf Kjellén. Estamos em 1920. O clima ainda é claramente de abatimento, provocado pela vastidão da mortandade há pouco interrompida, a ponto de a paz acordada ser vista por muitos como um simples armistício, que anunciaria uma nova gigantesca prova de força e uma nova carnificina. Por outro lado, após o apelo lançado pela Revolução de Outubro e por Lênin aos "escravos das colônias" para que rompam suas correntes, difunde-se no Ocidente uma forte apreensão em relação à revolução anticolonialista que se desenha, ou melhor, que já teve início.

Em tais circunstâncias, a prolificidade dos povos coloniais, em vez de aumentar o número de escravos ou semiescravos, corre o risco de multiplicar os potenciais inimigos do Ocidente e das grandes potências colonialistas. Eis

---

[94] Ver Domenico Losurdo, *Controstoria del liberalismo*, cit., cap. 1, § 5 e cap. 4, § 6; e *Nietzsche, il ribelle aristocratico. Biografia intellettuale e bilancio critico* (Turim, Bollati Boringhieri, 2002), cap. 19 [ed. bras.: *Nietzsche, o rebelde aristocrático: biografia intelectual e balanço crítico*, trad. Jaime A. Clasen, Rio de Janeiro, Revan, 2009].

então que se difunde nos Estados Unidos e na Europa a denúncia do suicídio, ou melhor, do "suicídio racial" em direção ao qual caminham as grandes potências que toleram o aborto e a diminuição dos nascimentos. Não faltam aqueles que se fazem uma pergunta terrível: enquanto está em curso a mobilização total, mesmo no plano econômico, vale a pena desperdiçar recursos para tratar doentes incuráveis que podem ser apenas um peso na nova guerra que se anuncia ou conviria concentrar esses recursos para aumentar o número e melhorar as condições dos combatentes reais e potenciais? É claro que a política se tornou "biopolítica".

Os três capítulos em questão podem ser distintos do ponto de vista conceitual, mas não são separados no plano cronológico. Vejamos o que acontece na Inglaterra nos anos que precedem a Primeira Guerra Mundial. Um dos especialistas da Comissão real encarregada de estudar o problema dos "débeis de mente" alerta: eles "diminuem o vigor geral da nação"; em outras palavras, podem provocar a "destruição nacional". O relatório, divulgado amplamente por Churchill, recomenda medidas enérgicas: cabe proceder à esterilização forçada dos "débeis de mente", dos inadaptados, dos presumíveis delinquentes habituais; por sua vez, "os desocupados ociosos" deveriam ser confinados em campos de trabalho. Apenas assim poderá ser enfrentado adequadamente "um perigo nacional e racial que é impossível exagerar". Já muito tempo antes, Churchill assim confidenciara a um primo: "O melhoramento da raça (*breed*) britânica é o objetivo político da minha vida". O estudioso que analisou esse capítulo da história comenta: como ministro do Interior, em 1911, Churchill era o defensor de medidas "draconianas" que "confeririam a ele pessoalmente um poder quase ilimitado sobre a vida dos indivíduos"[95].

Não há nenhum vestígio desses três capítulos da história da biopolítica em Foucault, que usa o termo "biopolítica" como se ele o tivesse inventado. De fato, em última análise, ele o reinventou radicalmente: a categoria de "biopolítica" agora vem se juntar àquela do "totalitarismo". Num caso e no outro, o objetivo é colocar lado a lado a União Soviética stalinista e a Alemanha hitlerista, por vezes acrescentando a esse juízo negativo até o socialismo enquanto tal e o *welfare State*[96]. De forma análoga procede Hayek, que acusa de "totalitarismo"

---

[95] Clive Ponting, *Churchill* (Londres, Sinclair-Stevenson, 1994), p. 100-3; e "Churchill's Plan for Race Purity", *The Guardian*, 20-21 jun. 1992, p. 9.

[96] Michel Foucault, *Naissance de la biopolitique. Cours au Collège de France [1978-79]* (org. Michel Senellart, Paris, Ehess/Gallimard/Seuil, 2004), p. 113-4 e 195-6.

156   O marxismo ocidental

também os apoiadores do socialismo em todas as suas formas e do Estado social. Ainda mais uma vez, apesar de sua atitude e de seus gestos radicais, Foucault se mostra bastante nivelado à ideologia dominante. Não restam dúvidas de que o nivelamento é mais evidente no recalque mais radical possível da história do colonialismo.

9. De Foucault a Agamben (passando por Levinas)

A certa altura, do rol dos filósofos de referência do marxismo ocidental, já agonizante, passa a fazer parte Giorgio Agamben, por vezes posto ao lado de Horkheimer e Adorno, ou ainda de Alain Badiou[97], e coautor de coletâneas junto com outros dos mais prestigiados expoentes do marxismo ocidental[98]. Aqui pretendo me ocupar apenas da contribuição importante dada por ele à destruição do vínculo entre marxismo ocidental e revolução anticolonial e, portanto, refiro-me exclusivamente à sua *Introdução* para o ensaio *Algumas reflexões sobre a filosofia do hitlerismo*, publicado por Emmanuel Levinas em 1934. Trata-se de poucas páginas que focalizam, porém, temas que estão no centro deste meu trabalho.

O elogio pronunciado por Agamben[99] é alto e solene: "O texto de Levinas que aqui apresentamos é talvez a única tentativa bem-sucedida da filosofia do século XX de acertar as contas com o evento decisivo do século, o nazismo". De que se trata? Segundo o autor aqui celebrado, o hitlerismo nega o fundamento do "liberalismo", da "civilização europeia", do "espírito ocidental", "a estrutura do pensamento e da verdade no mundo ocidental", recusa a tese da "liberdade incondicionada do homem diante do mundo", da "liberdade soberana da razão"[100]. A tudo isso o nazismo contrapõe "o biológico, com toda a fatalidade que comporta", "a voz misteriosa do sangue", a ideia de raça. Quando teve início a perversão que pretende questionar o "pensamento tradicional do Ocidente"? "O marxismo, pela primeira vez na história ocidental, contesta essa concepção do homem." Bem longe de

---

[97] Slavoj Žižek, *In difesa delle cause perse* (trad. Cinzia Arruzza, Florença, Ponte alle Grazie, 2010 [2009], p. 126, 207 e 420 [ed. bras.: *Em defesa das causas perdidas*, trad. Beatriz Medina, São Paulo, Boitempo, 2010].

[98] Giorgio Agamben et al, *Démocratie, dans quel état* (Paris, La Fabrique, 2009).

[99] Giorgio Agamben, "Introduzione", em Emmanuel Levinas, *Alcune riflessioni sulla filosofia dell'hitlerismo* (Macerata, Quodlibet, 2012 [1934]), p. 9.

[100] Emmanuel Levinas, *Alcune riflessioni sulla filosofia dell'hitlerismo*, cit., p. 25-6, 33-4 e 28.

reconhecer "a liberdade absoluta, aquela que faz milagres", Marx afirma que "o ser determina a consciência"; de tal forma "contra-ataca a cultura europeia ou, ao menos, interrompe a curva harmoniosa de seu desenvolvimento"[101]. É o início da catástrofe que culmina com o nazismo: o materialismo histórico limpa o terreno para o racismo biológico.

Tradicionalmente, Marx e o movimento político que dele deriva haviam sido acusados pelo motivo contrário, por terem se abandonado à *hybris* da razão e da práxis que, com perigosos experimentos de engenharia social, pretende edificar uma sociedade e um mundo radicalmente novos. Nessa crítica há algo de verdade: todo grande movimento revolucionário tende a subestimar o peso e a resistência da objetividade social, a exaltar, por vezes de maneira exagerada, o papel da práxis e a cair naquilo que defini como o "idealismo da práxis"[102]. Não é por acaso que Gramsci, na prisão, na tentativa de burlar a censura fascista, quando sente a necessidade de se valer de um sinônimo para marxismo e para materialismo histórico, fala de "filosofia da práxis", não decerto de "filosofia do ser"!

Porém, para demonstrar a tese da continuidade do materialismo histórico ao racismo biológico, Levinas não hesita em cometer uma distorção. Atribui a Marx a tese segundo a qual "o ser determina a consciência", mas não perde tempo explicando de qual "ser" aqui se trata. Pois bem, leiamos *Para a crítica da economia política*: "Não é a consciência do homem que determina o seu ser, mas, ao contrário, é o seu ser social que determina a sua consciência"[103]. O ser social é a história, e que sentido há então em assimilar o lugar das incessantes mudanças ao sangue, à natureza biológica, celebrada pelos defensores do racismo como sinônimo de uma verdade eterna que acaba fazendo justiça aos erros, desvios, fantasias e mistificações ideológicas de que está repleto o processo histórico?

A tese de Levinas e Agamben é a retomada de um antigo lugar-comum, rejeitado no final do século XIX por um eminente representante da "civilização europeia" e do "espírito ocidental". Refiro-me a Émile Durkheim. O grande sociólogo distingue claramente materialismo histórico e "darwinismo

---

[101] Ibidem, p. 32-3 e 29-30.

[102] Domenico Losurdo, *La lotta di classe. Una storia politica e filosofica* (Roma/Bari, Laterza, 2013), cap. 9, § 1-2 [ed. bras.: *A luta de classes: uma história política e filosófica*, trad. Silvia de Bernardinis, São Paulo, Boitempo, 2015].

[103] Karl Marx e Friedrich Engels, *Werke*, cit., v. 13, p. 9.

político e social", sendo que este último "consiste apenas em explicar o devir das instituições através dos princípios e dos conceitos específicos da explicação do devir zoológico". Algo bem diferente é a teoria de Marx:

> Ela busca as causas motrizes do desenvolvimento histórico [...] no *ambiente artificial* que o *trabalho* dos homens associados criou e sobrepôs à natureza. Ela propõe os fenômenos como dependentes não da fome, da sede, do desejo genético etc., mas do estado alcançado pelas *atividades humanas*, pelos modos de vida que resultam delas, em outras palavras, pelas *obras* coletivas.[104]

Destaquei em itálico os termos que se mostram como uma contestação antecipada da leitura de Marx cara a Levinas. Claro, do ponto de vista deste último, uma filosofia que ressalta o papel do "ser social" se coloca sempre numa posição perigosa. Mas também a tal objeção Durkheim respondeu antecipadamente: é uma regra central do "método sociológico" mobilizar não as intenções e as representações conscientes dos indivíduos, mas as situações, as relações, os "fatos sociais"[105]. É "nesta condição, e apenas nesta, que a história pode se tornar uma ciência e que a sociologia, consequentemente, pode existir". É um ponto em que a convergência com o materialismo histórico é tão clara que o sociólogo francês acrescenta: a tal conclusão "chegamos antes de conhecer Marx, cuja influência não sofremos de forma alguma"[106]. E, portanto, um dos mais importantes sociólogos, um intelectual de origem judaica da França da Terceira República, também seria corresponsável pela guinada desastrosa que desembocou no nazismo.

Com efeito, é um contrassenso, no plano da história e da filosofia, a tese segundo a qual, ressaltando o papel das "necessidades materiais", Marx teria assumido uma posição perigosa que conduz ao triunfo do materialismo biológico e racial. O "sistema de necessidades" é uma seção dos hegelianos *Princípios de filosofia do direito*, que começa prestando homenagem, nesse sentido, à economia política e a Smith, Say e Ricardo (§ 189). Levinas e Agamben correm o risco,

---

[104] Émile Durkheim, "La concezione materialistica della storia" [1897], em *Durkheim. Antologia di scritti sociologici* (org. Alberto Izzo, Bolonha, il Mulino, 1978), p. 116-7.

[105] Idem, *Le regole del metodo sociologico* (trad. Antimo Negri, Florença, Sansoni, 1964 [1895]), p. 164 [ed. bras.: *As regras do método sociológico*, trad. Paulo Neves, São Paulo, Martins Fontes, 2007].

[106] Idem, "La concezione materialistica della storia" cit., p. 118-9.

assim, de apontar como precursores do Terceiro Reich uma parte considerável do panteão intelectual do Ocidente.

Destituídas de fundamento no plano teórico, as considerações de Levinas e Agamben se movem num espaço histórico totalmente imaginário. Nos anos que precederam o texto do filósofo francês, a campanha que se acirrava no Ocidente contra o marxismo e o bolchevismo era conduzida explicitamente em nome da biologia. Para essas nefastas doutrinas (o marxismo e o bolchevismo), "a simples existência de valores biológicos superiores é um crime"; estava em curso "uma batalha até a última gota de sangue entre biologia e bolchevismo". Este último repudiava furiosamente "a nova revelação (*revelation*) biológica", não apenas assumindo um comportamento "antirracial" e incitando as "raças de cor", mas também repudiando a "verdade eugênica", que exigia que a sociedade de um modo ou de outro se desvencilhasse dos fracassados[107].

Só seria possível evitar a catástrofe reafirmando com todos os meios a verdade da biologia contra os delírios marxistas e bolcheviques. Quem se expressava dessa forma era um intelectual estadunidense já celebrado por dois presidentes conterrâneos, Warren G. Harding e Herbert C. Hoover, e depois solenemente recebido em Berlim por Hitler[108]. Eram os anos em que o regime da *white supremacy* em vigor no Sul dos Estados Unidos exercia tanta atração sobre o nazismo que seu principal ideólogo falava da República norte-americana como de um "esplêndido país do futuro", ao qual cabia o mérito de ter formulado a feliz "nova ideia de um Estado racial", ideia que deveria ser posta em prática, "com força juvenil", na própria Alemanha, fazendo-a valer não apenas contra negros e amarelos, mas também contra os judeus[109]. Como se vê, não faz sentido algum contrapor o Ocidente liberal ao biologismo marxista e nazista. O capítulo da história aqui em questão é solenemente ignorado por Levinas e Agamben, que deduzem *a priori* o significado do Terceiro Reich de uma ideia que se pretende profunda, mas que, prescindindo da história, é vazia.

Enquanto, de um lado, traçam um quadro caricatural do materialismo histórico, do outro, Levinas e Agamben têm uma imagem que poderia ser definida como hollywoodiana do Terceiro Reich: os nazistas imediatamente

---

[107] Lothrop Stoddard, *The Rising Tide of Color against White World-Supremacy*, cit., p. 220; idem, *The Revolt against Civilization*, cit., p. 223 e 86.

[108] Domenico Losurdo, *Il linguaggio dell'Impero*, cit., cap. 3, § 5.

[109] Alfred Rosenberg, *Der Mythus des 20. Jahrhunderts* (Munique, Hoheneichen, 1937 [1930]), p. 673.

reconhecíveis por sua rudeza, dedicados apenas a falar de sangue, raça e armas, e totalmente incapazes de entender e articular um discurso que faça referência à interioridade, à alma, aos valores espirituais e culturais. De fato, tais estereótipos serão refutados justamente pelos grandes intelectuais atraídos pelo Terceiro Reich: Heidegger, Schmitt etc. Consideremos a personalidade do *Führer*: como evidenciam seus mais respeitados biógrafos, desde os anos de sua formação, ele cultivava "sonhos de grande artista". O exercício do poder mais brutal não o impedia de excluir do rol dos autênticos líderes quem não tivesse sensibilidade artística nem de apelar aos professores para que se empenhassem em "despertar nos homens o instinto da beleza", pois era "isso que os gregos consideravam o essencial"[110].

Os chefões nazistas não desdenham nem mesmo a celebração da consciência moral, a "'voz perceptível no silêncio' de que falaram Goethe e Kant", a "categórica lei moral", bem como a "liberdade", o "sentimento de responsabilidade" e a "cultura da alma" que ela implica[111]. Basta excluir os povos coloniais da comunidade civil, da comunidade moral e da comunidade humana, e eis que uma política de escravização das raças servis e de aniquilamento dos agitadores judaico-bolcheviques que as incitam a uma insana revolta pode muito bem caminhar lado a lado com a homenagem ao imperativo categórico e com a celebração dos valores morais, artísticos, culturais e espirituais do Ocidente e da raça branca e ariana. Logo, se quisermos compreender o Terceiro Reich, convém partirmos da retomada e da radicalização da tradição colonial (e do racismo a ela intrínseco), isto é, do problema ignorado e recalcado por Levinas e Agamben.

Nem por isso é lícito subestimar a novidade que se produz com esses dois autores. A teoria em voga do totalitarismo e da biopolítica colocava no mesmo plano Terceiro Reich e União Soviética, mas Marx, se não era poupado, não era diretamente envolvido. Agora, ao contrário, como ponto de partida da parábola que termina no Terceiro Reich, empenhado em construir na Europa oriental um império colonial e escravista, reafirmando assim a supremacia da raça branca e ariana, aponta-se um filósofo que denuncia, com palavras inflamadas, a escravidão negra, junto com o sistema colonialista em seu todo, e expressa sua indignação com a simpatia que setores importantes do mundo liberal britânico demonstram pela Confederação secessionista e escravista. Do

---

[110] Domenico Losurdo, *Nietzsche, il ribelle aristocratico*, cit., cap. 24, § 6.

[111] Alfred Rosenberg, *Der Mythus des 20. Jahrhunderts*, cit., p. 339 e 336.

Triunfo e morte do marxismo ocidental   161

lado oposto, envolto numa aura de pureza, vemos o mundo liberal, por séculos amplamente envolvido no sistema colonialista-escravista mundial e, com o regime de *white supremacy* ainda vigente no Sul dos Estados Unidos nas primeiras décadas do século XX, capaz de suscitar a admiração dos líderes nazistas. É uma total falta de compreensão da história real, que, aliás, se desenrola sob o signo de um *pathos* exaltado da Europa e do Ocidente, ao qual o nazismo não era absolutamente alheio.

10. Negri, Hardt e a celebração esotérica do Império

A história esotérica do racismo e da biopolítica é uma apologia indireta do Ocidente liberal, cujo papel de protagonista na história do expansionismo colonial e do racismo a ele vinculado é apagado ou minimizado. Com Negri (e com Hardt), ao contrário, o cenário muda: a apologia se torna direta e esotérica. Além de enfática. Pode parecer um juízo polêmico. Para contestar essa impressão, podemos lançar mão de uma espécie de experimento intelectual, ou, se quisermos, de jogo. Confrontemos duas passagens que remetem a autores bem diferentes – ambos, porém, empenhados em contrapor positivamente os Estados Unidos à Europa. O primeiro celebra "a experiência americana", destacando "a diferença entre uma nação concebida na liberdade e fiel ao princípio segundo o qual todos os homens foram criados iguais e as nações do velho continente, que certamente não foram concebidas na liberdade".

E agora vejamos o segundo:

> O que era a democracia americana senão uma democracia fundada no êxodo, em valores afirmativos e não dialéticos, no pluralismo e na liberdade? Esses mesmos valores – junto com a ideia de nova fronteira – não alimentavam continuamente o movimento expansivo do seu fundamento democrático, para além das abstrações da nação, da etnia e da religião? [...] Quando Hannah Arendt escrevia que a Revolução Americana era superior à Francesa, pois devia ser compreendida como uma busca sem fim da liberdade política, enquanto a Revolução Francesa havia sido uma luta limitada em torno da escassez e da desigualdade, ela exaltava um ideal de liberdade que os europeus haviam perdido, mas que reterritorializavam nos Estados Unidos.

Qual das duas passagens aqui citadas é a mais apologética? É difícil dizer, pois ambas observam o mais rigoroso silêncio quanto à sorte dos nativos e dos negros, quanto à doutrina Monroe, à dominação das Filipinas e à repressão impiedosa e por vezes genocida do movimento independentista nesse país etc. E, no entanto, ainda que o alto grau de recalque e o zelo apologético não deixem a desejar em nenhum dos dois casos, pode-se dizer que a segunda passagem soa mais inspirada e mais lírica: essas palavras se devem à pena de Hardt e Negri[112], enquanto as primeiras são de Leo Strauss[113], o autor de referência dos neoconservadores estadunidenses!

Com pequenas variações, esse experimento intelectual e esse jogo podem ser insistentemente repetidos, sempre com o mesmo resultado. Qual é o verdadeiro significado da revolta contra o governo de Londres posta em prática pelos colonos ingleses na América, que leva à fundação dos Estados Unidos? Acabamos de ver o enorme entusiasmo dos dois respeitados expoentes do marxismo ocidental. Agora vejamos a análise de um estudioso estadunidense:

> A Revolução Americana não foi uma revolução social como as revoluções francesa, russa, chinesa, mexicana ou cubana, foi uma guerra de independência. E se tratou não de uma guerra de independência conduzida pelos autóctones contra os conquistadores estrangeiros (como no caso dos indonésios em luta contra os holandeses e dos vietnamitas e argelinos contra os franceses), mas de uma guerra de colonos contra seu país de origem. Se quisermos compará-la a algo de recente, podemos citar a revolta dos colonos franceses da Argélia contra a República [francesa] ou o comportamento assumido pelos [colonos] rodesianos em relação ao Reino Unido.[114]

Ao menos no que se refere à relação com os povos coloniais ou de origem colonial, a fundação dos Estados Unidos se assemelha mais a uma contrarrevolução do que a uma revolução. Quem reconhece indiretamente isso é um autor de orientação conservadora (e uma crescente e respeitável historiografia estadunidense), mas se trata de uma heresia aos olhos dos autores de *Império*.

Avancemos na comparação. Nos dias de hoje, eminentes estudiosos estadunidenses de orientação *liberal* descrevem a história de seu país como a história

---

[112] Michael Hardt e Antonio Negri, *Impero*, cit., p. 352-3.

[113] Leo Strauss, "Progress or Return?" [1952], em Roberto Esposito (org.), *Gerusalemme e Atene. Studi sul pensiero politico dell'Occidente* (Turim, Einaudi, 1998), p. 43-4.

[114] Samuel Huntington, *Political Order in Changing Societies* (New Haven, Yale University Press, 1968), p. 134 [ed. bras. *A ordem política nas sociedades em mudança*, trad. Pinheiro de Lemos, Rio de Janeiro/São Paulo, Forense-Universitária/Edusp, 1975].

de uma *Herrenvolk democracy*, isto é, de uma democracia que vale apenas para o *Herrenvolk* (é significativo o recurso ao termo caro a Hitler), para o "povo dos senhores", e que, por outro lado, não hesita em escravizar os negros e em dizimar os peles-vermelhas. "Apenas nos Estados Unidos houve um vínculo estável e direto entre propriedade de escravos e poder político. Apenas nos Estados Unidos os proprietários de escravos desempenharam um papel central na fundação da nação e na criação de instituições representativas."[115] *Império*, ao contrário, fala com tom compungido sobre a "democracia americana", que rompe com a visão "transcendente" do poder, própria da tradição europeia, e que – destacam os autores invocando Arendt – constitui "a maior invenção da política moderna", ou "a afirmação da liberdade"[116].

Estudiosos não suspeitos de antiamericanismo não tiveram dificuldade em reconhecer que, desde "o primeiro dia de existência, os Estados Unidos são uma potência imperial"[117] e que "não existem imperialistas mais seguros de si do que os Pais Fundadores" da República norte-americana[118]. Hardt e Negri, ao contrário, falam sempre de "colonialismo *europeu*" e de imperialismo europeu: "O imperialismo constituía uma verdadeira projeção da soberania dos Estados-nação europeus para além de suas fronteiras. Por fim, quase todos os territórios do globo foram divididos e loteados, e o mapa do mundo foi codificado com as cores *europeias*"[119].

Para concluir, tomemos uma figura central na história da ascensão mundial dos Estados Unidos. Refiro-me a Wilson. Entre os estudiosos de história e de política internacional, é quase uma obviedade falar de "nacionalismo wilsoniano"[120]. Trata-se de um presidente protagonista de um número recorde de intervenções militares na América Latina em nome da doutrina Monroe e propenso a se posicionar em defesa da *white supremacy* no plano interno e internacional, para corroborar, assim, a opressão dos povos coloniais ou de

---

[115] David B. Davis, *The Slave Power Conspiracy and the Paranoid Style* (Baton Rouge/Londres, Louisiana State University Press, 1982 [1969]), p. 33.

[116] Michael Hardt e Antonio Negri, *Impero*, cit., p. 158.

[117] Sergio Romano, *Il declino dell'impero americano* (Milão, Longanesi, 2014), p. 7.

[118] Niall Ferguson, *Colossus. The Rise and Fall of the American Empire* (Londres, Penguin Books, 2005 [2004]), p. 33-4 [ed. bras.: *Colosso: ascensão e queda do império americano*, trad. Marcelo Musa Cavallari, São Paulo, Planeta, 2011].

[119] Michael Hardt e Antonio Negri, *Impero*, cit., p. 14.

[120] Sergio Romano, *Il declino dell'impero americano*, cit., p. 39.

origem colonial[121]. Porém, aos olhos de Hardt e Negri[122], Wilson se torna um paladino da "ideologia pacifista internacionalista", bem distante da "ideologia imperialista de marca europeia"!

Aqui podemos evocar a observação de Marx a propósito de Bakunin, que, com todo o seu radicalismo antiestatista, acabava poupando a Inglaterra, "o Estado propriamente capitalista", aquele que constituía "a ponta de lança da sociedade burguesa na Europa"[123]. A polêmica de Hardt e Negri com o princípio da soberania estatal poupa o país que atribui a si mesmo uma soberania monstruosamente ampliada, que o autoriza a intervir soberanamente em cada canto do planeta, com ou sem a autorização do Conselho de Segurança; o país que, bem longe de se constituir como uma alternativa ao militarismo europeu, representa, citando Sartre[124], o "monstro supereuropeu".

---

[121] Domenico Losurdo, *Un mondo senza guerre. L'idea di pace dalle promesse del passato alle tragedie del presente* (Roma, Carocci, 2016), cap. 8, §1.

[122] Michael Hardt e Antonio Negri, *Impero*, cit., p. 166-7.

[123] Karl Marx e Friedrich Engels, *Werke*, cit., v. 18, p. 610 e 608.

[124] Jean-Paul Sartre, "Prefazione", em Frantz Fanon, *I dannati della terra*, cit., p. xxii.

V
RECUPERAÇÃO OU ÚLTIMO SUSPIRO DO MARXISMO OCIDENTAL?

1. O ANTI-IMPERIALISMO DE ŽIŽEK

Se comparado com 1989 e os anos imediatamente posteriores, e se comparado com o período em que o discurso sobre a nada pranteada morte definitiva de Marx se tornara praticamente senso comum, o quadro ideológico de nossos dias se mostra bem diferente: é claro e crescente o interesse pelo grande pensador e revolucionário, e os autores que de uma maneira ou de outra a ele se referem gozam não raro de considerável prestígio e popularidade. Devemos, então, falar de uma recuperação do marxismo ocidental?

Recentemente, o expoente mais ilustre daquele que adora se autodefinir, sedutoramente, como o "marxismo ocidental libertário" saudou 2011 como "o ano do despertar da política radical de emancipação em todo o mundo"[1]. Verdade seja dita, o autor não demorou a admitir a desilusão em que logo recaiu. Mas abstraiamos os desenvolvimentos sucessivos e concentremo-nos no ano de 2011, saudado em termos tão lisonjeiros: sim, era o ano em que novos movimentos de protesto (Occupy Wall Street, Indignados etc.) pareciam se alastrar como fogo, mas também o ano em que a Otan deflagrava contra a Líbia uma guerra que, depois de provocar dezenas de milhares de mortos, se encerrou com o terrível linchamento de Muammar Kadafi. O caráter neocolonial da agressão era reconhecido por respeitados órgãos da imprensa

---

[1] Slavoj Žižek, *In difesa delle cause perse* (trad. Cinzia Arruzza, Milão, Salani, 2009), p. 255 [ed. bras.: *Em defesa das causas perdidas*, trad. Maria Beatriz de Medina, São Paulo, Boitempo, 2011]; e *Un anno sognato pericolosamente* (trad. Carlo Salzani, Milão, Salani, 2012), p. 163 [ed. bras.: *O ano em que sonhamos perigosamente*, trad. Rogério Bettoni, São Paulo, Boitempo, 2012].

166 O MARXISMO OCIDENTAL

ocidental. No entanto, Hillary Clinton entregava-se a um júbilo tão excessivo ("nós viemos, nós vimos, ele morreu!", *we came, we saw, he died!* – exclamava triunfante a então secretária de Estado), a ponto de provocar escrúpulos até num jornalista da *Fox News*: em sua opinião, esse entusiasmo por um crime de guerra era perturbador. Infelizmente, a infame empresa neocolonial aqui tratada não apenas não encontrou resistências de relevo no marxismo ocidental, como, na Itália, foi legitimada por pelo menos uma figura histórica dessa corrente de pensamento[2].

Ainda em 2011, em Tel Aviv e em outras cidades israelenses, centenas de milhares de "indignados" acorriam às praças contra o alto custo de vida, os aluguéis exorbitantes etc., mas eram bem cautelosos quanto a discutir a persistente e acelerada colonização dos territórios palestinos: a "indignação" alertava para as crescentes dificuldades dos estratos populares da comunidade judaica, mas não julgava digna de atenção a interminável tragédia do povo submetido à ocupação militar. Assim descreve essa tragédia, numa prestigiosa revista estadunidense, um professor da Universidade Hebraica de Jerusalém: ao menos no que se refere aos territórios palestinos ocupados, Israel é uma "etnocracia", em última instância, um Estado racial.

A colonização das terras palestinas expropriadas pela força prossegue ininterrupta. Os que ousam protestar "são tratados com rigor, às vezes levados à prisão por longo período, às vezes mortos no decorrer das manifestações". Tudo isso se insere no âmbito de "uma campanha impiedosa cujo objetivo é tornar a vida dos palestinos o mais miserável possível [...], na esperança de que eles vão embora". É uma obra de limpeza étnica, ainda que diluída no tempo. Estamos diante de uma etnocracia tão dura que nos traz à memória os "tenebrosos precedentes da história do século passado"[3]. Apesar disso, os "indignados" com o alto custo de vida a que estão submetidos, mas indiferentes à cruel "etnocracia" imposta aos palestinos, foram celebrados por dois ilustres autores de orientação marxista como paladinos de uma nova sociedade, "baseada nas relações comunitárias"[4].

Seria 2011, então, "o ano do despertar da política radical de emancipação em todo o mundo" (para citar Žižek), ou do despertar do ideal de uma sociedade "baseada nas relações comunitárias" (como disseram Hardt e Negri), ou ainda

---

[2]   Ver, neste volume, cap. 5, § 7.

[3]   David Shulman, "Israel in Peril", *The New York Review of Books*, 7 jun. 2012.

[4]   Michael Hardt e Antonio Negri, *Questo non è un manifesto* (Milão, Feltrinelli, 2012), p. 66 [ed. bras.: *Declaração: Isto não é um manifesto*, trad. Carlos Szlak, São Paulo, n-1, 2014].

seria o ano em que os crimes colonialistas ou neocolonialistas encontram o silêncio ou a conivência até dos ambientes tradicionais da esquerda? Ao traçarem seu balanço abstraindo completamente a sorte reservada aos povos coloniais, Žižek, Hardt e Negri reproduzem, ampliando-o ainda mais, o limite de fundo do marxismo ocidental. Desse ponto de vista, o sucesso de que sobretudo Žižek goza em nossos dias leva-nos pensar não numa recuperação, mas num último suspiro do marxismo ocidental.

O recalque da questão colonial é parte integrante da plataforma teórica e política do filósofo esloveno. Para ele, o mundo existente, anos-luz distante do totalmente Outro desejado ou sonhado, é dominado integralmente pelo capitalismo; não faria sentido distinguir as potências imperialistas e colonialistas dos países que há pouco tempo se libertaram do domínio colonial e que ainda, entre tentativas e erros, tentam superar o atraso, alcançar a plena independência também no plano econômico e atribuir-se instituições políticas adequadas às próprias condições econômico-sociais, bem como à própria situação geopolítica. Žižek não é menos hostil do que Arendt à categoria de Terceiro Mundo. Aliás, ele é mais radical. É contundente sua ironia em relação àqueles países que, embora façam referência a uma ideologia revolucionária e por vezes ao marxismo, agitam a bandeira do anti-imperialismo: a luta de classes já não teria como protagonistas "os capitalistas e o proletariado de cada país", mas se desenvolveria num quadro internacional, contrapondo os Estados mais do que as classes sociais; dessa forma, a marxiana "crítica do capitalismo enquanto tal" se reduz e se deforma em "crítica do 'imperialismo'", que perde de vista o essencial, isto é, as relações capitalistas de produção[5].

Depois de tirar do caminho as categorias de Terceiro Mundo, imperialismo e anti-imperialismo, a única distinção sensata, no que diz respeito ao presente, seria a distinção entre "capitalismo autoritário" e não autoritário. Na primeira categoria deve ser incluída a China[6], mas podem ser inseridos também o Vietnã e talvez a própria Cuba, depois das recentes aberturas ao mercado e à economia privada (ao menos tendencialmente capitalista). Seja como for, aqui devem ser inseridos os países da "América Latina", marcados por um "capita-

---

[5] Slavoj Žižek, "Mao Tse-tung, the Marxist Lord of Misrule", em *Mao. On Practice and Contradiction* (Londres, Verso, 2007), p. 2 e 5 [ed. bras.: Mao Tsé-tung, *Sobre a prática e a contradição*, apresentação de Slavoj Žižek, trad. José Maurício Gradel, Rio de Janeiro, Zahar, 2008].

[6] Idem, "De la démocratie à la violence divine", em Giorgio Agamben et al, *Démocratie, dans quell état?* (Paris, La Fabrique, 2009), p. 131.

lismo populista", inclinados ao caudilhismo e ao autoritarismo[7]. Se olharmos com atenção, de alguma maneira ressurge a distinção desprezada pelo filósofo esloveno, aquela entre Terceiro Mundo, de um lado, e Ocidente capitalista (e com tradições e persistentes tendências colonialistas), de outro. Só que agora tal distinção reaparece por glória exclusiva do Ocidente liberal, que se torna o modelo a ser seguido pelos países do Terceiro Mundo.

Em conclusão: o ponto de vista de Žižek não diverge da autoconsciência das classes dominantes na Europa e nos Estados Unidos. A constatação dessa convergência não é, por si só, uma contestação. É o próprio filósofo esloveno, porém, quem nos fornece essa contestação. Ele menciona a diretiva dada por Kissinger à CIA no intuito de desestabilizar o Chile de Salvador Allende ("Façam com que a economia grite de dor") e destaca como tal política teve continuidade contra a Venezuela de Chávez[8]. Evita-se, porém, uma pergunta que naturalmente se impõe: por que a Venezuela de Chávez e Maduro deveria ser considerada mais "autoritária" do que o país que pretende a todo custo desestabilizá-la e subjugá-la e que pretende exercer sua ditadura na América Latina e no mundo? Claro, do ponto de vista da autoconsciência do Ocidente liberal, o despotismo ou o autoritarismo exercido contra os povos coloniais são irrelevantes. Com base nessa lógica, em seu discurso de posse do primeiro mandato presidencial, Bill Clinton celebrava os Estados Unidos como a mais antiga democracia do mundo: a escravização dos negros e a expropriação, deportação e dizimação dos nativos não mereciam nenhuma atenção. A uma abstração semelhante e igualmente arbitrária procede Žižek, que nem sequer se pergunta se o autoritarismo de Washington não estimula em alguma medida o autoritarismo de Caracas.

Pode-se fazer uma consideração de caráter geral: é muito estranha uma crítica do capitalismo que poupe os piores aspectos desse sistema, muito evidentes, segundo a lição de Marx, nas colônias. Não teria credibilidade uma crítica do trabalho assalariado que silenciasse sobre o trabalho escravo, pois a história do trabalho escravo em suas diversas formas está em ampla medida ligada à história da opressão colonial. E certamente é enganosa uma crítica do "autoritarismo" como a de Žižek, que nos leva a menosprezar o "autoritarismo" praticado contra povos que, por decisão soberana de uma grande potência ou

---

[7] Idem, *In difesa delle cause perse*, cit., p. 450.

[8] Domenico Losurdo, *La lotta di classe: una storia politica e filosofica* (Roma/Bari, Laterza, 2011), cap. 9, § 7 [ed. bras.: *A luta de classes: uma história política e filosófica*, trad. Silvia de Bernardinis, São Paulo, Boitempo, 2015].

RECUPERAÇÃO OU ÚLTIMO SUSPIRO DO MARXISMO OCIDENTAL?   169

de uma coalizão de grandes potências, são submetidos a embargos devastadores ou a bombardeios e ocupação militar.

2. Žižek, o desprezo da revolução anticolonial e a demonização de Mao

A desconsideração da luta entre colonialismo e anticolonialismo também se manifesta nos capítulos da história evocados pelo filósofo esloveno. A propósito da revolução dos escravos negros de São Domingos/Haiti, ele observa que, depois da morte de Jean-Jacques Dessalines, em 1806, esse evento sofre uma "regressão para uma nova forma de domínio hierárquico"[9]. A observação é correta se nos ativermos exclusivamente à política interna. No plano internacional, ao contrário, o cenário é bem diferente: mesmo sem conseguir estabilizar e superar a autocracia, o poder dos escravos ou ex-escravos continua a desempenhar uma função revolucionária; é Alexandre Pétion, presidente entre 1806 e 1818, quem obtém de Simón Bolívar o compromisso com a libertação imediata dos escravos em troca do apoio à luta da América Latina pela independência da Espanha. Por outro lado, em defesa obstinada do instituto da escravidão, vemos a "democrática" república norte-americana, que, com uma política de embargo ou de bloqueio naval, tenta impor a inanição ou a capitulação ao Haiti, o país que, não obstante o despotismo de seu regime político, encarna a causa do abolicionismo e da liberdade para os negros. Se quiséssemos utilizar o critério que Žižek estabelece para a leitura do presente, deveríamos dizer que o Haiti representava o "capitalismo autoritário", ao passo que os Estados Unidos representavam o capitalismo mais ou menos "democrático". Contudo, tal leitura nos permite entender muito pouco tanto do presente quanto do passado, além de distorcer ambos.

Não menos unilateral é o juízo formulado pelo filósofo esloveno sobre a União Soviética que sucede a morte de Lênin. Limito-me aqui a reportar uma afirmação lapidar: "Heidegger erra quando reduz o Holocausto à produção unilateral de cadáveres; quem se reduziu a isso foi o comunismo stalinista, não o nazismo"[10]. Deixemos de lado o gosto pela provocação, tão caro a esse autor, que frequentemente parece apreciar mais a pirotecnia do que os argumentos.

---

[9] Slavoj Žižek, *Dalla tragedia alla farsa* (trad. Cinzia Arruzza, Florença, Ponte alle Grazie, 2010 [2009]), p. 159 [ed. bras.: *Primeiro como tragédia, depois como farsa*, trad. Maria Beatriz de Medina, São Paulo, Boitempo, 2009].

[10] Idem, "Mao Tse-tung, the Marxist Lord of Misrule", cit., p. 10.

170 O marxismo ocidental

O essencial não é isso: vimos eminentes historiadores caracterizar a agressão hitlerista no Leste como a maior guerra colonial de todos os tempos, uma guerra colonial contra a qual, já sabemos, Stálin se prepara mesmo antes da conquista do poder. Pois bem, o mínimo que se pode dizer é que o teórico do "marxismo ocidental libertário" não tem uma posição preliminarmente anticolonialista! Como ignora o papel internacional do Haiti, encarnação da causa do abolicionismo apesar de seu regime político despótico, também não dá nenhuma atenção ao papel internacional da União Soviética de Stálin, que, aniquilando a tentativa hitlerista de reduzir a Europa oriental a "Índias alemãs", deu a sentença de morte para o sistema colonialista mundial (ao menos em sua forma clássica).

O mais significativo é o modo como Žižek se posiciona em relação a outro recente capítulo da história, aquele referente à China. No que concerne à gravíssima crise econômica e à terrível penúria provocadas ou seriamente aprofundadas pelo Grande Salto para a Frente de 1958-1959, ele fala com distraída desenvoltura sobre a "decisão de Mao de matar de fome dez milhões de pessoas no fim dos anos 1950"[11]. Quando vi essa afirmação pela primeira vez, fiquei estarrecido: a tradução italiana seria imprecisa ou muito enfática? Nada disso! A versão original também não dá margem a dúvidas e, na verdade, é ainda mais desconcertante: "*Mao's ruthless decision to starve tens of millions to death in the late 1950s*"[12]. No original se fala não de "dez milhões de pessoas", mas de "dezenas de milhões de pessoas"; provavelmente, o tradutor tentou salvaguardar o prestígio do autor que traduziu, redimensionando seus arroubos. De qualquer modo, é preciso que fique claro: o motivo recorrente da campanha voltada a demonizar, junto com o líder que em Pequim exercia o poder por mais de um quarto de século, a República Popular da China enquanto tal, a república surgida da maior revolução anticolonial da história, tal motivo é reverberado sem nenhuma cautela crítica pelo mais famoso expoente do "marxismo ocidental libertário"!

Todavia, a acusação em questão não obtém crédito algum entre autores mais sérios. Até *O livro negro do comunismo*, embora insistindo nas proporções colossais do desastre, reconhece que o "objetivo de Mao não era matar em massa seus compatriotas"[13]. Eminentes homens de Estado ocidentais também se recusaram a cavalgar o cavalo de batalha da incipiente guerra fria contra

---

[11] Idem, *In difesa delle cause perse*, cit., p. 212.

[12] Idem, *In Defense of Lost Causes* (Londres/Nova York, Verso, 2008), p. 169.

[13] Jean-Louis Margolin, "Cina: una lunga marcia nella note" (1997), em Stéphane Courtois et al., *Il libro nero del comunismo. Crimini – terrore – repressione* (trad. Luisa Agnese Dalla

RECUPERAÇÃO OU ÚLTIMO SUSPIRO DO MARXISMO OCIDENTAL?   171

o grande país asiático. Numa entrevista ao jornal semanal *Die Zeit*, o ex-
-chanceler alemão Helmut Schmidt fez questão de destacar o caráter não
intencional da tragédia que o Grande Salto para a Frente provocou em sua
época[14]. De modo análogo argumentou Kissinger: de fato, tratou-se de "uma
das piores crises de penúria da história humana"[15]. Mesmo assim, Mao se
propunha acelerar ao máximo "o desenvolvimento industrial e agrícola" da
China, pretendia alcançar o Ocidente em curto período e, desse modo, obter
uma condição de bem-estar difuso ou generalizado. Em suma, segundo o
ilustre estudioso e político estadunidense, Mao "novamente chamara o povo
chinês a mover as montanhas, mas desta vez as montanhas não se mexeram".

Ainda que marcadas pela honestidade e seriedade intelectual, as tomadas de
posição anteriormente reportadas apresentam um limite: ignoram o contexto
histórico em que se insere o Grande Salto para a Frente e que remete à longa
duração da luta entre colonialismo e anticolonialismo. Já conhecemos a preocupação expressa por Mao às vésperas da proclamação da República Popular
da China: o país, apesar do respaldo da gloriosa luta de libertação nacional,
corria o risco de depender economicamente dos Estados Unidos e, portanto,
de se tornar uma semicolônia.

Com efeito, as diretivas da administração Truman eram ao mesmo tempo
claras e impiedosas: já em condições desesperadoras devido a décadas de guerra e
de guerra civil, a República Popular da China, não admitida na ONU e cercada
e ameaçada no plano militar, devia ser submetida a uma guerra econômica que
a conduziria rumo a uma "situação econômica catastrófica", "rumo ao desastre"
e ao "colapso". Isso também provocaria a derrota do Partido Comunista Chinês,
que até aquele momento governara somente áreas rurais mais ou menos extensas
e, portanto, padecia de uma total "inexperiência" no que se referia ao "campo
da economia urbana". Era dessa condição de extrema fragilidade econômica e
de potencial queda ou recaída numa condição de dependência semicolonial que
Mao tentava escapar, recorrendo a uma mobilização de massas de tipo militar
em que dezenas de milhões de camponeses, embora semianalfabetos, com seu

---

Fontana, Milão, Mondadori, 1998), p. 456 [ed. bras.: *O livro negro do comunismo: crimes,
terror e repressão*, trad. Caio Meira, Rio de Janeiro, Bertrand Brasil, 1999].

[14] Giovanni di Lorenzo, "Verstehen Sie das, Herr Schmidt?" (entrevista a Helmut Schmidt),
Die Zeit, 13 set. 2012.

[15] Henry Kissinger, *On China* (Nova York, The Penguin Press, 2011), p. 107 e 183-4 [ed.
bras.: *Sobre a China*, trad. Cassio de Arantes Leite, Rio de Janeiro, Objetiva, 2013].

O MARXISMO OCIDENTAL

entusiasmo revolucionário, deveriam imprimir uma prodigiosa aceleração ao desenvolvimento econômico.

Na realidade, com sua impaciência e com sua inexperiência no "campo da economia urbana", o líder chinês acabou caindo na armadilha preparada contra ele por seus inimigos. O resultado foi a catástrofe. Um fato, porém, dá o que pensar: no início dos anos 1960, um colaborador da administração Kennedy, a saber, Walt W. Rostow, vangloriava-se do triunfo dos Estados Unidos, que tinham conseguido atrasar o desenvolvimento econômico da China por "décadas". Isto é, a penúria que se seguiu ao Grande Salto para a Frente de 1958-1959 não era atribuída à suposta fúria homicida de Mao, mas sim à sabedoria maquiavélica da política perseguida por Washington[16].

Concluindo: Margolin, Schmidt e Kissinger erram ao não inserir claramente o desastroso experimento utopista de Mao na história da tragédia colonial iniciada com as guerras do ópio e ainda em pleno desenvolvimento nos anos do Grande Salto para a Frente. No entanto, é Žižek que, omitindo tanto a luta entre colonialismo e anticolonialismo quanto a corrida frenética de Mao para escapar da desesperada miséria de massa resultante da agressão e do domínio colonial, atribui tudo à loucura homicida do líder chinês.

3. HARVEY E A ABSOLUTIZAÇÃO DAS "RIVALIDADES INTERIMPERIALISTAS"

Abertamente vilipendiada por Žižek, a revolução anticolonial é a grande ausente em David Harvey, outro expoente de relevo do marxismo ocidental. Já é por si só eloquente o quadro que ele, a partir da análise das contradições do capitalismo, traça da primeira metade do século XX: "Como Lênin havia agudamente previsto, o resultado geral foram cinquenta anos de rivalidades e guerras interimperialistas, no decorrer dos quais os nacionalismos rivais assumiram grande destaque"[17]. A grande crise histórica que eclodiu em 1914 e que encontrou uma composição provisória com a derrota do Terceiro Reich caracterizou-se apenas pelo embate entre potências imperialistas contrapostas? Foi uma guerra imperialista aquela que viu os "indígenas" da Europa oriental

---

[16] Domenico Losurdo, *Il revisionismo storico: problemi e miti* (Roma/Bari, Laterza, 2015), cap. 6, § 10 [ed. bras.: *Guerra e revolução: o mundo um século após outubro de 1917*, trad. Ana Maria Chiarini e Diego Silveira Coelho Ferreira, São Paulo, Boitempo, 2017].

[17] David Harvey, *The New Imperialism* (Oxford, Oxford University Press, 2013 [2003]), p. 46 [ed. bras.: *O novo imperialismo*, trad. Adail Sobral e Maria Stela Gonçalves, São Paulo, Loyola, 2005].

opor vigorosa resistência à tentativa hitlerista de subjugá-los e escravizá-los? Tal como a Grande Guerra Patriótica, Harvey ignora a guerra de resistência do povo chinês contra a agressão do imperialismo japonês, isso para não falar de guerras nacionais "menores" (na Iugoslávia, na Albânia, na França e na própria Itália) que acompanhavam a Segunda Guerra Mundial e selavam a derrota do Terceiro Reich. O único conflito ao qual faz referência é aquele das "rivalidades e guerras interimperialistas".

Erroneamente Harvey se refere a Lênin, que já em 1916 vimos evocar guerras nacionais não somente no mundo colonial clássico mas no coração da própria Europa, antecipando o cenário que se verificaria pouco mais de duas décadas depois. O estudioso marxista britânico, no entanto, lê a Segunda Guerra Mundial segundo o esquema que já conhecemos: vai-se da Grande Depressão à eclosão das "rivalidades interimperialistas". Dito de outra maneira: para superar a devastadora crise econômica deflagrada em 1929, "foram necessárias as penas de uma guerra entre Estados capitalistas"[18]. Mas como explicar que Hitler ascendeu ao poder apresentando-se como paladino da causa da supremacia branca na Europa e no mundo? Ele tinha clareza de que, estimulada pelo apelo dirigido por Lênin e pela Revolução de Outubro aos "escravos das colônias" para romperem suas correntes, já estava iniciada a revolução anticolonialista mundial, que devia ser contida e reprimida a qualquer custo.

É essa revolução anticolonialista que Harvey ignora quando olha tanto para o passado quanto para o presente. Para ser preciso, no que se refere ao presente, há uma única discrepância: quando analisa os conflitos de nossos dias, o estudioso marxista britânico os descreve corretamente; entretanto, no momento da conclusão, ele acaba por incluir sob a categoria de rivalidades e guerras interimperialistas também contradições e processos de natureza muito distinta. Harvey ressalta o papel dos Estados Unidos no golpe de Estado que, no Chile de 1973, derruba Allende e que, na Venezuela de 2002, por um breve período, destitui e leva Chávez à prisão; não esconde sua simpatia pela resistência popular que em ambos os casos se opõe à arrogância imperialista[19]. Lamentavelmente, ele não se pergunta de que tipo era a contradição entre Chile e Venezuela, de um lado, e Estados Unidos de outro.

E não se coloca essa questão mesmo depois de ter analisado (de modo correto) as relações entre Washington e Pequim. Vejamos: os Estados Unidos querem

---

[18] Ibidem, p. 48 e 76.

[19] Ibidem, p. 8.

ter a possibilidade de "cortar o fluxo de petróleo a seus opositores" em geral e à China em particular; não estão dispostos a aceitar pacificamente a reviravolta que empurra o centro da economia para a Ásia oriental; sentem-se fortemente tentados a recorrer a seu poderio militar para reiterar sua frágil hegemonia. Em suma, eles tendem a passar de "império informal para império formal"[20]. Ainda de acordo com o estudioso britânico, os dirigentes chineses parecem ter plena consciência de tudo isso: as reformas econômicas por eles introduzidas a partir do final de 1979 ajudam o grande país asiático a "desenvolver suas capacidades tecnológicas" e a "se defender melhor contra agressões externas"[21].

Em consonância com essa descrição, tais medidas seriam também uma espécie de apólice de seguro contra as pulsões e os projetos imperialistas das grandes potências responsáveis por impor a um quinto, ou a um quarto, da população mundial um "século de humilhação" sob o signo da opressão colonial ou semicolonial. Contudo, do quadro geral traçado pelo expoente do marxismo ocidental, emerge uma conclusão totalmente distinta: na passagem entre os séculos XX e XXI, "começam a ser sentidos os reflexos da competição geopolítica que se tornou vastamente destrutiva nos anos 1930"; há o risco de reaparecer "o cenário de Lênin de uma violenta competição entre blocos capitalistas de poder"[22]. A história é a repetição do idêntico, é a eterna rivalidade entre as potências capitalistas e imperialistas. Vem à mente a advertência de Lênin, que já conhecemos, mas é ignorada pelo estudioso marxista britânico: não se pode compreender adequadamente o imperialismo se se perde de vista a "enorme importância da questão nacional".

4. Ah, se Badiou tivesse lido Togliatti!

Entre os expoentes mais recentes do marxismo ocidental, Alain Badiou pareceria ser o mais gabaritado para superar o limite fundamental dessa corrente de pensamento. Ele teve a rara coragem de tratar o período de 1989-1991 como o de uma "segunda Restauração"[23]. Isso se destaca com particular evidência no

---

[20] Ibidem, p. 25, 77 e 4.

[21] David Harvey, *Breve storia del neoliberismo* (trad. Pietro Meneghelli, Milão, Il Saggiatore, 2007 [2005]), p. 142 [ed. bras.: *O neoliberalismo: história e implicações*, trad. Adail Sobral e Maria Stela Gonçalves, São Paulo, Loyola, 2008].

[22] Idem, *The New Imperialism*, cit., p. 71 e 75.

[23] Alain Badiou, *Il secolo* (trad. Vera Verdiani, Milão, Feltrinelli, 2006 [2005]), p. 39 [ed. bras.: *O século*, trad. Carlos Felício da Silveira, Aparecida-SP, Ideias & Letras, 2007].

âmbito internacional. A queda da União Soviética não foi certamente vivida como um momento de libertação pelo povo palestino, que se viu exposto sem nenhuma defesa ao expansionismo colonial israelense; ou pelo povo cubano, que com grande sacrifício pôde defender sua independência das tentativas de Washington de restabelecer a doutrina Monroe. Foi depois da queda da União Soviética que os neoconservadores estadunidenses sonharam em impor um império de dimensões planetárias. Tratar as convulsões do período 1989-1991 como uma "segunda Restauração" parecia, portanto, abrir caminho para uma redescoberta da questão colonial e neocolonial.

Infelizmente, essa redescoberta não se verificou nem mesmo em Badiou. Ao conduzir sua louvável batalha contra o neoliberalismo e ao reivindicar medidas incisivas contra a austeridade, a miséria e a crescente desigualdade e polarização social, ele formula uma tese que almeja ser radical: "A justiça é mais importante do que a liberdade", "a justiça é o objetivo" da "política revolucionária clássica", a começar pelos "grandes jacobinos de 1792", pelos "nossos grandes antepassados jacobinos"[24]. Os jacobinos não teriam nenhum interesse pela causa da liberdade? No final do século XVIII, os "jacobinos negros" de São Domingos, com o apoio dos jacobinos que governam Paris, são protagonistas de uma das maiores batalhas pela liberdade da história universal: abatem a escravidão e o domínio colonial e defendem essas conquistas derrotando o poderoso exército enviado por Napoleão. Dessa revolução nasce o Haiti, o primeiro país no continente americano a abolir a escravidão, que, por sua vez, floresce na vizinha República norte-americana, empenhada com todos os meios em estrangular o país dirigido por ex-escravos. Badiou tem razão ao definir os jacobinos como os "antepassados" do movimento comunista; de fato, dois golpes mortais foram infligidos ao sistema colonialista-escravista mundial, primeiro pelos jacobinos, depois pelos bolcheviques e comunistas. Ao menos desse ponto de vista, uns e outros devem ser considerados paladinos da causa da liberdade.

É escusado dizer que a ideologia dominante procede de modo totalmente distinto. No início da Guerra Fria, Isaiah Berlin entoava um hino ao Ocidente nestes termos: se subsistem áreas de miséria que obstruem a "liberdade positiva" (o acesso à instrução, à saúde, ao tempo livre etc.), é garantida para todos a "liberdade negativa", a liberdade liberal propriamente dita, a esfera da autonomia inviolável do indivíduo.

---

[24] Idem, *La rélation énigmatique entre philosophie et politique* (Paris, Germina, 2011), p. 38, 40 e 42.

176   O MARXISMO OCIDENTAL

Ele se expressa assim num ensaio publicado em 1949, enquanto dezenas de Estados da União vetavam por lei a contaminação sexual e matrimonial da raça branca com as outras raças. Essas medidas, destinadas a confinar numa casta servil os povos de origem colonial, Berlin não levava em consideração, assim como não levava em consideração o sistema colonialista mundial: gozavam ao menos da "liberdade negativa" os povos submetidos ao domínio colonial e expostos ao poder tirânico e arbitrário de seus governantes? Claramente, Berlin ignorava a sorte imposta pelo Ocidente aos povos coloniais e de origem colonial e não percebia que a proibição de relações sexuais e matrimoniais inter-raciais, além de visar à permanente segregação das raças consideradas inferiores, acabava atacando gravemente a liberdade negativa dos próprios membros da privilegiada comunidade branca. A liberdade negativa para todos foi promovida pelos comunistas, empenhados nas primeiras fileiras da luta contra a segregação e discriminação raciais e, justamente por isso, no Sul dos Estados Unidos, expostos a terríveis perseguições no momento em que Berlin celebrava o Ocidente liberal[25].

No entanto, paradoxalmente, o menosprezo arbitrário da sorte reservada aos povos coloniais ou de origem colonial acaba sendo subscrito por Badiou: senão, como explicar a afirmação de que os protagonistas do levante contra o sistema colonialista-escravista mundial estavam mais interessados na causa da "justiça" do que na da "liberdade"? Ainda que com juízos de valor distintos e contrapostos, Berlin e Badiou compartilham a tese segundo a qual os liberais seriam os teóricos e guardiães da "liberdade negativa": ambos recalcam as assustadoras cláusulas de exclusão que caracterizam o discurso liberal sobre a "liberdade negativa".

Com tais argumentos, o filósofo francês retoma um lugar-comum do marxismo ocidental das décadas anteriores. Pensemos na crítica dirigida, à sua época, por Crawford B. Macpherson ao liberalismo por ser, na realidade, sinônimo de "individualismo proprietário" ou "possessivo". Nessa definição estão incorretos tanto o substantivo quanto o adjetivo (desde que não se almeje recalcar a questão colonial, é claro). Comecemos pelo substantivo: na República norte-americana e nas colônias europeias, a sorte de um indivíduo era determinada do início ao fim por seu pertencimento racial, que instituía uma barreira

---

[25] Domenico Losurdo, *Il linguaggio dell'Impero: lessico dell'ideologia americana* (Roma/Bari, Laterza, 2007), cap. 7, § 7 [ed. bras.: *A linguagem do império: léxico da ideologia estadunidense*, trad. Jaime A. Clasen, São Paulo, Boitempo, 2010].

intransponível entre a raça branca dos senhores e os povos de cor coloniais. O mérito de um indivíduo não desempenhava nenhum papel ou um papel muito reduzido: nada de individualismo! No que se refere ao adjetivo: o culto supersticioso reservado pela burguesia capitalista à propriedade privada não se estende à propriedade dos povos coloniais. Marx insiste com vigor neste ponto:

> Os burgueses defendem a propriedade; mas qual partido revolucionário já implementou nas relações de propriedade da terra revoluções similares àquelas ocorridas em Bengala, Madras e Bombaim [Mumbai]? [...] Enquanto na Europa pregavam a inviolável santidade da dívida pública, não confiscavam na Índia os lucros dos *rajah* que haviam investido todas as suas economias nas ações da Companhia?[26]

Também no que concerne aos camponeses irlandeses e escoceses, assim como no que concerne às populações coloniais ou semicoloniais localizadas na Europa, o governo de Londres não hesitava em aplicar uma "despudoradíssima profanação do 'sagrado direito da propriedade'"[27].

Poder-se-ia objetar que o colonialismo já faz parte do passado. Mas basta olharmos para a Palestina: um poder arbitrário pode submeter à expropriação, ao cárcere, à execução extrajudicial; não há aspecto da vida pública e privada dos membros de um povo colonial que fuja ao controle, à intervenção, à prepotência das forças de ocupação. Claro, atualmente o colonialismo clássico é uma exceção, não a regra. Mas não nos esqueçamos de que as execuções extrajudiciais decididas semanalmente, como informa o *New York Times* de 30 de maio de 2012, pelo presidente estadunidense e executadas em todos os cantos do mundo, têm quase sempre como alvo os cidadãos do Terceiro Mundo, e cidadãos do Terceiro Mundo são as vítimas colaterais que normalmente acompanham as execuções extrajudiciais. E não é tudo: de qual liberdade ou segurança da propriedade gozam os cidadãos de um país que pode ser bombardeado, invadido, submetido à fome, por decisão soberana do Ocidente e, sobretudo, de seu país-guia, sem esperar nem sequer a autorização do Conselho de Segurança da ONU? Como informam conceituados órgãos da imprensa ocidentais, quando os serviços secretos estadunidenses (ou britânicos ou franceses) se empenham em desestabilizar um país considerado rebelde, a primeira operação que realizam é a seguinte: os funcionários que não apoiarem

---

[26] Karl Marx e Friedrich Engels, *Werke* (Berlim, Dietz, 1955-1990, 43 v.), v. 9, p. 225.

[27] Ibidem, v. 23, p. 756.

as ações são ameaçados de ser encaminhados à Corte Penal Internacional, que pode privá-los da liberdade para o resto da vida. Essa Corte Penal Internacional está tão pouco acima das partes que se, por um lado, pode até atacar o chefe de Estado de um país agredido ou derrotado, por outro, não pode sequer indagar sobre os mais reles soldados ou *contractors* estadunidenses, quaisquer que sejam os crimes por eles cometidos ou a eles atribuídos! A dupla jurisdição é um elemento constitutivo da tradição colonial, e a luta entre colonialismo e neocolonialismo, de um lado, e anticolonialismo, de outro, embora tenha assumido novas formas, está muito longe de acabar. O que significa que, mesmo em nossos dias, lutando contra o colonialismo e o neocolonialismo, os marxistas podem promover a causa da liberdade negativa, entendida em sentido universalista[28].

O que define em primeiro lugar a natureza intoleravelmente desumana da sociedade capitalista não é o caráter "proprietário" de seu "individualismo" (Macpherson) ou a prioridade atribuída à "liberdade" em detrimento da "justiça" (Badiou), mas sim o despotismo e o terror infundidos nas colônias (Marx) ou a "bárbara discriminação entre as criaturas humanas" de que falava Togliatti recorrendo aos ensinamentos de Marx e Lênin. Confinado por Anderson e muitos outros antes dele no marxismo oriental, o líder do PCI teve o mérito de refutar qualquer contraposição entre "liberdade" e "justiça".

Claro, ao promover uma e outra, é preciso levar em conta as condições objetivas: também para os clássicos do liberalismo, uma situação de guerra ou de guerra civil faz com que a segurança se torne prioritária em relação à liberdade. Para Togliatti, o comunismo é o movimento que luta pelos "direitos sociais", mas ao mesmo tempo, rejeitando a "bárbara discriminação entre as criaturas humanas", demonstra levar os "direitos de liberdade" muito mais a sério do que a tradição liberal e, justamente por isso, considera tais direitos "patrimônio do nosso movimento", do movimento comunista[29]. Não há como não suspirar: ah, se Badiou tivesse lido Togliatti!

---

[28] Sobre toda essa discussão, ver Domenico Losurdo, *La sinistra assente. Crisi, società dello spettacolo, guerra* (Roma, Carocci, 2014), cap. 2, § 3 e cap. 6, § 3 [ed. bras.: *A esquerda ausente: crise, sociedade do espetáculo, guerra*, São Paulo, Anita Garibaldi, 2016].

[29] Palmiro Togliatti, *Opere* (org. Ernest Ragionieri, Roma, Editori Riuniti, 1973-1984), v. 5 [1954], p. 869.

5. "Transformação do poder em amor", "teoria crítica", "grupo em fusão", renúncia ao poder

A ruptura do marxismo ocidental com a revolução anticolonial é também a recusa em assumir os problemas com que esta se depara com a conquista do poder. Também é claro a esse respeito o contraste entre marxismo ocidental e oriental. Habituado ao papel de oposição e de crítico – e, em boa medida, influenciado pelo messianismo –, o primeiro olha com suspeita ou reprovação para o poder que o segundo é chamado, pela vitória da revolução, a gerir. É o poder enquanto tal o objeto de acusação do jovem Bloch:

> O poder e o domínio em si são maus, mas é necessário opor-lhes um poder equivalente, quase um imperativo categórico que aponte o revólver, onde e enquanto não seja possível eliminá-los de outra forma, onde e enquanto o diabólico continue a se opor violentamente ao (ainda não descoberto) amuleto da pureza; somente então será possível se libertar de modo definitivo do domínio, do "poder", incluído aquele do bem, somente então será possível se libertar da mentira da vingança e da sua justiça.[30]

Se, mesmo que por um breve período, o jovem filósofo alemão levava em conta a gestão do poder, outros se retraíam desorientados e apavorados justamente por essa perspectiva. Logo depois da Revolução de Outubro, quem reivindicava a legitimidade e a necessidade histórica da gestão do poder se baseava no argumento de que os bolcheviques não podiam renunciar ao poder conquistado no curso da luta contra a guerra, sob o risco de prolongar a insana carnificina. O argumento não sensibilizava nem um pouco a corrente majoritária do Partido Socialista italiano: Lênin "devia recusar energicamente o poder"[31]. Também na Itália era absurdo colocar-se o problema da conquista do poder: "A guerra deve ser liquidada por aqueles que a desejaram. Nós devemos aproveitar as misérias que ela nos deixou para a *nossa crítica*, para a nossa obra de propaganda e de preparação"[32].

---

[30] Ernst Bloch, *Spirito dell'utopia* (2. ed., trad. Francesco Coppellotti, Florença, La Nuova Italia, 1992 [1923]), p. 318.

[31] Filippo Turati, "Leninismo e marxismo" [1919], em Franco Livorsi (org.), *Socialismo e riformismo nella storia d'Italia. Scritti politici 1878-1932* (Milão, Feltrinelli, 1979), p. 333.

[32] Idem, "Socialismo e massimalismo" [1919], em Franco Livorsi (org.), *Socialismo e riformismo nella storia d'Italia*, cit., p. 347.

180 O MARXISMO OCIDENTAL

Dá o que pensar a tendência a identificar a tarefa do partido e do movimento socialista na "crítica" mais do que na luta pela transformação da realidade político-social (por meio da conquista do poder). "Crítica" passava a ser, então, a palavra-chave da "teoria crítica", cujo posicionamento encontrava sua formulação clássica no peremptório *incipit* da *Dialética negativa* de Adorno:

> A filosofia, que uma vez pareceu superada, mantém-se viva, porque se perdeu o momento de sua realização. O juízo sumário de que ela simplesmente interpretou o mundo, e, por conformismo diante da realidade, se tornou incompleta em si mesma, se torna derrotismo da razão, depois que faliu a transformação do mundo [...]. A práxis, atualizada por tempo indeterminado, já não é a instância de recurso contra a especulação orgulhosa de si, mas, na maioria das vezes, o pretexto utilizado pelos executores para liquidar, como inútil, o pensamento crítico de que uma práxis transformadora do mundo necessitaria.[33]

Estavam em curso a revolução anticolonialista e a derrota do sistema colonialista-escravista mundial que se erguia sobre a negação do conceito universal de homem e a reificação da maior parte da humanidade, mas, aos olhos do expoente da teoria crítica, a "transformação do mundo" "faliu" e a "filosofia" não havia obtido nenhuma "realização", apenas porque tudo estava acontecendo através de um processo inédito, imprevisto e atormentado, bem distante de colocar em discussão o poder enquanto tal.

Ao contrário de Adorno, Sartre é um defensor apaixonado da ação, da práxis, do empenho político; mesmo assim, o filósofo do *engagement* tem algo em comum com o expoente da teoria crítica. Na *Crítica da razão dialética*, é recorrente e profundo o motivo pelo qual o "grupo em fusão" protagonista da revolução, sem conseguir resistir, tende a recair numa estrutura "prático-inerte", ela própria hierárquica e autoritária. O único momento exultante e mágico é o momento inicial da revolução, quando se derruba um poder considerado intolerável pela maior parte da opinião pública, e não, claro, aquele da consolidação do novo poder e da construção da nova ordem. O poder corrompe.

Esse tipo de comportamento, ainda que com matizes diversos, é comum a não raros expoentes do marxismo ocidental. Ao reconstruir sua evolução,

---

[33] Theodor Adorno, *Dialettica negativa* (trad. Carlo Alberto Donolo, Turim, Einaudi, 1970 [1966], p. 3 [ed. bras.: *Dialética negativa*, trad. Marco Antonio Casanova, Rio de Janeiro, Zahar, 2009].

depois de declarar que nunca teve interesse pelo Terceiro Mundo, o teórico italiano do operarismo prossegue assim:

> Gostávamos, ao contrário, do fato de que os operários do século XX quebrassem a continuidade da longa e gloriosa história das classes subalternas com suas revoltas desesperadas, suas heresias milenaristas, suas recorrentes e generosas tentativas, sempre dolorosamente reprimidas, de romper seus grilhões.[34]

Nesse caso, longe de gerir o poder, as classes subalternas não conseguem sequer derrubar o Antigo Regime. Mas as repetidas derrotas não provocam uma reflexão, não estimulam uma crítica do milenarismo, e somente em parte são uma razão de sofrimento. Por outro lado, elas são a prova da grandeza ambiciosa do projeto revolucionário e da pureza e nobreza da causa. O poder continua a ser um elemento de contaminação.

Leiamos agora os dois autores de *Império*: "Da Índia à Argélia, de Cuba ao Vietnã, o Estado é o presente de grego da libertação nacional". Sim, os palestinos podem contar com a simpatia e o apoio do marxismo ocidental; mas, a partir do momento que "tenham se institucionalizado", já não se pode estar ao "lado deles". O fato é que, "no momento em que a nação começa a se formar e se torna um Estado soberano, suas funções progressistas desaparecem"[35]. Ou seja, só se pode ser simpático às causas do povo chinês, vietnamita, palestino ou outros enquanto eles são oprimidos, humilhados e não têm o poder (isto é, estão submetidos ao poder colonialista e imperialista); pode-se apoiar uma luta de libertação nacional somente na medida em que ela continue a ser derrotada! A derrota ou a ineficácia de um movimento revolucionário são a premissa para que certos expoentes do marxismo ocidental possam se autocelebrar e se regozijar como rebeldes que se recusam, em qualquer circunstância, a se contaminar com o poder constituído!

A tendência aqui descrita vai aportar num livro recente, de razoável sucesso no âmbito do marxismo ocidental, que já no título convida a "mudar o mundo sem tomar o poder"[36]. Renunciar ao poder para se concentrar na

---

[34] Mario Tronti, *Operai e capitale* (Turim, Einaudi, 2009), p. 58.

[35] Michael Hardt e Antonio Negri, *Impero*, cit., p. 133 e 112.

[36] John Holloway, *Cambiare il mondo senza prendere il potere: il significato della rivoluzione oggi* (Roma, Carta, 2004 [2002]) [ed. bras.: *Mudar o mundo sem tomar o poder: o significado da revolução hoje*, trad. Emir Sader, São Paulo, Boitempo, 2003].

182 O MARXISMO OCIDENTAL

crítica do existente, evitando as distrações e os compromissos que a perspectiva da conquista do poder inevitavelmente comporta. Parece uma palavra de ordem nobre e elevada. No entanto, à luz da nova verdade, como parecem mesquinhas, retrospectivamente, as grandes lutas que os povos coloniais, as classes subalternas e as mulheres levaram a cabo para derrotar as três grandes discriminações (racial, censitária e de gênero) que excluíam esses três grupos do usufruto dos direitos políticos e da possibilidade de influenciar na composição e na orientação dos órgãos de poder! Como parecem mesquinhas em particular as lutas de emancipação dos povos coloniais que, mais do que as outras, se configuram claramente como lutas pelo poder. E não menos mesquinhas seriam as lutas emancipatórias de nosso tempo. São muitos, mesmo fora da esquerda, os que denunciam o fato de que a democracia no Ocidente está se tornando cada vez mais uma "plutocracia", o poder da grande riqueza e das finanças, que pode se valer de um sistema eleitoral que, repleto de artimanhas, faz com que seja muito difícil ou praticamente impossível o acesso das classes populares aos organismos representativos e aos cargos políticos mais altos. O que importa tudo isso se o problema real é "mudar o mundo sem tomar o poder"?

A plutocracia se faz notar também no plano internacional. Em sua época Churchill afirmou: "O governo do mundo deve ser confiado às nações satisfeitas, que para si não desejam nada além do que já têm. Se o governo mundial estivesse nas mãos das nações famintas, o perigo seria permanente"[37]. Em organismos como o Banco Mundial e o Fundo Monetário Internacional quem dita as regras são os patrões de ontem e hoje. E estes tentam tirar do jogo inclusive a ONU, reivindicando para o Ocidente (as "nações satisfeitas" de que falava Churchill) o poder de desencadear guerras em todos os cantos do mundo sem a autorização do Conselho de Segurança.

A nova verdade proclamada por Holloway é a verdade própria das religiões. No dia seguinte à derrota da revolução nacional hebraica, reprimida pelo imperialismo romano, Jesus proclamava: "O meu reino não é deste mundo". A autodissolução do marxismo ocidental se configura aqui como o abandono do terreno da política e a aproximação do terreno da religião.

---

[37] Citado em Noam Chomsky, *Deterring Democracy* (Londres/Nova York, Verso, 1991), p. ix.

6. A luta contra a "frase", de Robespierre a Lênin

Além disso, o mal-estar e a desconfiança nas relações de poder enquanto tais não se manifestaram somente no Oeste. Na Rússia, os adversários do marxismo acusavam seus seguidores, mesmo aqueles aparentemente mais revolucionários, de serem apenas uns falastrões incapazes de governar e dirigir um país e, por isso, propensos a fugir das responsabilidades do poder. Logo às vésperas da Revolução de Outubro, a fim inclusive de convencer seus companheiros de partido a superar hesitações residuais, Lênin reportava num artigo o retrato patético do bolchevismo traçado por seus adversários:

> Apesar de toda sua jactância verbal, todas as suas bravatas, toda sua ousadia afetada, os bolcheviques, salvo algum fanático, são audazes somente nas palavras. Por iniciativa própria, jamais ousariam tomar "todo o poder". Desorganizadores e destruidores *par excellence*, eles são, no fundo, covardes que nas profundezas da alma sentem perfeitamente sua própria ignorância e o caráter efêmero de seus sucessos atuais [...]. Irresponsáveis por natureza, anárquicos nos métodos e nos procedimentos, eles podem ser vistos apenas como uma das tendências do pensamento político, ou, melhor dizendo, como uma de suas aberrações.[38]

Cientes de como as coisas ocorreram, hoje podemos sorrir com tal retrato, mas não devemos esquecer a história que ele carrega. Por séculos, a cultura conservadora e liberal denunciou o "caráter abstrato" dos intelectuais promotores de uma transformação político-social radical: só podiam cultivar utopias e sonhos de renovação social – esse era o mote recorrente das acusações liberal-conservadoras – os intelectuais que não tinham qualquer experiência na gestão do poder. Aliás, nem sequer na administração de uma grande propriedade privada; eram, em sua maioria, homens sem posses que ganhavam a vida com o próprio cabedal de conhecimentos e que, portanto, estavam imersos num mundo artificial feito de livros, ideias, utopias nunca colocadas à prova pela realidade e pela prática; eram os "mendigos da pena" – segundo a definição depreciativa de Burke. Como podiam eles ter a pretensão de governar um Estado e exercer uma tarefa muito acima de suas capacidades[39]?

---

[38] Vladímir I. Lênin, *Opere complete* (Roma, Editori Riuniti, 1995-1970, 45 v.), v. 26, p. 77.

[39] Domenico Losurdo, *Il revisionismo storico*, cit., cap. 2, § 11.

184   O MARXISMO OCIDENTAL

Por mais interessada e impregnada de espírito de classe que fosse, tal crítica não carecia de verdade. Não há dúvida de que os intelectuais proprietários chegavam ao encontro da crise do Antigo Regime carregando consigo uma experiência real de exercício do poder. Na Revolução Americana, um papel eminente foi desempenhado pelos proprietários de escravos, que, nas primeiras décadas de vida da República norte-americana, ocuparam o cargo de presidente quase ininterruptamente. Antes da fundação do novo Estado, eles não se limitaram a usufruir de seus escravos como de uma espécie de propriedade privada "peculiar" entre outras: exerceram sobre seus escravos um poder executivo, legislativo e judiciário; portanto, chegaram bem preparados para o encontro com o exercício do poder político propriamente dito. Considerações análogas são válidas para a Inglaterra liberal: não estava ausente a propriedade de escravos (localizados no outro lado do oceano), mas eram os grandes proprietários de terra a ditar o tom na Câmara dos Lordes e dos Comuns e na cultura liberal. E, dadas as relações sociais da época, exerciam alguma forma de poder sobre os camponeses, a ponto de com frequência (como acontecia em particular no caso da *gentry*, da pequena nobreza) desempenharem o papel de juízes de paz, detendo, assim, o poder judiciário. Em seu conjunto, as duas revoluções liberais nas duas margens do Atlântico assistiam à ascensão ao poder de classes que tinham no seu passado uma consolidada prática de administração e de governo.

O quadro mudava radicalmente com a Revolução Francesa (sobretudo em sua fase jacobina) e com a Revolução de Outubro: em 1794, a abolição da escravidão não coube obviamente aos proprietários de escravos, mas sim aos "mendigos da pena", os intelectuais "abstratos" – e justamente por isso, surdos às razões e aos cálculos dos proprietários de gado humano. E, em 1917, quem conclamou os "escravos das colônias" a romper suas correntes não foram os beneficiários da exploração colonial, mas seus antagonistas, uma vez mais intelectuais "abstratos".

Os méritos dessa figura social, porém, não podem nos fazer perder de vista os seus limites. Robespierre[40] era obrigado a polemizar com os defensores da exportação da revolução, que acreditavam poder conseguir uma vitória definitiva "sobre o despotismo e a aristocracia universais" derrotando-os na "tribuna" da oratória, através de um pensamento "sublime" e de "figuras da retórica". Recusando-se a subscrever a humilhante Paz de Brest-Litovsk, imposta pelo imperialismo da Alemanha de Guilherme II e que arrancava da Rússia soviética

---

[40] Maximilien Robespierre, *Œvres* (Paris, PUF, 1950-1967), v. 8 [1792], p. 80-1.

uma parte significativa de seu território nacional, uma importante fração do partido bolchevique, sem perceber a extrema debilidade da Rússia soviética, sonhava com uma "guerra revolucionária" europeia que resolveria tudo e tornaria supérfluas as escolhas difíceis. A ironia de Lênin era pungente: não se podia enfrentar um inimigo superpoderoso com "palavras de ordem magníficas, atraentes, inebriantes, que não têm nenhum fundamento debaixo de si"; não fazia sentido deixar-se embalar por palavras, declamações e exclamações; era preciso "olhar a verdade na cara" e fazer uma análise concreta das relações de força. Lamentavelmente, "os heróis da frase revolucionária" desprezavam esse esforço; com efeito, a "frase revolucionária" é uma palavra de ordem que expressa apenas "sentimentos, desejos, cólera, indignação"[41].

Contudo, aqueles que a cada compromisso com o imperialismo viam uma abdicação às razões da revolução e da moral replicavam: "No interesse da revolução internacional, acreditamos ser oportuno admitir a possibilidade de perder o poder soviético, que agora está se tornando puramente formal". Eram palavras "estranhas e monstruosas"[42] aos olhos de Lênin, que em tal tomada de posição denunciava o persistente posicionamento dos intelectuais inclinados a ver no poder (com os compromissos que ele inevitavelmente comporta) uma fonte de contaminação moral e, portanto, inclinados a preferir o papel de eterna oposição, "crítica", mas substancialmente irrealista, como, não sem razão, haviam insinuado os círculos liberais ou conservadores ainda às vésperas de outubro.

Sendo assim, no momento da formação da Internacional Comunista, o caráter abstrato dos intelectuais revolucionários se fazia sentir tanto no Leste quanto no Oeste, mas, a certa altura, seus posicionamentos passam a divergir. No Leste, tendo chegado ao poder, os intelectuais ou ex-intelectuais foram obrigados a se empenhar num árduo processo de aprendizagem. Em março de 1920, Lênin convidava os quadros do partido e do Estado a aprender tudo o que fosse necessário para que não fossem varridos pela contrarrevolução: "a arte de administrar" não caía "do céu" e não era "um dom do Espírito Santo"[43].

Muito diferentes foram os desenvolvimentos no Oeste: não se realizavam as expectativas messiânicas da "transformação do poder em amor"; nem por isso deixava de existir a postura de desconfiança em relação ao poder, entendido como fonte de contaminação intelectual e moral. A lacuna entre marxistas

---

[41] Vladímir I. Lênin, *Opere complete*, cit., v. 27, p. 9-11.

[42] Ibidem, v. 27, p. 54-5.

[43] Ibidem, v. 30, p. 414-6.

orientais e marxistas ocidentais se configurava, no fim das contas, como uma contraposição entre marxistas que exerciam o poder e marxistas que estavam na oposição e se concentravam cada vez mais na "teoria crítica", na "desconstrução", ou melhor, na denúncia do poder e das relações de poder enquanto tais. Tomava forma, assim, um "marxismo ocidental" que, em seu distanciamento do poder, entendia ter a condição privilegiada ou exclusiva para a redescoberta do marxismo "autêntico", não mais reduzido à ideologia de Estado.

É justificada tal pretensão? Na realidade, se por um lado eles podem dar mais lucidez ao olhar, por outro lado, o distanciamento do poder e o desdém em relação a ele podem também embaçar a visão. Não há dúvida de que a pressão exercida pelas tarefas de direção de um país contribuiu significativamente para que Lênin, Mao e outros líderes, o marxismo oriental como um todo, se desvencilhassem das expectativas messiânicas e amadurecessem uma visão mais realista do processo de construção de uma sociedade pós-capitalista. Do lado oposto, com seu persistente apego à "frase", o marxismo ocidental acabou por representar duas figuras que são o alvo da crítica de Hegel: na medida em que se satisfaz com a crítica e, mais do que isso, na crítica encontra sua razão de ser, sem se colocar o problema de formular alternativas viáveis e de construir um bloco histórico alternativo àquele dominante, ele é a ilustração do pedantismo do dever ser. Quando goza do distanciamento do poder como de uma condição da própria pureza, ele encarna a boa alma.

7. A GUERRA E A CERTIDÃO DE ÓBITO DO MARXISMO OCIDENTAL

Reduzido a religião – e a religião escapista –, o marxismo ocidental não é capaz de dar uma resposta aos problemas do presente e, em particular, ao crescente agravamento da situação internacional. Vejamos o que aconteceu nos últimos anos. Sobretudo quando da guerra contra a Líbia, em 2011, importantes órgãos da imprensa ocidental reconheceram seu caráter neocolonial. Neocolonial e sanguinário. Um eminente filósofo francês, muito distante do marxismo, observou: "Hoje sabemos que a guerra fez pelo menos 30 mil mortos, contra as trezentas vítimas da repressão inicial" atribuída a Kadafi[44]. Segundo outras estimativas, o balanço da intervenção da Otan seria ainda pior. E a tragédia continua: um país foi destruído, um povo é obrigado a escolher entre o desespero na pátria e uma fuga para o desconhecido, que poderia ser mortal.

---

[44] Tzvetan Todorov, "La guerra impossibile", *la Repubblica*, 26 jun. 2012.

RECUPERAÇÃO OU ÚLTIMO SUSPIRO DO MARXISMO OCIDENTAL? 187

Não me consta que algum expoente de relevo do "marxismo ocidental" ou do "marxismo libertário ocidental" tenha denunciado tal horror. Ou melhor, uma personalidade (Rossana Rossanda) que, como fundadora de um "diário comunista" (*il manifesto*), pode bem ser inserida no âmbito do "marxismo ocidental" ou do "marxismo libertário ocidental", chegou ao limite de invocar a intervenção armada contra a Líbia de Kadafi. Esse limite foi alegremente ultrapassado por Susanna Camusso, secretária-geral da CGIL (um sindicato que também se distanciou da antiga vizinhança com o Partido comunista e o marxismo "oriental").

Como chegamos a tal ponto? No momento da eclosão da primeira guerra contra o Iraque, enquanto o Partido Comunista Italiano começava a se dissolver, um de seus ilustres filósofos, Giacomo Marramao, declarava ao *l'Unità* de 25 de janeiro de 1991: "Na história, nunca aconteceu que um Estado democrático declarasse guerra a outro Estado democrático". Na realidade, os dois países que adoram se autocelebrar como as mais antigas democracias do mundo, Grã-Bretanha e Estados Unidos, estiveram em guerra já no momento da crise que deu origem à fundação da República norte-americana e se enfrentaram, poucas décadas depois, em outra guerra, combatida com tamanho furor ideológico que, como sabemos, Jefferson julgava ser uma "guerra de extermínio". Ainda que queiramos admitir que os Estados democráticos vivam em paz entre si, isso talvez não reduziria a ninharia o genocídio cometido pela democrática República norte-americana contra os ameríndios e pelo democrático Império britânico contra, por exemplo, os nativos da Austrália ou da Nova Zelândia? Por outro lado, não é Tocqueville, o grande teórico da democracia, que revela a verdadeira face das guerras coloniais do Ocidente liberal-democrático quando invoca o recurso a práticas abertamente genocidas contra a população argelina? Já desmentido por Togliatti no início da Guerra Fria, o mito evocado por Marramao evidencia uma vez mais o desencontro entre marxismo ocidental e revolução anticolonial.

Vamos dar, agora, um salto de oito anos. Em 1999, uma guerra deflagrada pela Otan sem autorização do Conselho de Segurança da ONU não hesitava em atacar "alvos civis"[45] para destruir a Iugoslávia. A natureza dessa guerra era explicitada por seus defensores: "Somente o imperialismo ocidental – embora poucos gostem de chamá-lo pelo nome – pode agora unir o continente

---

[45] Niall Ferguson, *The Cash Nexus: Money and Power in the Modern World* (Londres, The Penguin Press, 2001), p. 413 [ed. bras.: *A lógica do dinheiro: riqueza e poder no mundo moderno 1700-2000*, trad. Maria Teresa Machado, Rio de Janeiro, Record, 2007].

188   O MARXISMO OCIDENTAL

europeu e salvar os Bálcãs do caos"[46]. "É para o que de bom surge no Kosovo [retirado da Iugoslávia e transformado em sede de uma gigantesca base militar estadunidense] que o mundo agora deveria olhar; a Otan quer e pode fazer tudo o que for necessário para defender seus interesses vitais"[47]. Apesar disso, no início das operações militares, um expoente de primeiro plano do marxismo ocidental tinha a coragem de escrever:

> Devemos reconhecer que esta não é uma ação do imperialismo americano. De fato, é uma operação internacional (ou, para ser mais preciso, supranacional). E seus objetivos não são guiados pelos limitados interesses nacionais dos Estados Unidos: o objetivo final dessa ação é, efetivamente, tutelar os direitos humanos (ou melhor, a vida humana).[48]

Um ano depois, *Império* anunciava a boa notícia: não fazia mais sentido falar de imperialismo no sentido de Lênin; o mundo já estava unificado no plano econômico e político; já havia, inclusive, sido assinada a "paz perpétua e universal"[49]! Essa mensagem reconfortante foi lançada, como acabamos de ver, quando se dava a reabilitação indireta ou explícita do imperialismo. Tratava-se de uma campanha que começou com a dissolução do "campo socialista" e da própria União Soviética e que continuou crescendo na onda das guerras aos poucos desencadeadas pelo Ocidente e por seu país-guia, embora sem autorização do Conselho de Segurança, o que demonstrava que nenhum poder podia resistir à soberana vontade imperial de Washington e de seus mais estreitos aliados e vassalos.

Na euforia daqueles anos, os gritos de júbilo se confundiam com anúncios de programas ambiciosos: o Ocidente – observava em 1991 Barry G. Buzan, conceituado estudioso – havia "triunfado, tanto sobre o comunismo quanto sobre o terceiro-mundismo" e, portanto, podia tranquilamente reconstruir o mundo. Um ano depois, o filósofo mais ou menos oficial da "sociedade aberta" ocidental, Karl R. Popper, referindo-se às ex-colônias, proclamava: "Libertamos

---

[46] Robert D. Kaplan, "A NATO Victory Can Bridge Europe's Growing Divide", *International Herald Tribune*, 8 abr. 1999.

[47] Joseph Fitchett, "Clark Recalls 'Lessons' of Kosovo", *International Herald Tribune*, 3 maio 2000, p. 4.

[48] Michael Hardt, "La nuda vita sotto l'Impero", *il manifesto*, 15 maio 1999, p. 8.

[49] Michael Hardt e Antonio Negri, *Impero*, cit., p. 16.

esse Estados [as ex-colônias] rápido demais e de forma muito simplista"; é como "abandonar um jardim de infância à própria sorte". Para quem ainda não tivesse entendido, em 1993, o *The New York Times Magazine*, o suplemento dominical do mais importante diário estadunidense, não conseguia esconder seu entusiasmo, já no título de um artigo escrito por Paul Johnson, historiador britânico de sucesso: "O colonialismo está voltando, era hora!". Poucos anos depois, em março-abril de 2002, a *Foreign Affairs*, uma revista próxima ao Departamento de Estado, com seus títulos e com o artigo de abertura (confiado a Sebastian Mallaby), convidava todos a se renderem à evidência e às relações de força existentes: "a lógica do *imperialismo*", ou "do *neoimperialismo*", era "muito rigorosa" para que se quisesse contrariá-la. Ainda mais longe ia o historiador ocidental mais famoso nos dias de hoje, Niall Ferguson, que invocava a instituição de um "Colonial Office" baseado no modelo representado pelo Império britânico e, com o olhar voltado para Washington, louvava o "mais magnânimo poder imperial que já existiu"[50].

Contudo, esse programa de contrarrevolução colonial e imperial encontra crescentes dificuldades, e eis que em nossos dias se avolumam as análises, os discursos, as preocupações que aludem ao perigo de uma guerra de grande escala, de uma terceira guerra mundial, de uma guerra que poderia até ser de natureza nuclear. Pode-se, então, compreender que os Estados Unidos há algum tempo aspirem a garantir "para si a possibilidade de um primeiro golpe [nuclear] impune"[51], de modo a exercer um terrível poder de chantagem sobre o resto do mundo: os outros países seriam de fato obrigados a escolher entre a obediência ao soberano de Washington e a aniquilação. É essa aspiração que explica a denúncia, por parte do presidente George W. Bush, em 13 de junho de 2002, do tratado firmado trinta anos antes. Era "talvez o acordo mais importante da Guerra Fria"[52], aquele segundo o qual os Estados Unidos e a União Soviética se empenhavam em limitar fortemente a construção de bases antimísseis, renunciando assim à perseguição do objetivo da invulnerabilidade nuclear e, portanto, do domínio planetário que tal invulnerabilidade deveria garantir.

A guerra para a qual, se necessário, os Estados Unidos se preparam é a guerra contra a China, o país nascido da maior revolução anticolonial da história e dirigido por um experimentado Partido comunista, e/ou contra a Rússia, que

---

[50] Domenico Losurdo, *La lotta di classe*, cit., cap. 9, § 1.

[51] Sergio Romano, *Il declino dell'impero americano* (Milão, Longanesi, 2014), p. 29.

[52] Idem, *In lode della guerra fredda: una controstoria* (Milão, Longanesi, 2015), p. 24.

com Putin cometeu o erro, do ponto de vista da Casa Branca, de se livrar do controle neocolonial a que se tinha curvado ou adaptado Iéltsin (graças a uma privatização selvagem e predatória, o Ocidente estava prestes controlar o imenso patrimônio energético do país).

Essa nova situação internacional, repleta de perigos, encontra o marxismo ocidental completamente despreparado. Por um lado, o anúncio, por parte de Hardt e Negri, do advento da paz perpétua e universal, reduziu esse marxismo a uma condição de apatia; por outro, o discurso à la Marramao, que iguala a causa da democracia e a causa da paz, é subalterno à ideologia ocidental da guerra e pode servir para legitimar a cruzada proclamada por Washington contra a China e a Rússia. Também inadequada e enganosa é a tese cara a Harvey das eternas rivalidades e "guerras interimperialistas". Certamente, não é com essa categoria que podemos compreender as expedições militares realizadas pelo Ocidente e, sobretudo, por seu país-guia, depois do triunfo alcançado na Guerra Fria e num período em que os Estados Unidos eram uma superpotência solitária e absolutamente sem rivais. Dezembro de 1989: invasão do Panamá; 1991: primeira guerra contra o Iraque; 1999: guerra contra a Iugoslávia; 2003: segunda guerra contra o Iraque; 2011: guerra contra a Líbia; nesse mesmo ano começava a intervenção na Síria para dar continuidade a uma operação de *regime change*, invocada pelos neoconservadores estadunidenses já em 2003. Como explicar que sejam apenas o Ocidente e, principalmente, seu país-guia (a "nação eleita por Deus" ou, ainda, a "nação indispensável" e envolta pela aura do "excepcionalismo") a se arrogar o direito soberano (e imperial) de intervir em todos os cantos do mundo, mesmo sem autorização do Conselho de Segurança da ONU?

Não tenhamos dúvida: para nos orientar no presente, não podemos perder de vista a revolução anticolonialista (na maioria das vezes guiada por partidos comunistas), que foi o conteúdo principal do século XX, e o funesto projeto de derrotar a revolução anticolonialista, que está no centro da assim denominada "revolução neoconservadora" e da política externa estadunidense. Nascido do horror à carnificina da Primeira Guerra Mundial, o marxismo ocidental se revela incapaz de fazer frente às guerras neocoloniais que se sucedem e de compreender e confrontar a guerra em grande escala que se vislumbra no horizonte. Tem-se aqui a certidão de óbito do marxismo ocidental.

VI
COMO O MARXISMO NO OCIDENTE PODE RENASCER

1. Marx e o futuro em quatro tempos

O marxismo no Ocidente pode renascer? E em quais condições? Para responder a essas indagações, convém que nos perguntemos sobre o modo como o pensamento de Marx e Engels se encontrou e se chocou com a história real do século XX, que eles obviamente não previram nem podiam prever. Por estar concentrado na transformação da ordem existente, o discurso de ambos faz constante referência ao futuro, cuja realização caberia ao proletariado (a classe revolucionária por excelência) e ao partido, que é a expressão política dessa classe.

Preliminarmente cabe precisar que o futuro ao qual remetem os dois grandes pensadores e revolucionários se desenrola em quatro tempos bastante distintos. Ao escrever *Sobre a questão judaica*, em 1844, Marx fala da República norte-americana como o país da "emancipação política completa": a discriminação censitária havia sido substancialmente eliminada (no âmbito da comunidade branca); quase todos os homens adultos, mesmo aqueles sem propriedades, gozavam do direito de voto e podiam ser eleitos nos organismos representativos. Ou, para citar os *Grundrisse*, haviam sido definitivamente eliminadas as "relações de dependência pessoal", sancionadas por lei, próprias da sociedade feudal e pré-burguesa, e, com o advento da sociedade capitalista, haviam sido substituídas pela "independência pessoal fundada sobre uma dependência coisal"[1].

---

[1] Karl Marx, *Grundrisse der Kritik der politischen Oekonomie (Rohentwurf) 1857-1858* (Berlim, Dietz, 1953), p. 75 [ed. bras.: *Grundrisse: manuscritos econômicos de 1857-1858 – esboços da crítica da economia política*, tradução Mario Duayer e Nélio Schneider, São Paulo/Rio de Janeiro, Boitempo/Editora UFRJ, 2011, p. 104 e 106].

192   O MARXISMO OCIDENTAL

Com a nova ordem, no plano legal e formal vigoravam liberdade e igualdade; porém, as relações sociais de produção e distribuição da riqueza material vinham reiterar as desigualdades, mesmo as mais gritantes, a começar pela "escravidão assalariada" imposta aos trabalhadores, que, no plano formal, eram livres como seus empregadores e iguais a eles. Com base na visão delineada em *Sobre a questão judaica* e nos *Grundrisse*, as discriminações persistentes que por lei excluíam certas categorias de pessoas da participação na vida política seriam espontânea e gradualmente extintas; a passagem para a "emancipação política completa", ou para a "independência pessoal fundada na dependência material", podia ser considerada uma tendência imanente à própria sociedade burguesa, e tal tendência se imporia em tempo mais ou menos breve. Assim, o primeiro tipo de futuro que encontramos em Marx e Engels é aquele que poderíamos chamar de futuro em curso, que não é o futuro pós-capitalista, mas sim aquele já em curso na sociedade burguesa, o futuro que a própria sociedade burguesa realizaria progressivamente ao longo de seu processo de maturação.

A superação do capitalismo (com a abolição da "escravidão assalariada" e a união da emancipação econômica e social à emancipação política) remete a outro tipo de futuro. A *Crítica do programa de Gotha* prevê e almeja, após a derrubada do poder político da burguesia, um período de transição sob o signo da "ditadura revolucionária do proletariado"[2] e da incipiente transformação socialista. Aos olhos de Marx, tratava-se de um problema na ordem do dia já no momento em que ele escrevia e, portanto, era preciso lidar com um futuro próximo. O período de transição desemboca, finalmente, no comunismo. Citando o *Manifesto do Partido Comunista*, "em lugar da antiga sociedade burguesa, com suas classes e seus antagonismos de classe, surge uma associação na qual o livre desenvolvimento de cada um é a condição para o livre desenvolvimento de todos"[3]. O advento do comunismo pressupõe a derrota definitiva do capitalismo e sua total superação. Nesse caso, estamos na presença de um futuro remoto. Já quando o comunismo é imaginado e configurado como uma sociedade que acaba por ser totalmente sem contradições e conflitos, podendo até dispensar o Estado enquanto tal, o futuro remoto, na verdade, se transforma num futuro utópico. Em suma, após o futuro em curso, que, para uma dialética interna à sociedade burguesa, deveria realizar a "emancipação política completa", a

---

[2]   Karl Marx e Friedrich Engels, *Werke* (Berlim, Dietz, 1955-1990, 43 v.), v. 19, p. 28.

[3]   Ibidem, v. 4, p. 482 [ed. bras.: *Manifesto Comunista*, org. Osvaldo Coggiola, trad. Álvaro Pina e Ivana Jinkings, 1. ed. rev., São Paulo, Boitempo, 2010, p. 59].

edificação da ordem pós-capitalista compreende três tipos de futuro: o futuro próximo, o futuro remoto e o futuro utópico.

Entretanto, convém notar desde logo que as coisas não seguiram exatamente o rumo previsto por Marx e Engels. No Ocidente, a "emancipação política completa" não foi, de maneira alguma, o resultado de uma dialética espontânea interna à sociedade burguesa. A primeira grande discriminação (a detenção do monopólio dos direitos políticos pelos proprietários e a exclusão dos não proprietários em relação a esses direitos) só foi eliminada graças a uma extensa luta do movimento operário de inspiração socialista e marxista. Isso vale também para a superação da segunda grande discriminação, que negava às mulheres, além do exercício dos direitos políticos, a possibilidade de ingressar nas profissões liberais, confinando-as à escravidão doméstica ou aos segmentos inferiores do mercado de trabalho. É especialmente importante a história da terceira grande discriminação, aquela em detrimento dos povos coloniais ou de origem colonial. Na democrática República norte-americana, bem longe do surgimento de uma evolução gradual da sociedade burguesa, a abolição da escravidão negra foi o resultado de uma guerra civil que, para a população estadunidense, implicou mais mortos do que as duas guerras mundiais somadas. Ademais, a derrota sofrida pelo Sul escravagista não representou o fim das relações servis de trabalho, que ainda continuaram a subsistir nas colônias em larga escala no século XX.

Em conclusão, séculos de desenvolvimento do sistema capitalista mundial, longamente hegemonizado por países de consolidada tradição liberal, não contribuíram para consolidar a emancipação política. Ao elaborar um modelo teórico, "abstrato" por definição, Marx podia muito bem dizer que era a própria dialética interna à sociedade burguesa que impelia à "emancipação política completa"; na verdade, essa tendência era neutralizada por outra ainda mais forte, ou seja, pela tendência ao expansionismo colonial inerente ao capitalismo. Isso implicou a consolidação de monstruosas formas de desigualdade e falta de liberdade não apenas nas colônias, mas também na própria metrópole capitalista. Na própria República norte-americana, considerada por Marx o país por excelência da "emancipação política completa", mesmo após o término da Guerra de Secessão, os negros continuavam destituídos não apenas dos direitos políticos, mas quase sempre também dos civis. A prática de linchamentos organizados como espetáculo de massa e as placas que, à entrada de vários parques públicos do Sul dos Estados Unidos, proibiam o ingresso "de cães e de negros" eram demonstração disso. Como sabemos, na China reduzida a

194 O MARXISMO OCIDENTAL

colônia ou semicolônia, os equiparados aos cães pela raça dos senhores eram os chineses, expostos a todo tipo de discriminação e ultraje, mesmo quando emigravam para os Estados Unidos em busca de trabalho!

2. A LONGA LUTA CONTRA O SISTEMA COLONIALISTA-ESCRAVISTA MUNDIAL

A partir desse cenário, somos obrigados a repensar o quadro que Marx delineia da história e da teoria da emancipação. Aos seus olhos, antes da revolução decisiva que confirmaria a emancipação social, o ponto de partida deveria ser a Revolução Americana (que originou o país da "emancipação política completa") e a Revolução Francesa (que colocou na ordem do dia a emancipação política da Europa como um todo). Na realidade, vimos que a revolta dos colonos que levou à fundação dos Estados Unidos era muito mais uma contrarrevolução no que diz respeito às relações com os povos coloniais ou de origem colonial. Tais relações devem ser o alvo de nossa atenção por dois motivos: foi nas colônias que emergiu o sistema de poder mais duro, quase sempre implicando a escravidão e até o genocídio contra os povos subjugados; além do mais, quem sofreu com tal sistema de poder foi, de fato ou potencialmente, a grande maioria da humanidade.

Temos então de nos conscientizar de que o primeiro grande golpe ao sistema capitalista-escravista mundial foi dado pela revolução dos escravos negros de São Domingos, dirigida por Toussaint Louverture. Para continuar a ver a Revolução Francesa como o ponto de partida do gigantesco choque entre emancipação e submissão que atravessa a história contemporânea, seria necessário datá-la de um modo diferente do tradicional, indicando 1789-1791 como o início da gigantesca reviravolta e, assim, entrelaçando num único processo a derrubada do Antigo Regime na França e o levante contra a escravidão e a submissão colonial em São Domingos.

Podemos descrever a natureza do sistema colonialista-escravista mundial dando a palavra a testemunhas e autores em nada estranhos ao Ocidente liberal. Em meados do século XIX, um historiador liberal britânico chama a atenção para o "reino de terror" imposto pela Inglaterra à Índia nos momentos de crise, um "reino de terror" em relação ao qual "todas as injustiças dos precedentes opressores, asiáticos e europeus, pareciam uma bênção"[4]. A situação não é

---

[4] Thomas B. Macaulay, *Critical and Historical Essays, Contributed to The Edinburgh Review* (Leipzig, Tauchnitz, 1850), v. 4, p. 273-4.

melhor para as colônias situadas na Europa. Gustave de Beaumont, amigo e companheiro de Tocqueville ao longo da viagem à América, referindo-se à Irlanda, fala de "uma opressão religiosa que supera toda imaginação"; as perseguições, as humilhações, os sofrimentos impostos pelo "tirano" inglês a esse "povo escravo" demonstram que "nas instituições humanas está presente um grau de egoísmo e de loucura cujo limite é impossível definir". Afirma-se que a dominação exercida pelo Império britânico sobre a ilha infeliz constitui extremo limite do Mal, o Mal absoluto, representação que nos dias de hoje, ressalte-se, geralmente é reservada ao Terceiro Reich.

Vejamos agora o que acontece nos Estados Unidos. Não é de admirar que o terror recaia sobre os negros. A situação vigente na Virgínia, logo após a revolta de 1831, é assim descrita por um viajante: "O serviço militar [das patrulhas brancas] acontece dia e noite, Richmond parece uma cidade sitiada [...]. Os negros [...] não se arriscam a se comunicar uns com os outros com medo de serem punidos". Mais interessante é notar como o terror termina atingindo a própria comunidade branca. Segundo uma importante personalidade da União, em relação ao clima vigente no Sul da República norte-americana nos anos que precedem a Guerra Civil, o partido abolicionista não está ausente, mas "é movido pelo medo da submissão"; os que são contrários à escravidão "não ousam sequer trocar opinião com outros que pensam como eles, por temor de serem traídos". O historiador atual que relata esse testemunho conclui que, valendo-se dos linchamentos, das violências e de ameaças de todo tipo, o Sul consegue calar não apenas qualquer oposição, mas também todo tímido dissenso. Além dos abolicionistas, sentem-se ameaçados os que gostariam de tomar distância dessa impiedosa caça às bruxas. Todos são convencidos pelo terror a "manter a boca bem fechada, matar as próprias dúvidas, enterrar as próprias reservas". Certamente trata-se de uma descrição eficaz do terror totalitário e do totalitarismo.

O filósofo liberal Herbert Spencer descreve o modo como procede o expansionismo colonial (sempre protagonizado por países que encarnam a tradição liberal): à expropriação dos derrotados segue-se o seu "extermínio". Não são apenas os "índios da América do Norte" e os "nativos da Austrália" que pagam a conta. O uso de práticas genocidas tem lugar em todo canto do Império colonial britânico: na Índia, "foi infligida a morte a regimentos inteiros", culpados por "terem ousado desobedecer aos comandos tirânicos de seus opressores". Cerca de cinquenta anos mais tarde, Spencer sente-se obrigado a carregar nas tintas: "entramos numa época de canibalismo social em que as nações mais fortes estão devorando as mais fracas"; é necessário reconhecer que "os selvagens brancos da Europa estão, de longe, superando os selvagens de cor em todos os lugares". De fato, a Bélgica liberal reduz "a população indígena [do Congo] dos 20-40 milhões de 1890 aos 8 milhões de 1911". Além do mais, conhecemos as práticas genocidas realizadas pelos Estados Unidos para destruir o movimento independentista nas Filipinas.

O genocídio não é apenas praticado, mas também serenamente, ou melhor, alegremente teorizado. Vimos Roosevelt teorizar no final do século XIX, contra os povos coloniais rebeldes, "uma guerra de extermínio" que não poupe "mulheres e crianças". São eloquentes as palavras que nos vêm do homem político e presidente estadunidense: "Não chego ao ponto de acreditar que os índios bons sejam apenas os índios mortos, mas acredito que nove em dez sejam assim; e não gostaria de me aprofundar muito sobre o décimo". Mas há poucos motivos para brincar: na República norte-americana aumenta o número de vozes que veem na "extinção do inadaptado" uma "lei divina da evolução" e que declaram estar na ordem do dia a "solução final (*ultimate solution*) da questão negra", como réplica feliz da substancialmente já consumada solução final da questão ameríndia.

Seria arbitrário desvincular da tradição colonial as páginas mais sombrias do século XX, aquelas escritas pelo nazifascismo. Hitler se propunha imitar a Grã-Bretanha e os Estados Unidos: pretendia estabelecer as "Índias alemãs" na Europa oriental ou promover ali uma expansão colonial semelhante àquela do Faroeste da República norte-americana. Foi ao longo da opressão colonial e racial posta em prática justamente pelos Estados Unidos contra os nativos e negros que vieram à tona as palavras que depois se tornariam as palavras-chave da ideologia nazista: *under man/Untermensch* e *ultimate solution/Endlösung*. O império colonial germânico devia ser construído graças ao trabalho forçado dos "indígenas", dos eslavos praticamente reduzidos à condição de escravos.

Tal projeto também afundava suas raízes numa antiga história que ia muito além da Alemanha. Com o fim da Guerra de Secessão, os escravos negros foram substituídos pelos *coolies*, isto é, semiescravos "amarelos", provenientes da Índia ou da China. Independentemente dos *coolies*, o expansionismo colonial, também aquele conduzido por países liberais, implicou a imposição de formas modernas de escravidão ou semiescravidão em detrimento dos povos dominados. Foi por isso que Lênin, ao se referir ao conflito entre as grandes potências capitalistas e colonialistas protagonistas da Primeira Guerra Mundial, falou em "guerra entre os proprietários de escravos para a consolidação e o fortalecimento da escravidão"[5]. Seria um exagero polêmico? Na eclosão do conflito, no Egito, os camponeses surpreendidos nos mercados eram "presos e enviados aos centros de mobilização mais próximos". Citando A. J. P. Taylor, um historiador britânico conservador, "cerca de 50 milhões de africanos e 250 milhões de indianos" foram forçados pela Inglaterra a combater e morrer em massa numa guerra sobre a qual nada sabiam[6].

Se o que define a escravidão é o poder de vida e de morte exercido pelo patrão, a definição de Lênin mostra-se oportuna: as grandes potências coloniais se atribuíam o poder de vida e de morte sobre os povos que dominavam! E tal poder se abatia de alguma forma também sobre a força de trabalho mais ou menos servil que a Grã-Bretanha e a França enviavam das colônias ao *front* para a construção de trincheiras ou para outros trabalhos ainda mais pesados e perigosos. Em particular, esta última prática inspirava o Terceiro Reich que, com uma ulterior escalada de brutalidade, extraía dos territórios dominados da Europa oriental uma grande massa de escravos, obrigados a trabalhar e a morrer de cansaço e de esforço físico na manutenção do aparato produtivo necessário para a condução da guerra.

Os elementos de continuidade também são claros no que diz respeito à ideologia racial. Eis uma "profissão de fé racial" do início do século XX:

1) "O sangue dirá"; 2) A raça branca deve dominar; 3) Os povos teutônicos declaram-se pela pureza das raças; 4) O negro é um ser inferior e assim permanecerá; 5) "Este é um país do homem branco"; 6) Nenhuma igualdade social; 7)

---

[5] Ver, neste volume, cap. 2, § 1.

[6] Sobre o Congo, ver Hannah Arendt, *Le origini del totalitarismo* (3. ed., trad. Amerigo Guadagnin, Milão, Comunità, 1989 [1951]), p. 259, nota [ed. bras.: *As origens do totalitarismo*, trad. Roberto Raposo, São Paulo, Companhia da Letras, 1989]; sobre Beaumont, ver Domenico Losurdo, *Controstoria del liberalismo* (Roma/Bari, Laterza, 2005), cap. 9, § 1 [ed. bras.: *Contra-história do liberalismo*, trad. Giovanni Semeraro, Aparecida-SP, Ideias & Letras, 2006]; sobre o terror nos Estados Unidos, ver ibidem, cap. 2, § 7, e cap. 4, § 2; sobre Spencer, ver ibidem, cap. 9, § 3; sobre o Terceiro Reich e a escravidão colonial, ver Domenico Losurdo, *La lotta di classe. Una storia politica e filosofica* (Roma/Bari, Laterza, 2013), cap. 6, § 8 [ed. bras.: *A luta de classes: uma história política e filosófica*, trad. Silvia de Bernardinis, São Paulo, Boitempo, 2015]; sobre Roosevelt, ver idem, *Il revisionismo storico. Problemi e miti* (Roma/Bari, Laterza, 2015), cap. 5, § 5 [ed. bras.: *Guerra e revolução: o mundo um século após outubro de 1917*, trad. Ana Maria Chiarini e Diego Silveira Coelho Ferreira, São Paulo, Boitempo, 2017]; sobre a "solução final" da questão negra, ver ibidem, cap. 9, § 4; sobre o recrutamento de africanos e indianos, ver ibidem, cap. 5, § 2.

Nenhuma igualdade política [...]; 10) Que seja oferecida ao negro a instrução profissional que melhor se adapte a fazê-lo servir ao branco [...]; 14) Que o homem branco de condição mais baixa conte mais do que o negro de condição mais elevada; 15) As declarações anteriores indicam as disposições da Providência.

Seria um manifesto nazista? Não. Trata-se de palavras de ordem utilizadas no Sul dos Estados Unidos, nos anos que antecedem a formação do movimento nazista na Alemanha, por homens armados e de uniforme, que desfilam durante os "Jubileus da supremacia branca" e que estão decididos a lançar mão de todos os meios para confirmar a "superioridade do ariano" e a condição servil ou semisservil dos negros[7].

Quanto ao Império do Sol Nascente, nos dias de hoje é um historiador conservador de grande sucesso quem reconhece que os japoneses "acabaram copiando tudo, da vestimenta e cabelos ocidentais à prática europeia [e em particular britânica] da colonização dos países estrangeiros"[8]. Enfim, os nacionalistas italianos que confluíram no fascismo em nome da expansão colonial tinham frequentado a escola "dos Kipling e dos Roosevelt"[9], a escola do colonialismo-imperialismo britânico e estadunidense.

O horror do sistema colonialista decerto não termina com a derrota do Terceiro Reich e de seus aliados. Em vez de citar a Argélia e o Vietnã, limito-me aqui a dar o exemplo de duas tragédias talvez menos conhecidas. Entre 1952 e 1959, foi deflagrada no Quênia a Revolta dos Mau-Mau. Recorrendo fartamente à mais recente historiografia sobre o tema, uma respeitável revista *liberal* estadunidense assim descreveu os métodos empregados pelo governo de Londres para restabelecer a ordem na sua colônia: no campo de concentração de Kamiti, as mulheres "eram interrogadas, chicoteadas, reduzidas à inanição e submetidas ao trabalho forçado que incluía o preenchimento de valas comuns com cadáveres provenientes de outros campos de concentração. Várias delas davam à luz em Kamiti, mas a taxa de mortalidade das crianças era assustadora. As mulheres enterravam seus filhos em montes de seis"[10]. Da África passemos

---

[7] Citado em C. Vann Woodward, *Le origini del nuovo Sud* (trad. Luciano Serra, Bolonha, il Mulino, 1963 [1951]), p. 332-5.

[8] Niall Ferguson, *Civilization. The West and the Rest* (Londres, Penguin Books, 2011), p. 306 [ed. bras.: *Civilização: Ocidente x Oriente*, trad. Janaína Marcoantonio, São Paulo, Planeta, 2012].

[9] Benedetto Croce, *Storia d'Italia dal 1871 al 1915* (Bari, Laterza, 1967 [1928]), p. 251.

[10] Domenico Losurdo, *Il revisionismo storico. Problemi e miti*, cit., cap. 6, § 2.

à América Latina. Ainda naqueles anos, vemos os Estados Unidos não apenas instaurando ferozes ditaduras militares, mas também ajudando a executar "atos de genocídio": é o que destaca a "comissão da verdade", na Guatemala, ao se referir ao destino dos índios Maya, culpados por simpatizarem com os opositores do regime caro a Washington[11].

Esse mundo, feito de escravidão, semiescravidão, relações servis de trabalho, formas monstruosas de sujeição, discriminações gritantes e terríveis cláusulas de exclusão ratificadas ou toleradas também no plano legal, depois de ter sofrido os primeiros duros golpes por obra dos jacobinos de Paris e, sobretudo, dos jacobinos negros de São Domingos, foi posto em crise apenas pelo movimento comunista, graças à sua ação direta e à influência por ele exercida.

É uma influência que se fez sentir no próprio coração da metrópole capitalista. Consideremos os afro-americanos. Eles eram oprimidos por um regime de *white supremacy* terrorista no momento em que eclodia a Revolução de Outubro, difusora de um espírito novo entre os povos de origem colonial. Ao invés de sofrer a opressão como uma condição quase natural e irremediavelmente insuperável, dadas as relações de força vigentes, eles começavam a se rebelar. É um afro-americano quem declara, desafiador: "Se combater pelos próprios direitos significa ser bolchevique, então somos bolcheviques e as pessoas têm de se conformar"[12].

De fato, os negros decididos a se libertar do jugo colonial e racial constituíam um componente essencial do Partido Comunista que ia se formando. Os brancos que com eles colaboravam eram considerados também "estrangeiros" e membros de uma raça inferior, e tratados como tais: sim, ser comunista (e desafiar a *white supremacy*) significava "enfrentar a eventualidade da prisão, do espancamento, sequestro e até da morte"[13]. Eram os anos da Grande Depressão, do desemprego e da miséria em massa, mas, apesar da dura competição que se manifestava no mercado de trabalho, nada disso calava a luta contra o regime de *white supremacy* e arranhava a união entre os brancos e negros empenhados naquela luta e organizados, em geral, no Partido Comunista.

---

[11] Mireya Navarro, "U.S. Aid and 'Genocide'", *International Herald Tribune*, 27 e 28 fev. 1999, p. 3.

[12] John Hope Franklin, *Negro. Die Geschichte de Schwarzen in den USA* (trad. Irmela Arnsperger, Frankfurt/Berlim/Viena, Ullstein, 1983 [1947]), p. 397-8.

[13] Robin D. G. Kelley, *Hammer and Hoe: Alabama Communists during the Great Repression* (Chapel-Hill/Londres, The University of North Carolina Press, 1990), p. xii e 30.

Fazendo um salto de duas décadas, vejamos agora as modalidades que caracterizavam o fim do regime de supremacia branca. Em dezembro de 1952, o ministro estadunidense da justiça enviava à Corte Suprema, disposta a discutir a questão da integração nas escolas públicas, uma carta eloquente: "A discriminação racial leva água para o moinho da propaganda comunista e suscita dúvidas também entre as nações amigas quanto à intensidade da nossa devoção à fé democrática". Washington – observa o historiador americano que nos dias de hoje reconstrói tal episódio – corria o risco de se afastar das "raças de cor" não apenas no Oriente e no Terceiro Mundo, mas no interior do próprio país: também ali a propaganda comunista alcançava um sucesso considerável na sua tentativa de conquistar os negros para a "causa revolucionária", fazendo desmoronar neles a "fé nas instituições americanas"[14]. Foi movida por tais preocupações que a Corte Suprema declarou inconstitucional a segregação racial nas escolas públicas. Em síntese: não é possível compreender o desmantelamento nos Estados Unidos do regime de *white supremacy* (herança tenaz do sistema colonialista-escravista mundial) sem o desafio da Revolução de Outubro e do movimento comunista.

3. DOIS MARXISMOS E DUAS DIFERENTES TEMPORALIDADES

Naturalmente a destruição do sistema colonialista-escravista mundial se deu em circunstâncias trágicas: em São Domingos/Haiti, o conflito entre apoiadores e adversários da dominação colonial e da escravidão terminou se configurando como guerra total tanto de um lado quanto de outro. Nada é mais fácil do que colocá-los no mesmo plano e contrapor a ambos, por exemplo, a República norte-americana. Aparentemente, tudo se encaixa e a lógica é respeitada: a democracia dos Estados Unidos celebra sua superioridade em relação ao despotismo vigente tanto na França de Napoleão quanto em São Domingos/Haiti de Toussaint Louverture e de seus sucessores. Porém, a realidade é completamente diferente: foram a França de Napoleão (fazendo uso de uma poderosa máquina bélica) e os Estados Unidos de Jefferson (fazendo uso de um embargo e de um bloqueio naval com o objetivo explícito de condenar à inanição os negros desobedientes e rebeldes), em conjunto, que lutaram contra o país e o povo que se libertou do jugo colonial e das correntes da escravidão.

---

[14] Domenico Losurdo, *Controstoria del liberalismo*, cit., cap. 10, § 6.

Hoje, a teoria corrente do totalitarismo argumenta com o mesmo formalismo. Ela aproxima e equipara a União Soviética de Stálin e o Terceiro Reich de Hitler, esquecendo que Hitler, ao levar adiante sua tentativa de submeter à dominação colonial e de escravizar os eslavos, invocava repetidas vezes a tradição colonial do Ocidente, além de ter constante e explicitamente diante dos próprios olhos o modelo constituído pelo expansionismo do Império britânico, pelo irrefreável avanço no Faroeste e pela política racial da república norte-americana.

Infelizmente, essa leitura do século XX, que coloca no mesmo plano a expressão mais feroz do sistema colonialista-escravista mundial e seu inimigo mais consequente, foi feita de forma mais ou menos ampla pelo marxismo ocidental ou por vários de seus expoentes. Vimos *Império* colocando lado a lado a União Soviética e o Terceiro Reich, isto é, o país que conclama os escravos das colônias a romperem suas correntes e o país empenhado em restabelecê-las e generalizá-las. Nesse arriscado balanço histórico, a revolução anticolonialista mundial não exerce papel algum. E ela continua a ser ignorada e recalcada nas memoráveis sentenças com que Žižek faz de Stálin um defensor da produção industrial de cadáveres e de Mao um déspota oriental que, por capricho, condena dezenas de milhões de seus concidadãos à morte por inanição.

Historicamente o que aconteceu foi que os países de orientação socialista e comunista (todos situados fora do Ocidente mais desenvolvido) tiveram de assumir a tarefa (a realização da "emancipação política completa") que Marx atribuía à revolução burguesa, a qual se revelou, e ainda hoje se revela, incapaz de desempenhar. Nesse sentido, é como se esses países tivessem parado na fase do futuro em curso, aquele que Marx considerava intrínseco à própria sociedade burguesa, ou ainda no primeiro momento do futuro próximo, aquele da expropriação do poder político da burguesia e da instauração da "ditadura revolucionária do proletariado".

É uma dialética que se manifestou não apenas no plano político, mas também naquele propriamente econômico. Segundo o *Manifesto do Partido Comunista*, a introdução de "novas indústrias", que não tenham uma dimensão exclusivamente nacional e que estejam à altura do "mercado mundial", é "uma questão vital para todas as nações civilizadas"[15]. Trata-se de uma tarefa que por si só não supera o quadro burguês. Todavia, nas condições do imperialismo, os países que fracassam no cumprimento de tal tarefa se tornam presa fácil do

---

[15] Karl Marx e Friedrich Engels, *Werke*, cit., v. 4, p. 466 [ed. bras.: *Manifesto Comunista*, cit., p. 43].

neocolonialismo. E isso vale tanto mais para os países que, por causa de seu ordenamento, ou melhor, de sua orientação política, não são bem aceitos pelo Ocidente e, portanto, são submetidos ou expostos a um embargo econômico e tecnológico que pode ser mais ou menos severo. E mais uma vez vemos os países de orientação comunista, a área do comunismo ou marxismo "oriental", se deter às portas do futuro pós-capitalista em sentido estrito. Porém, é exatamente esse futuro propriamente pós-capitalista, e apenas ele, o que atrai o interesse, a atenção, a paixão do marxismo ocidental. Ou seja, o malogrado acerto de contas com o messianismo, arraigado na tradição judeu-cristã e, a seu tempo, estimulado pelo terror ao massacre da Primeira Guerra Mundial, impele a se concentrar sobretudo no futuro remoto e no futuro utópico.

Assim se desenham dois marxismos sob o signo de duas temporalidades bem diferentes: o futuro em curso e o início do futuro próximo, no que diz respeito ao marxismo oriental; a fase mais avançada do futuro próximo e o futuro remoto e utópico, no que diz respeito ao marxismo ocidental. É um problema que Marx e Engels haviam entrevisto. Não por acaso eles dão duas diferentes definições do "comunismo". A primeira remete ao futuro remoto (por vezes, lido até em perspectiva utópica) de uma sociedade que deixou para trás a divisão e o antagonismo de classes e a "pré-história" enquanto tal. Bem diferentes são a visão e a temporalidade que emergem de uma célebre passagem de *A ideologia alemã*: "Chamamos de comunismo o movimento *real* que supera o estado de coisas atual"[16]. Ou aquelas que emergem da conclusão do *Manifesto do Partido Comunista*: "Os comunistas apoiam em toda parte qualquer movimento revolucionário contra a ordem social e política existente"[17]. Nas duas passagens aqui citadas é como se fosse construída uma ponte entre futuro em curso e futuro remoto. E eis a segunda condição para o renascimento do marxismo no Ocidente: valendo-se da lição de Marx e Engels, ele deve aprender a construir uma ponte entre as duas diferentes temporalidades. Quando tal tarefa é ignorada ou desprezada, não tardam em se manifestar a superficialidade e a arrogância que adoram contrapor a poesia do futuro remoto ou da perspectiva de longa duração à prosa das tarefas imediatas.

Não há nada de mais fácil e de mais ocioso do que essa operação. Mesmo os mais medíocres, tanto no plano intelectual quanto no plano moral, não

---

[16] Ibidem, v. 3, p. 35 [ed. bras.: *A ideologia alemã*, trad. Rubens Enderle, Nélio Schneider e Luciano Cavini Martorano, São Paulo, Boitempo, 2007, p. 38, nota a].

[17] Karl Marx e Friedrich Engels, *Manifesto Comunista*, cit., p. 69.

têm dificuldade em evocar o futuro do "livre desenvolvimento de cada um" ao qual remete o *Manifesto*[18] com a finalidade de condenar ou desacreditar o poder político nascido da revolução, chamado (numa situação geopolítica bem determinada) a enfrentar os perigos que o ameaçam. A história concreta da nova sociedade pós-revolucionária, que tenta se desenvolver entre contradições, tentativas, dificuldades e erros de todo tipo, é então liquidada em bloco como degeneração ou traição dos ideais revolucionários. Tal comportamento, que condena o movimento real em prol das próprias fantasias e dos próprios sonhos, e que expressa seu desprezo pelo futuro em curso e pelo futuro próximo em prol do futuro remoto e do futuro utópico, tal comportamento totalmente estranho a Marx e a Engels destitui o marxismo de qualquer carga emancipatória real.

Comportar-se de tal maneira significa amputar arbitrariamente a temporalidade plural que caracteriza o projeto revolucionário de Marx e Engels. E trata-se de uma amputação temporal que é, ao mesmo tempo, uma amputação espacial: a concentração exclusiva no futuro remoto (além do mais, lido em chave decididamente utópica) implica a exclusão da maior parte do mundo e da humanidade, aquela que começou a dar os primeiros passos na modernidade ou que, quem sabe, se deteve no seu limiar. Portanto, a condição essencial para o renascimento do marxismo no Ocidente é justamente a superação dessa amputação temporal e espacial do projeto revolucionário que o próprio marxismo ocidental realiza.

4. RECUPERAR A RELAÇÃO COM A REVOLUÇÃO ANTICOLONIALISTA MUNDIAL

A superação da infeliz amputação temporal e espacial do marxismo não será possível se os marxistas no Ocidente não recuperarem a relação com a revolução anticolonialista mundial (no mais das vezes guiada por partidos comunistas), que foi o conteúdo principal do século XX e que continua a desempenhar um papel essencial no século em que ingressamos há pouco. Recuperar tal relação significa, em primeiro lugar, reintroduzir plenamente a questão colonial no balanço histórico do século XX e do marxismo novecentista. Ao romper definitivamente com o marxismo, Colletti se divertia em notar que ele chegara a conclusões não tão diferentes daquelas a que Althusser acabara de chegar[19].

---

[18] Karl Marx e Friedrich Engels, *Werke*, cit., v. 4, p. 482 [ed. bras: ibidem, p. 59].

[19] Lucio Colletti, *Tramonto dell'ideologia* (Roma/Bari, Laterza, 1980), p. 78-9 e 74-5.

204   O marxismo ocidental

Também para Althusser, era falho o balanço do movimento comunista: em nenhum lugar – observava amargamente o filósofo francês – se verificara "a extinção do novo Estado revolucionário" prometida pelos bolcheviques. Ao contrário – acrescentava triunfante o filósofo italiano –, os comunistas não haviam conseguido, de maneira alguma, resolver o problema da limitação do poder, diferentemente do que acontecera no Ocidente liberal.

É um balanço que podemos muito bem confrontar com aquele traçado cerca de três décadas antes por um filósofo que tampouco é adepto do marxismo ou do comunismo, mas um crítico agudo, apesar de atento e respeitoso, de ambos. Diante da representação da Guerra Fria como choque entre mundo livre, de um lado, e despotismo e totalitarismo, do outro, ele objetava: "O liberalismo ocidental se funda no trabalho forçado das colônias" e em "guerras" de repetição; é destituída de credibilidade "qualquer apologia dos regimes democráticos que silencie quanto à sua intervenção violenta no resto do mundo ou a mistifique". E, portanto: "Só teremos o direito de defender os valores de liberdade e de consciência se tivermos certeza de que, ao fazê-lo, não servimos os interesses de um imperialismo e não nos associamos às suas mistificações"[20].

Para concluir sobre esse primeiro ponto: se, ao traçar o balanço histórico do século XX, evitamos a miopia e a soberba eurocêntrica, temos de reconhecer a contribuição fundamental oferecida pelo comunismo à derrubada do sistema colonialista-escravista mundial. A impiedosa *white supremacy,* característica dos Estados Unidos do início do século XX, era denunciada por poucos corajosos como "autocracia absolutista de raça"[21]: tal regime, que faz pensar no Terceiro Reich, na realidade vigorava em nível planetário e constituiu o alvo principal do movimento nascido da Revolução de Outubro.

Apesar de assumir novas formas em relação ao passado, a luta entre anticolonialismo, de um lado, e colonialismo e neocolonialismo, do outro, não cessou. Não por acaso, no momento em que triunfava na Guerra Fria, o Ocidente celebrava esse triunfo como uma derrota infligida não apenas ao comunismo, mas também ao terceiro-mundismo, como a premissa para o desejado retorno do colonialismo e até do imperialismo. É verdade que o entusiasmo e a euforia foram muito breves; nem por isso, no entanto, verificou-se uma revisão ideológica

---

[20] Maurice Merleau-Ponty, *Umanismo e terrore* (trad. Andrea Bonomi, Milão, Sugar, 1965 [1947]), p. 63, 189 e 45 [ed. bras.: *Humanismo e terror: ensaio sobre o problema comunista,* Rio de Janeiro, Tempo Brasileiro, 1968].

[21] C. Vann Woodward, *Le origini del nuovo Sud* , cit., p. 332.

e política real. Ou melhor, os lamentos e os gritos de alarme diante do ocaso do Ocidente, ou ainda, do relativo enfraquecimento do Ocidente e de seu país-guia, fazem pensar no fenômeno análogo que se verificou no início do século XX, quando autores de extraordinária popularidade nos dois lados do Atlântico denunciavam o perigo mortal que "a maré montante dos povos de cor" fazia pesar sobre a "supremacia branca mundial"[22].

Nos dias de hoje, é claro, a linguagem mudou e já não faz referência às raças e à hierarquia racial; e essa mudança é o sinal do sucesso da revolução anticolonial no século XX. Por outro lado, no entanto, as vivas homenagens ao colonialismo (e até ao imperialismo) e a persistente celebração do Ocidente (não mais da raça branca) como lugar exclusivo da autêntica civilização e dos mais altos valores morais são o sinal de que a revolução anticolonial ainda não chegou à sua conclusão. Portanto, dos marxistas que no Ocidente se dedicaram a recuperar a relação com a revolução anticolonialista mundial é lícito esperar que olhem com empatia não apenas para um povo como o palestino, ainda forçado a lutar contra um colonialismo de tipo clássico, mas também para os países que têm atrás de si uma revolução anticolonialista e que agora se esforçam para encontrar o próprio caminho, evitando, sobretudo, cair numa condição de dependência (econômica e tecnológica) semicolonial.

Não se trata de acatar acriticamente as posições de tais países. Bastaria considerar mais uma vez o alerta de Merleau-Ponty[23]: "Há um liberalismo agressivo que é um dogma e uma ideologia de guerra. É possível reconhecê--lo porque ele ama os céus dos princípios, nunca menciona as circunstâncias geográficas e históricas que lhe permitiram existir e julga abstratamente os sistemas políticos, sem respeito pelas condições em que estes se desenvolvem". Pois se o filósofo francês fosse considerado indulgente demais em relação ao marxismo oriental, poderíamos pensar nas reflexões de Maquiavel a propósito das graves dificuldades com que inevitavelmente se deparam os "ordenamentos novos"[24]. Poderíamos até recorrer a um clássico do liberalismo (que é, ao mesmo tempo, um dos Pais Fundadores dos Estados Unidos): em Alexander Hamilton pode-se ler que, numa situação de insegurança geopolítica, não são possíveis o governo da lei e a limitação do poder, e que, de toda forma, diante

---

[22] Ver, neste volume, cap.4, § 3.

[23] Maurice Merleau-Ponty, *Umanismo e terrore*, cit., p. 45.

[24] Maquiavel, *O Príncipe*, VI.

206 O MARXISMO OCIDENTAL

de "ataques externos" e de "possíveis revoltas internas", mesmo um país liberal recorre a um poder "sem limites" e sem "vínculos constitucionais"[25].

Em terceiro lugar, recuperar a relação com a revolução anticolonialista mundial significa perceber que ela não é algo profano se comparada à história sagrada da emancipação política e social, mas a forma concreta assumida por tal história entre os séculos XX e XXI. Por reconhecimento também de aclamados estudiosos ocidentais, graças ao prodigioso desenvolvimento econômico e tecnológico da China – definido como o acontecimento mais importante dos últimos 500 anos –, chegou ao fim a época colombiana, a época durante a qual, para citar Adam Smith, "a superioridade de forças se mostrava tão grande para os europeus que eles puderam cometer toda sorte de injustiça" contra os outros povos, a época que Hitler, o mais fanático defensor da supremacia branca e ocidental, tentou perpetuar por todos os meios [26].

A revolução anticolonialista e a destruição do sistema colonialista-escravista mundial, que, aliás, ainda devem ser levadas a termo, situam num quadro novo e imprevisto o problema da construção de uma sociedade pós-capitalista. Pretender considerar estranha ao projeto marxiano de emancipação política e social a história que se desenvolveu a partir da Revolução de Outubro e que viu seu epicentro no Oriente significa assumir o comportamento que Marx menosprezava desde a juventude. É das "lutas reais" – ele observa –– que parte a "crítica" revolucionária: "Não enfrentaremos o mundo de modo doutrinário, com um novo princípio: aqui está a verdade, ajoelha-te! [...] Não lhe diremos: abandona tuas lutas, são bobagens; nós lhe gritaremos a verdadeira palavra de ordem da luta"[27]. O ajuste de contas com todo comportamento doutrinário é o pressuposto para o renascimento do marxismo no Ocidente.

5. A LIÇÃO DE HEGEL E O RENASCIMENTO DO MARXISMO NO OCIDENTE

Esse é um problema mais filosófico que político; trata-se de assimilar a grande lição segundo a qual "a filosofia é o próprio tempo apreendido com o pensamento"[28]. Não por acaso, o autor dessa definição, como diz seu biógrafo,

---

[25] *The Federalist*, art. 8 e 23.

[26] Domenico Losurdo, *La lotta di classe*, cit., cap. 11, § 8.

[27] Karl Marx e Friedrich Engels, *Werke*, cit., v. 1, p. 345.

[28] Georg W. F. Hegel, *Werke in zwanzig Bänden* (org. Eva Moldenhauer e Karl Markus Michel, Frankfurt, Suhrkamp, 1969-1979), v. 7 [1821], p. 26.

"costumava ler um imenso número de jornais – algo que em regra somente um homem de Estado pode fazer", e assim "podia sempre dispor, em defesa de sua tese, de um enorme volume de dados reais"[29]. Esse testemunho joga um feixe de luz sobre a mesa de trabalho, sobre o escritório do grande filósofo. Ali também estão em evidência, além dos clássicos da filosofia e do pensamento, os recortes da imprensa alemã e internacional. O sistema é elaborado através do confronto incessante com o próprio tempo. São profundamente investigados os acontecimentos políticos, sem jamais reduzi-los a seu imediatismo: interroga-se sobre o significado lógico e epistemológico das categorias utilizadas pelos protagonistas da luta política ou que estão implícitas em seu discurso; cada simples acontecimento é inserido numa perspectiva de longo prazo. Obrigada a se defrontar com as grandes provas da tradição, a paixão política manifestada pela voraz leitura dos jornais sofre um processo de decantação e adquire profundidade histórica e teórica: política, lógica (epistemologia) e história entrelaçam-se estreitamente.

A mesa de trabalho de Marx não é diferente (ainda que agora entre os clássicos figure, em primeiro lugar, justamente Hegel); porém, a pressão dos acontecimentos, somada à necessidade de ligar estreitamente teoria e práxis, impede o filósofo e militante revolucionário de elaborar completamente o seu sistema e, sobretudo, de levar a termo seu projeto – cultivado por Marx durante muito tempo, segundo o testemunho de Engels – de escrever o *Sumário de dialética*, talvez com o objetivo de retomar e revisar a hegeliana *Ciência da lógica*[30]. Agora, a tese segundo a qual filosofar é apreender conceitualmente o próprio tempo adquiriu um significado adicional: já não se trata apenas de conceitualizar e estruturar a leitura do próprio tempo num rigoroso aparato categorial; trata-se também, inversamente, de identificar a presença de determinado tempo histórico (com suas contradições e seus conflitos) nas conceitualizações e nos sistemas filosóficos aparentemente mais "abstratos".

Esses dois movimentos teóricos, que são o lugar de nascimento do materialismo histórico, foram negligenciados pelo marxismo ocidental. Este, sobretudo na última fase de sua existência, mais do que identificar os traços do tempo histórico também nas elaborações teóricas aparentemente mais abstratas dos grandes filósofos, dedicou-se com grande zelo a eliminá-los. Evidente e explicitamente declarado é o nexo que liga Heidegger e Schmitt ao Terceiro

---

[29] Karl Rosenkranz, *Vita di Hegel* (trad. Remo Bodei, Florença, Vallecchi, 1966 [1844]), p. 432.

[30] Karl Marx e Friedrich Engels, *Werke* (Berlim, Dietz, 1955-1990, 43 v.), v. 36, p. 3.

Reich; com igual clareza, a teorização de Nietzsche sobre a escravidão como fundamento da civilização remete às tomadas de posição dos círculos políticos e intelectuais que, no decorrer do século XIX, refutaram e criticaram, por todos os meios, a abolição da escravidão negra. Naturalmente, situar um autor em seu tempo não significa negar o excesso teórico presente em seu pensamento. Marx não teve nenhuma dificuldade em destacar a perspicácia e a profundidade de Linguet, que no século XVIII se pronunciava pela introdução na própria França da escravidão, como essência intrínseca do trabalho e fundamento inevitável da propriedade e da civilização; nem por isso sentiu a necessidade de mergulhar o autor francês num banho que o purgasse de todo ranço político e ideológico[31]. Contudo, é desse modo que procede o marxismo ocidental, que, ao invés do esforço da pesquisa histórica, prefere o preguiçoso arbítrio da hermenêutica da inocência.

Não foi melhor o destino do segundo movimento teórico do materialismo histórico, não aquele que nos convida a perceber a presença do tempo histórico também na elaboração mais abstrata, mas sim aquele que impõe o recurso ao conceito e à exaustão desse conceito para compreender também o presente mais imediato. Pode-se começar dizendo que a mesa dos expoentes do marxismo ocidental costuma ser bem diferente daquela que vimos em Hegel e Marx. Provavelmente, em 1942, Horkheimer não dispunha de um "imenso número de jornais" ou talvez não tivesse tempo nem vontade para lê-los. Ele podia expressar seu desapontamento ou sua indignação com o silêncio imposto pelos dirigentes de Moscou ao ideal da extinção do Estado apenas porque estava escassamente informado sobre a situação real: a *Wehrmacht* estava prestes a realizar a transformação da União Soviética numa imensa colônia, voltada para o fornecimento de uma quantidade inesgotável de matérias-primas e escravos para o Terceiro Reich. Faltavam a Horkheimer elementos essenciais de conhecimento histórico, razão pela qual sua conceitualização caía no vazio: mais do que um filósofo dedicado a pensar e a promover um projeto, ainda que radical, de transformação do mundo a partir das contradições e dos conflitos do presente, ele era um profeta que suspirava de nostalgia ou de amor por um mundo totalmente novo e sem nenhuma relação com o gigantesco embate entre emancipação e dependência em curso naquele momento. Somente assim é possível entender a tomada de posição de Horkheimer; de outro modo,

---

[31] Ibidem, v. 2, p. 61 e seg.

deveríamos lê-la como uma autocaricatura, ou como a demonstração dos efeitos cômicos que podem surgir de um pedantismo do dever ser levado ao extremo.

É semelhante a conclusão a que chegamos ao ler *Império* de Hardt e Negri. Nós os vimos anunciar o desaparecimento do imperialismo e o advento da "paz perpétua e universal", enquanto todos ao redor – jornalistas, ideólogos e filósofos de sucesso –, exultantes com a conclusão triunfal da guerra contra a Iugoslávia e com a comprovada possibilidade para o Ocidente e seu país--guia de soberanamente desencadear guerras em todos os cantos do mundo, reabilitavam explicitamente o colonialismo e o imperialismo e invocavam e legitimavam de antemão as guerras necessárias para silenciar os que ousassem desafiar a *pax americana*. De novo somos levados a questionar: que jornais estavam à mesa de trabalho de Hardt e Negri quando eles já proclamavam a realização da utopia de um mundo sem guerras?

Diante de um caso particularmente interessante nos coloca Marcuse. Já o vimos esclarecer com precisão as razões pelas quais um país ainda parcamente desenvolvido que pretende fugir da submissão neocolonial precisa de um Estado forte no plano econômico e político. Contudo, os sonhos e as aspirações subjetivas acabavam por dominar a lucidez analítica. Eis que Marcuse suspira: "a mudança quantitativa deveria estar sempre voltada para a mudança qualitativa, para o desaparecimento do Estado"[32]! E, talvez, "em algumas lutas de libertação do Terceiro Mundo" se delineavam novidades ainda mais importantes, perfilava-se o advento de uma "nova antropologia". O que alimentava esperanças tão enfáticas – confessava o filósofo não sem alguma hesitação – era uma notícia vaga e, à primeira vista, de pouca relevância. Era

> uma pequena notícia que li num relatório muito preciso e detalhado sobre o Vietnã do Norte e que, dado o meu incorrigível e sentimental romantismo, me comoveu profundamente. A notícia é esta: nos parques de Hanói, os bancos são feitos para que possam se sentar duas pessoas, somente duas pessoas, de forma a tecnicamente eliminar qualquer possibilidade de que uma terceira as perturbe.[33]

---

[32] Herbert Marcuse, *L'uomo a una dimensione* (trad. Luciano Gallino e Tilde Giani Gallino, Turim, Einaudi, 1967 [1964]), p. 63 [ed. bras.: O *homem unidimensional: estudos da ideologia da sociedade industrial avançada*, trad. Robespierre de Oliveira, Deborah Christina Antunes e Rafael Cordeiro Silva, São Paulo, Edipro, 2015].

[33] Herbert Marcuse, *La fine dell'utopia* (trad. Saverio Vertone, Bari, Laterza, 1968 [1967]), p. 48 [ed. bras.: O *fim da utopia*, trad. Carlos Nelson Coutinho, Rio de Janeiro, Paz e Terra, 1969].

É um excerto que nos deixa perplexos, e não apenas pelas prodigiosas capacidades de regeneração antropológica atribuídas aos bancos dos parques vietnamitas: para lidar com a "nova antropologia" das efusões imperturbadas dos apaixonados, era realmente sensato sair em busca de bancos respeitosos da intimidade dos casais num país exposto a bombardeios pesados e capilares da força aérea estadunidense? Uma vez mais o profeta tendia a tomar o lugar do filósofo.

E essa tendência também pode ser lida no desdém de Žižek pela luta anti-imperialista, que cometeria o erro de desviar da tarefa de derrotar o capitalismo. Na época da Guerra de Secessão, Marx foi obrigado a lutar contra aqueles que, em nome da luta pelo socialismo, pregavam o indiferentismo político: nos Estados Unidos, tanto no Norte quanto no Sul, os capitalistas estavam no poder e vigia sistematicamente a escravidão, tanto a escravidão assalariada (denunciada pelo próprio Marx) como a escravidão negra[34]. Aqueles que assim argumentavam não captavam o gigantesco caráter emancipatório implícito na abolição da escravidão propriamente dita. A tal modo de argumentar, bastante difuso no marxismo ocidental, é preciso contrapor a lição hegeliana segundo a qual o universal assume sempre uma forma concreta e determinada, ou a lição marxiana para a qual é insensato classificar as "lutas reais" como "tolices", ou então a lição leniniana, que afirma que quem busca "uma revolução social 'pura' não a verá jamais"[35].

6. Oriente e Ocidente: do cristianismo ao marxismo

Nascido no coração do Ocidente, com a Revolução de Outubro, o marxismo se difundiu por todo o mundo, penetrando com força em países e áreas em condições econômicas e sociais mais atrasadas e com uma cultura muito diferente. Tendo atrás de si a tradição judaico-cristã, o marxismo ocidental, como vimos, não poucas vezes evoca motivos messiânicos (a espera por um "comunismo" concebido e sentido como a resolução de todos os conflitos e contradições e, portanto, como uma espécie de fim da história). Mas o messianismo está francamente ausente numa cultura como a chinesa, em geral caracterizada, em seu desenvolvimento milenar, pela atenção reservada à realidade mundana e social.

---

[34] Domenico Losurdo, *La lotta di classe*, cit., cap. 2, § 2.

[35] Ver, neste volume, cap. 2, § 1.

A expansão planetária do marxismo é o início de um processo de distanciamento, que é a outra face de uma retumbante vitória. É aquilo que historicamente se verificou no caso das grandes religiões. No que se refere ao cristianismo, que não por acaso Engels insistentemente compara com o movimento socialista, a divisão entre ortodoxos, de um lado, e protestantes e católicos, de outro, corresponde, *grosso modo*, à divisão entre Ocidente e Oriente. A certa altura, entre o fim do século XVII e o início do século XVIII, o cristianismo parecia prestes a se expandir amplamente também no Oriente asiático: gozavam de grande prestígio e exerciam notável influência na China os missionários jesuítas, que levavam consigo conhecimentos médicos e científicos avançados e, ao mesmo tempo, se adaptavam à cultura do país que os hospedava, rendendo homenagem a Confúcio e ao culto dos antepassados. Porém, diante da intervenção do papa em defesa da pureza originária da religião cristã-católica, o imperador chinês reagiu fechando as portas do Império do Meio aos missionários. O cristianismo era bem-vindo quando aceitava sua sinificação e promovia o desenvolvimento científico, social e humano do país em que era chamado a operar; era, no entanto, repelido como corpo estranho quando visto como uma religião que promovia uma salvação sobrenatural nem um pouco respeitosa com a cultura e os laços humanos e sociais vigentes no país em que se encontrava.

Algo semelhante aconteceu com o marxismo. Já com Mao, o Partido comunista chinês promoveu a "sinificação do marxismo" e com isso ganhou impulso para a luta de libertação do domínio colonial, para um desenvolvimento das forças produtivas capaz de possibilitar a realização da independência também no plano econômico e tecnológico, para o "rejuvenescimento" de uma nação de civilização milenar, submetida pelo colonialismo e pelo imperialismo ao "século de humilhações" iniciado com as guerras do ópio. Longe de ser negada, a perspectiva socialista e comunista é orgulhosamente proclamada pelos dirigentes da República Popular da China: tal perspectiva, porém, está despida de todo caráter messiânico; além disso, sua realização está ligada a um processo histórico muito longo, no decorrer do qual a emancipação social não pode ser separada da emancipação nacional. E, de novo, o repúdio provém do Ocidente, guardião da ortodoxia doutrinária, do marxismo ocidental. Este, agora, fustiga o marxismo oriental, que é pintado como desprovido de credibilidade e, portanto, banal do ponto de vista de um marxismo fascinado pela beleza do futuro remoto e utópico que ele mesmo evoca, e cujo advento parece ser independente de qualquer condicionamento material (quer se trate da situação geopolítica ou do desenvolvimento das forças produtivas), por ser determinado exclusivamente ou de modo absolutamente prioritário pela vontade política revolucionária.

O desencanto, o distanciamento, a cisão de que aqui se fala não visam somente a China: seguido pelo marxismo ocidental com atenção partícipe e apaixonada enquanto opunha resistência épica a uma guerra colonial de décadas que teve como protagonistas, primeiro, a França, depois, os Estados Unidos, embora hoje quase sepultado no esquecimento, é o Vietnã que está empenhado na prosaica tarefa da edificação econômica. A própria Cuba já não suscita o entusiasmo dos anos em que lutava contra a agressão militar executada (sem sucesso) em 1961 e por longo tempo preparada por Washington. Agora que o perigo da intervenção militar passou a ser remoto, os dirigentes comunistas de Cuba almejam reforçar a independência no plano, também e sobretudo, econômico, e para alcançar esse resultado sentem-se obrigados a fazer algumas concessões ao mercado e à propriedade privada (inspirando-se de modo bastante cauteloso no modelo chinês). Pois bem, a ilha, que já não se assemelha à utopia em pleno desenvolvimento, mas se revela às voltas com as dificuldades próprias do processo de construção de uma sociedade pós-capitalista, mostra-se bem menos fascinante aos olhos dos marxistas ocidentais. Quando estava em seu estágio inicial, aquele da luta militar pela independência política, a revolução anticolonial raramente suscitou no marxismo ocidental a atenção empática e o interesse teórico que ela merecia; agora que a revolução anticolonial está em seu segundo estágio, o estágio da luta pela independência econômica e tecnológica, o marxismo ocidental reage com uma postura marcada pelo desinteresse, pelo desdém, pela hostilidade.

A cisão entre os dois marxismos se deu pela incapacidade do marxismo ocidental em reconhecer a guinada da guinada ocorrida no século XX. Enquanto se adensam as nuvens de uma nova grande tempestade bélica, tal cisão se mostra ainda mais lamentável. É hora de dar cabo dela. Naturalmente, nem por isso se dissiparão as diferenças que subsistem entre Oriente e Ocidente no que se refere à cultura, ao estágio do desenvolvimento econômico, social e político, e às tarefas a serem enfrentadas: no Oriente, a perspectiva socialista não pode abrir mão de concluir, em todos os níveis, a revolução anticolonial; no Ocidente, a perspectiva socialista passa pela luta contra um capitalismo que é sinônimo de aprofundamento da polarização social e de crescentes tentações militares.

No entanto, não vemos motivos para a transformação de tais diferenças em antagonismo. Sobretudo agora que a excomunhão do marxismo oriental pelo marxismo ocidental promoveu o fim, não do excomungado, mas do excomungador. A superação de todo comportamento doutrinário e a disponibilidade de se confrontar com o próprio tempo e de filosofar em vez de profetizar são a condição necessária para que o marxismo possa renascer e se desenvolver no Ocidente.

REFERÊNCIAS BIBLIOGRÁFICAS

ADORNO, Theodor. W. *Minima moralia*: Reflexionen aus dem beschädigten Leben. Frankfurt, Suhrkamp, 1951 [ed. bras.: *Minima moralia*: reflexões a partir da vida lesada, trad. Gabriel Cohn, Rio de Janeiro, Azougue, 2008].

_____. Was bedeutet Aufarbeitung der Vergangenheit (1959). In: _____. *Eingriffe*. Neun kritische Modelle. Frankfurt, Suhrkamp, 1964.

_____. *Dialettica negativa* (1966). Trad. Carlo Alberto Donolo. Turim, Einaudi, 1970 [ed. bras.: *Dialética negativa*, trad. Marco Antonio Casanova, Rio de Janeiro, Zahar, 2009].

_____. *Parole chiave*. Modelli critici (1969). Trad. Mariuccia Agrati. Milão, SugarCo, 1974 [ed. bras.: *Palavras e sinais*: modelos críticos, trad. Maria Helena Ruschel, Petrópolis, Vozes, 1995].

AGAMBEN, Giorgio. Introduzione. In: LEVINAS, Emmanuel. *Alcune riflessioni sulla filosofia dell'hitlerismo*. Macerata, Quodlibet, 2012.

AGAMBEN, Giorgio et al. *Démocratie, dans quel état*. Paris, La Fabrique, 2009.

ALTHUSSER, Louis. *Per Marx* (1965). Trad. Franca Madonia. Roma, Editori Riuniti, 1967 [ed. bras.: *Por Marx*, trad. Maria Leonor F. R. Loureiro, Campinas-SP, Editora da Unicamp, 2015].

_____. *Lénine et la philosophie*. Paris, Maspero, 1969 [ed. bras.: *Lênin e a filosofia*, trad. Herberto Helder e A. C. Manso Pinheiro, São Paulo, Mandacaru, 1989].

ALTHUSSER, Louis; BALIBAR, Étienne. *Leggere "Il capitale"* (1965). Trad. Raffaele Rinaldi e Vanghelis Oskian. Milão, Feltrinelli, 1968 [ed. bras.: *Ler "O capital"*, trad. Nathanael C. Caixeiro, Rio de Janeiro, Zahar, 1980].

ALY, Götz; HEIM, Susanne. *Vordenker der Vernichtung*. Auscwhitz und die deutsche Pläne für eine neue europäische Ordnung. Frankfurt, Fischer, 2004.

ANDERSON, Perry. *Il dibattito nel marxismo occidentale* (1976). Trad. Franco Moretti. Roma/Bari, Laterza, 1977 [ed. bras.: *Considerações sobre o marxismo ocidental / Nas trilhas do materialismo histórico*, trad. Isa Tavares, prefácio Emir Sader, São Paulo, Boitempo, 2004].

ARENDT, Hannah. Die Krise des Zionismus (1942). In: GEISEL, Eike; BITTERMAN, Klaus (orgs.). *Essays & Kommentare*, v. 2. Berlim, Tiamat, 1989.

_____. Herzl e Lazare. In: BETTINI, G. (org.). *Ebraismo e modernità* (1942). Milão, Unicopli, 1986.

_____. Antisemitismus und faschistische Internationale. In: GEISEL, Eike; BITTERMAN, Klaus (orgs.). *Essays & Kommentare,* v. 1. Berlim, Tiamat, 1945.

_____. Organized Guilt and Universal Responsibility. *Jewish Frontier,* jan. 1945, p. 19-23 [ed. bras.: Culpa organizada e responsabilidade universal, em *Compreender*: formação, exílio e totalitarismo, trad. Denise Bottmann, São Paulo, Companhia das Letras, 2008].

_____. Ripensare il sionismo. In: BETTINI, G. (org.). *Ebraismo e modernità.* Milão, Unicopli, 1945.

_____. Imperialism: Road to Suicide. *Commentary,* fev. 1946, p. 27-35.

_____. La morale della storia. In: BETTINI, G. (org.). *Ebraismo e modernità.* Milão, Unicopli, 1946.

_____. Der Besuch Menahem Begins. In: GEISEL, Eike; BITTERMAN, Klaus (orgs.). *Essays & Kommentare,* v. 2. Berlim, Tiamat, 1948.

_____. Die vollendete Sinnlosigkeit. In: GEISEL, Eike; BITTERMAN, Klaus (orgs.). *Essays & Kommentare,* v. 1. Berlim, Tiamat, 1950.

_____. *Le origini del totalitarismo* (1951). 3. ed. Trad. Amerigo Guadgnin. Milão, Comunità, 1989 [ed. bras.: *As origens do totalitarismo,* trad. Roberto Raposo, São Paulo, Companhia da Letras, 1989].

_____. Reflections on Little Rock (1958). *Dissent,* 1959, p. 45-56 [ed. bras.: Reflexões sobre Little Rock, em *Responsabilidade e julgamento,* trad. Rosaura Eichenberg, São Paulo, Companhia das Letras, 2004].

_____. *La banalità del male.* Eichmann a Gerusalemme (1963). 5. ed. Trad. Piero Bernardini. Milão, Feltrinelli, 1993 [ed. bras.: *Eichmann em Jerusalém*: um relato sobre a banalidade do mal, trad. José Rubens Siqueira, São Paulo, Companhia das Letras, 2006].

_____. *Sulla rivoluzione* (1963). Trad. Maria Magrini. Milão, Comunità, 1983 [ed. bras.: *Sobre a revolução,* trad. Denise Bottmann, São Paulo, Companhia das Letras, 2001].

_____. *Crisis of the Republic.* San Diego/Nova York/Londres, Harcourt Brace Jovanovich, 1972 [ed. bras.: *Crises da república,* trad. José Volkmann, São Paulo, Perspectiva, 1999 (Coleção Debates)].

BADIOU, Alain. *Il secolo* (2005). Trad. Vera Verdiani. Milão, Feltrinelli, 2006 [ed. bras.: *O século,* trad. Carlos Felício da Silveira, Aparecida-SP, Ideias & Letras, 2007].

_____. *La relation énigmatique entre philosophie et politique.* Paris, Germina, 2011.

BAKUNIN, Mikhail Aleksandrovitch. L'istruzione integrale (1869). In: VINCILEONI, Nicole; CORRADINI, Giovanni. *Stato e anarchia e altri scritti.* Milão, Feltrinelli, 1968.

BASTID, Marianne; BERGÈRE, Marie-Claire; CHESNEAUX, Jean. *La Cina* (1969-1972). 2 v. Trad. Settimio Caruso e David Mamo. Turim, Einaudi, 1974.

BENJAMIN, Walter. *Gesammelte Schriften.* Orgs. Rolf Tiedemann e Hermann Schweppenhäuser. Frankfurt, Suhrkamp, 1972-1999.

BLOCH, Ernst. *Geist der Utopie* (1918). 1. ed. Frankfurt, Suhrkamp, 1971.

_____. *Spirito dell'utopia* (1923). Trad. Francesco Coppellotti. 2. ed. Florença, La Nuova Italia, 1992.

_____. *Naturrecht und menschliche Würde.* Frankfurt, Suhrkamp, 1961.

_____. Zum Pulverfass im Nahen Osten (1967). In: _____. *Politische Messungen, Pestzeit, Vormärz.* Frankfurt, Suhrkamp, 1970.

REFERÊNCIAS BIBLIOGRÁFICAS   217

_____. *Tagträume vom aufrechten Gang*. Org. Arno Münster. Frankfurt, Suhrkamp, 1977.

_____. *Kampf, nicht Krieg*. Politische Schriften 1917-1919. Frankfurt, Suhrkamp, 1985.

BOBBIO, Norberto. Invito al colloquio (1951). In: _____. *Politica e cultura*. Turim, Einaudi, 1977.

_____. Difesa della libertà (1952). In: _____. *Politica e cultura*. Turim, Einaudi, 1977.

_____. Della libertà dei moderni paragonata a quella dei posteri (1954). In: _____. *Politica e cultura*. Turim, Einaudi, 1977.

_____. Libertà e potere (1954). In: _____. *Politica e cultura*. Turim, Einaudi, 1977.

_____. Benedetto Croce e il liberalismo (1955). In: _____. *Politica e cultura*. Turim, Einaudi, 1977 [ed. bras.: *Política e cultura*, trad. Jaime Clasen, São Paulo, Editora da Unesp, 2015].

_____. Cultura vecchia e politica nuova (1955). In: _____. *Politica e cultura*. Turim, Einaudi, 1977.

BRYCE, James. *Studies in History and Jurisprudence*. Nova York/Londres, Oxford University Press, 1901.

BUKHARIN, Nikolai I. *Lo Stato Leviatano*. Scritti sullo Stato e la guerra 1915-1917. Org. Alberto Giasanti. Milão, Unicopli, 1984.

CARR, Edward Hallett (1950). *La rivoluzione bolscevica*. 4. ed. Trad. Franco Lucentini, Sergio Caprioglio e Paolo Basevi. Turim, Einaudi, 1964 [ed. port.: *A revolução bolchevique*, trad. Antonio Sousa Ribeiro, Porto, Afrontamento, 1977].

CÉSAIRE, Aimé. *Toussaint Louverture*: la Révolution française et le problème colonial. Paris, Présence Africaine, 1961.

CHAMBERLAIN, Houston S. *Die Grundlagen des neunzehnten Jahrhunderts* (1898). Munique, Bruckmann, 1937.

CHOMSKY, Noam. *Deterring Democracy*. Londres/Nova York, Verso, 1991.

COLLETTI, Lucio. *Ideologia e società*. Bari, Laterza, 1969.

_____. *Tramonto dell'ideologia*. Roma/Bari, Laterza, 1980.

COLLOTTI PISCHEL, Enrica. *Storia della rivoluzione cinese*. Roma, Editori Riuniti, 1973.

COPPELLOTTI, Francesco. Nota critica. In: BLOCH, Marc. *Spirito dell'utopia* (1923). Trad. Francesco Coppellotti. 2. ed. Florença, La Nuova Italia, 1992.

CROCE, Benedetto. *Storia d'Italia dal 1871 al 1915* (1928). Bari, Laterza, 1967.

DAVIS, David B. *The Slave Power Conspiracy and the Paranoid Style* (1969). Baton Rouge/Londres, Louisiana State University Press, 1982.

DAVIS, Mike. *Olocausti tardovittoriani*. Trad. Giancarlo Carlotti. Milão, Feltrinelli, 2001 [ed. bras.: *Holocaustos coloniais*: clima, fome e imperialismo na formação do Terceiro Mundo, trad. Alda Porto, Rio de Janeiro, Record, 2002].

DEL BENE, Marco. Propaganda e rappresentazione dell'altro nel Giappone prebellico. In: BIANCHI, Bruna; DE GIORGI, Laura; SAMARANI, Guido (orgs.). *Le guerre mondiali in Asia orientale e in Europa*. Milão, Unicopli, 2009.

DENG, Xiaoping. *Selected Works*. Pequim, Foreign Languages Press, 1992-1995.

DU BOIS, William E. B. The African Roots of the War. *Atlantic*, maio 1914, p. 707-14.

_____. *Writings*. Nova York, The Library of America, 1986.

218   O MARXISMO OCIDENTAL

DURKHEIM, Émile. *Le regole del metodo sociologico* (1895). Trad. Antimo Negri. Florença, Sansoni, 1964 [ed. bras.: *As regras do método sociológico*, trad. Paulo Neves, São Paulo, Martins Fontes, 2007].

_____. La concezione materialistica della storia (1897). In: _____. *Antologia di scritti sociologici*. Org. Alberto Izzo. Bolonha, il Mulino, 1978.

FANON, Frantz. *I dannati della terra* (1961). 2. ed. Trad. Carlo Cignetti. Turim, Einaudi, 1967 [ed. bras.: *Os condenados da terra*, trad. José Laurênio de Melo, prefácio de Jean-Paul Sartre, Rio de Janeiro, Civilização Brasileira, 1968].

FERGUSON, Niall. *The Cash Nexus*: Money and Power in the Modern World. Londres, The Penguin Press, 2001 [ed. bras.: *A lógica do dinheiro*: riqueza e poder no mundo moderno 1700-2000, trad. Maria Teresa Machado, Rio de Janeiro, Record, 2007].

_____. *Colossus*: The Rise and Fall of the American Empire (2004). Londres, Penguin Books, 2005 [ed. bras.: *Colosso:* ascensão e queda do império americano, trad. Marcelo Musa Cavallari, São Paulo, Planeta, 2011].

_____. *Ventesimo secolo, l'età della violenza* (2006). Trad. Donatella Laddomada. Milão, Mondadori, 2008 [ed. bras.: *Guerra do mundo*: a era de ódio na história, São Paulo, Planeta, 2015].

_____. *Civilization*: The West and the Rest. Londres, Penguin Books, 2011 [ed. bras.: *Civilização*: Ocidente x Oriente, trad. Janaína Marcoantonio, São Paulo, Planeta, 2012].

FIGES, Orlando. *La tragedia di un popolo*: la Rivoluzione russa 1891-1924 (1996). Trad. Raffaele Petrillo. Milão, Tea, 2000 [ed. bras.: *A tragédia de um povo*: a Revolução Russa (1891-1924), trad. Valéria Rodrigues, Rio de Janeiro, Record, 1999].

FIORI, Giuseppe. *Vita di Antonio Gramsci*. Bari, Laterza, 1966.

FITCHETT, Joseph. Clark Recalls 'Lessons' of Kosovo. *International Herald Tribune*, 3 maio 2000, p. 1 e 4.

FONTAINE, André. *Storia della guerra fredda* (1967). Trad. Rino Dal Sasso. Milão, Il Saggiatore, 1968.

FOUCAULT, Michel. *Surveiller et punir*: naissance de la prison. Paris, Gallimard, 1975 [ed. bras.: *Vigiar e punir*: nascimento da prisão, trad. Raquel Ramalhete, Petrópolis, Vozes, 1987].

_____. *Bisogna difendere la società* (1976). Trad. Mauro Bertani e Alessandro Fontana. Milão, Feltrinelli, 2009 [ed. bras.: *Em defesa da sociedade*, trad. Maria Ermantina Galvão, São Paulo, Martins Fontes, 1999].

_____. *Naissance de la biopolitique*: cours au Collège de France (1978-1979). Org. Michel Senellart. Paris, Ehess/Gallimard/Seuil, 2004.

FRANKLIN, John Hope. *Negro*: Die Geschichte der Schwarzen in den USA (1947). Trad. Irmela Arnsperger. Frankfurt/Berlim/Viena, Ullstein, 1983.

FREDRICKSON, George M. *Breve storia del razzismo*. Trad. Annalisa Merlino. Roma, Donzelli, 2002.

GANDHI, Mohandas K. *The Collected Works of Mahatma Gandhi*. Nova Déli, Publications Division, Ministry of Information and Broadcasting, 1969-2001, 100 v.

GERNET, Jacques. *Il mondo cinese*: dalle prime civiltà alla Repubblica popolare. Trad. Vera Pegna. Turim, Einaudi, 1978 [ed. port.: *O mundo chinês*: uma civilização e uma história, trad. José Manuel da Silveira Lopes, Lisboa, Cosmos, 1974, 2 v.].

GLEASON, Abbott. *Totalitarianism*: The Inner History of the Cold War. Nova York/Londres, Oxford University Press, 1995.

GOEBBELS, Joseph. *Tagebücher*. Org. Ralf G. Reuth. Munique/Zurique, Piper, 1992.

GRAMSCI, Antonio. *Quaderni del carcere*. Org. Valentino Gerratana. Turim, Einaudi, 1975 [ed. bras.: *Cadernos do cárcere*, trad. Carlos Nelson Coutinho, Rio de Janeiro, Civilização Brasileira, 1999-2002, 6 v.].

_____. *Cronache torinesi, 1913-1917*. Org. Sergio Caprioglio. Turim, Einaudi, 1980.

_____. *L'Ordine Nuovo, 1919-1920*. Orgs. Valentino Gerratana e Antonio A. Santucci. Turim, Einaudi, 1987.

GRIGAT, Stephan. Befreite Gesellschaft und Israel: Zum Verhältnis von Kritischer Theorie und Zionismus. In: _____ (org.). *Feindaufklärung und Reeducation*. Friburgo, ça ira, 2015.

GUEVARA, Ernesto Che. *Scritti, discorsi e diari di guerriglia 1959-1967*. Org. Laura Gonsalez. Turim, Einaudi, 1969.

HARDT, Michael. La nuda vita sotto l'Impero. *il manifesto*, 15 maio 1999, p. 8-9.

HARDT, Michael; NEGRI, Antonio. *Impero* (2000). Trad. Alessandro Pandolfi. Milão, Garzanti, 2002 [ed. bras.: *Império*, trad. Berilo Vargas, Rio de Janeiro, Record, 2005].

_____; _____. *Questo non è un manifesto*. Milão, Feltrinelli, 2012 [ed. bras.: *Declaração: Isto não é um manifesto*, trad. Carlos Szlak, São Paulo, n-1 edições, 2014].

HARVEY, David. *The New Imperialism* (2003). Oxford, Oxford University Press, 2013 [ed. bras.: *O novo imperialismo*, trad. Adail Sobral e Maria Stela Gonçalves, São Paulo, Loyola, 2005].

_____. *Breve storia del neoliberismo* (2005). Trad. Pietro Meneghelli. Milão, Il Saggiatore, 2007 [ed. bras.: *O neoliberalismo: história e implicações*, trad. Adail Sobral e Maria Stela Gonçalves, São Paulo, Loyola, 2008].

HAUG, Frigga. *Rosa Luxemburg und die Kunst der Politik*. Hamburgo, Argument, 2007.

HEGEL, Georg W. F. *Werke in zwanzig Bänden*. Orgs. Eva Moldenhauer e Karl Markus Michel. Frankfurt, Suhrkamp, 1969-1979.

HEYDECKER, Joe J.; LEEB, Johannes. *Der Nürnberger Prozess* (1958). Colônia, Kiepenheuer & Witsch, 1985 [ed. bras.: *O processo de Nuremberg*, trad. Jaime Mas e Leite de Melo, Rio de Janeiro, Ibis, 1968].

HITLER, Adolf. *Mein Kampf* (1925-1927). Munique, Zentralverlag der NSDAP, 1939 [ed. bras.: *Minha luta*, trad. J. de Matos Ibiapina, Porto Alegre, Livraria do Globo, 1934].

_____. *Hitlers Zweites Buch. Ein Dokument aus dem Jahre 1928* (1928). Org. Gerhard L. Weinberg. Stuttgart, Deutsche Verlags-Anstalt, 1961.

_____. *Tischgespräche* (1951). Org. Henry Picker. Frankfurt/Berlim, Ullstein, 1989.

_____. *Reden und Proklamationen 1932-1945*. Org. Max Domarus. Munique, Süddeutscher Verlag, 1965.

HOBSON, John Atkinson. *L'imperialismo* (1902). Trad. Luca Meldolesi. Milão, Isedi, 1974.

HO CHI MINH. *Le Procès de la colonisation française* (1925). Pantin, Le Temps des Cerises, 1998.

_____. Il Testamento. In: LE DUAN. *Rivoluzione d'Ottobre, rivoluzione d'agosto*. Verona, EDB, 1969.

220 O MARXISMO OCIDENTAL

HOFSTADTER, Richard. *Great Issues in American History* (1958). Nova York, Vintage Books, 1982.

HOLLOWAY, John. *Cambiare il mondo senza prendere il potere*: il significato della rivoluzione oggi (2002). Roma, Carta, 2004 [ed. bras.: *Mudar o mundo sem tomar o poder*: o significado da revolução hoje, trad. Emir Sader, São Paulo, Boitempo, 2003].

HORKHEIMER, Max. Die Juden und Europa. *Zeitschrift für Sozialforschung*, Jg. VIII, 1939, p. 115-37.

_____. Lo Stato autoritario (1942). In: BREDE, Werner (org.). *La società di transizione.* Turim, Einaudi, 1979.

_____. La lezione del fascismo (1950). In: BREDE, Werner (org.). *La società di transizione.* Turim, Einaudi, 1979.

_____. Riflessioni sull'educazione politica (1963). In: BREDE, Werner (org.). *La società di transizione.* Turim, Einaudi, 1979.

_____. *Eclissi della ragione*: critica della ragione strumentale (1967). Trad. Elena Vaccari Spagnol. Turim, Einaudi, 1969 [ed. bras.: *Eclipse da razão*, trad. Carlos Henrique Pissardo, São Paulo, Editora Unesp, 2015].

_____. La psicanalisi nell'ottica della sociologia (1968). In: BREDE, Werner (org.). *La società di transizione.* Turim, Einaudi, 1979.

_____. Marx oggi (1968). In: BREDE, Werner (org.). *La società di transizione.* Turim, Einaudi, 1979.

_____. La teoria critica ieri e oggi (1970). In: BREDE, Werner (org.). *La società di transizione.* Turim, Einaudi, 1979.

HORKHEIMER, Max; ADORNO, Theodor W. *Dialettica dell'illuminismo* (1944). Trad. Renato Solmi. Turim, Einaudi, 1982 [ed. bras.: *Dialética do esclarecimento*, trad. Guido António de Almeida, Rio de Janeiro, Zahar, 1985].

HUNTINGTON, Samuel P. *Political Order in Changing Societies.* New Haven, Yale University Press, 1968 [ed. bras. *A ordem política nas sociedades em mudança*, trad. Pinheiro de Lemos, Rio de Janeiro/São Paulo, Forense Universitária/Edusp, 1975].

JAFFE, Hosea. *SudAfrica*: Storia politica (1980). Trad. Aldo Carrer e Davide Danti. Milão, Jaca Book, 1997.

JAMES, Cyril L.R. *I Giacobini neri*: la prima rivolta contro l'uomo bianco (1963). Trad. Raffaele Petrillo. Milão, Feltrinelli, 1968.

KAKEL III, Carroll P. *The American West and the Nazi East*: A Comparative and Interpretative Perspective. Londres, Palgrave Macmillan, 2011.

_____. *The Holocaust as Colonial Genocide*: Hitler's 'Indian Wars' in the 'Wild East'. Londres, Palgrave Macmillan, 2013.

KANT, Immanuel. *Gesammelte Schriften.* Org. Academia de Ciências. Berlim/Leipzig, 1900.

KAPLAN, Robert D. A NATO Victory Cand Bridge Europe's Growing Divide. *International Herald Tribune*, 8 abr. 1999, p. 10.

KAPUR, Sudarshan. *Raising Up a Prophet*: The African-American Encounter with Gandhi. Boston, Beacon Press, 1992.

KAUTSKY, Karl. *Die materialistische Geschichtsauffassung.* Berlim, Dietz, 1927.

KELLEY, Robin D.G. *Hammer and Hoe*: Alabama Communists during the Great Repression. Chapel-Hill/Londres, The University of North Carolina Press, 1990.

KERSHAW, Ian. *Che cos'è il nazismo?* Problemi interpretativi e prospettive di ricerca (1985). Trad. Giovanni Ferrara degli Uberti. Turim, Bollati Boringhieri, 1995.

_____. *All'inferno e ritorno*: Europa 1914-1949 (2015). Bari/Roma, Laterza, 2016.

KISSINGER, Henry. *On China*. Nova York, The Penguin Press, 2011 [ed. bras.: *Sobre a China*, trad. Cassio de Arantes Leite, Rio de Janeiro, Objetiva, 2013].

KOTKIN, Stephen. *Stalin*: Paradoxes of Power 1878-1928. Londres, Penguin, 2014 [ed. bras.: *Stálin*: paradoxos do poder, 1878-1928, trad. Pedro Maia Soares, Rio de Janeiro, Objetiva, 2017].

LACOUTURE, Jean. *Ho Chi Minh*. Trad. Mario Rivoire. Milão, Il Saggiatore, 1967 [ed. bras.: *Ho Chi Minh*: sua vida, sua revolução, trad. Roberto Paulino, Rio de Janeiro, Nova Fronteira, 1979].

LE DUAN. *Rivoluzione d'Ottobre, rivoluzione d'agosto* (1967). Verona, EDB, 1969.

LÊNIN, Vladímir I. *Opere complete*. Roma, Editori Riuniti, 1955-1970.

LEVINAS, Emmanuel. *Alcune riflessioni sulla filosofia dell'hitlerismo*. Macerata, Quodlibet, 2012.

LIN PIAO. *Rapporto al IX Congresso Nazionale del Partito Comunista Cinese*. Pequim, Editora em Línguas Estrangeiras, 1969.

LOSURDO, Domenico. *Antonio Gramsci*: dal liberalismo al "comunismo critico". Roma, Gamberetti, 1997 [ed. bras.: *Antonio Gramsci*: do liberalismo ao "comunismo crítico", trad. Teresa Ottoni, Rio de Janeiro, Revan, 2011].

_____. *Nietzsche, il ribelle aristocratico*: biografia intellettuale e bilancio critico. Turim, Bollati Boringhieri, 2002 [ed. bras.: *Nietzsche, o rebelde aristocrático*: biografia intelectual e balanço crítico, trad. Jaime A. Clasen, Rio de Janeiro, Revan, 2009].

_____. *Controstoria del liberalismo*. Roma/Bari, Laterza, 2005 [ed. bras.: *Contra-história do liberalismo*, trad. Giovanni Semeraro, Aparecida-SP, Ideias & Letras, 2006].

_____. *Il linguaggio dell'Impero*: lessico dell'ideologia americana. Roma/Bari, Laterza, 2007 [ed. bras.: *A linguagem do império*: léxico da ideologia estadunidense, trad. Jaime A. Clasen, São Paulo, Boitempo, 2010].

_____. *Stalin*: storia e critica di una leggenda nera. Roma, Carocci, 2008 [ed. bras.: *Stalin*: história crítica de uma lenda negra, trad. Silvia de Bernardinis, Rio de Janeiro, Revan, 2010].

_____. *La non-violenza*: una storia fuori dal mito. Roma/Bari, Laterza, 2010 [ed. bras.: *A não violência*: uma história fora do mito, trad. Carlo Alberto Dastoli, Rio de Janeiro, Revan, 2012].

_____. Psicopatologia e demonologia: la lettura delle grandi crisi storiche dalla Restaurazione ai giorni nostri. *Belfagor*, mar. 2012, p. 151-72.

_____. *La lotta di classe*: una storia politica e filosofica. Roma/Bari, Laterza, 2013 [ed. bras.: *A luta de classes*: uma história política e filosófica, trad. Silvia de Bernardinis, São Paulo, Boitempo, 2015].

_____. *La sinistra assente*: crisi, società dello spettacolo, guerra. Roma, Carocci, 2014 [ed. bras.: *A esquerda ausente*: crise, sociedade do espetáculo, guerra, São Paulo, Anita Garibaldi, 2016].

_____. *Il revisionismo storico*: problemi e miti. Roma/Bari, Laterza, 2015 [ed. bras.: *Guerra e revolução*: o mundo um século após outubro de 1917, trad. Ana Maria Chiarini e Diego Silveira Coelho Ferreira, São Paulo, Boitempo, 2017].

_____. *Un mondo senza guerre*: l'idea di pace dalle promesse del passato alle tragedie del presente. Roma, Carocci, 2016.

LÖWY, Michael. *Redenzione e utopia*: figure della cultura ebraica mittleuropea (1988). Turim, Bollati Boringhieri, 1992 [ed. bras.: *Redenção e utopia*: o judaísmo libertário na Europa central (um estudo de afinidade eletiva), trad. Paulo Neves, São Paulo, Companhia das Letras, 1989].

LUKÁCS, György. *Storia e coscienza di classe* (1922). 7. ed. Trad. Giovanni Piana. Milão, SugarCo, 1988 [ed. bras.: *História e consciência de classe*: estudos sobre a dialética marxista, trad. Rodnei Nascimento, São Paulo, Martins Fontes, 2003].

_____. *Lenin*: Studie über den Zusammenhang seiner Gedanken (1924). Neuwied/Berlim, Luchterhand, 1967 [ed. bras.: *Lênin: um estudo sobre a unidade de seu pensamento*, trad. Rubens Enderle, São Paulo, Boitempo, 2012].

_____. Prefazione (1967). In: _____. *Storia e coscienza di classe*. 7. ed. Trad. Giovanni Piana. Milão, SugarCo, 1988.

_____. *Ontologia dell'essere sociale* (1971). Trad. Alberto Scarponi. Roma, Editori Riuniti, 1976-1981 [ed. bras.: *Para uma ontologia do ser social*, trad. Nélio Schneider et al., São Paulo, Boitempo, 2012-2013, 2 v.].

_____. *Pensiero vissuto*: autobiografia in forma di dialogo – intervista di Istaván Eörsi (1980). Trad. Alberto Scarponi. Roma, Editori Riuniti, 1983.

_____. *Epistolario 1902-1917*. Orgs. Éva Karádi e Éva Fekete. Roma, Editori Riuniti, 1984.

MACAULAY, Thomas B. *Critical and Historical Essays, Contributed to The Edinburgh Review*. Leipzig, Tauchnitz, 1850.

MANN, Golo. Vom Totalen Staat. *Die Neue Zeitung-Die amerikanische Zeitung in Deutschland*, 20-21 out. 1951, p. 14.

_____. *Memorie e pensieri*: una giovinezza in Germania (1986). Trad. Marta Keller. Bolonha, il Mulino, 1988.

MAO TSÉ-TUNG. *On Diplomacy* (1949). Pequim, Foreign Language Press, 1998.

_____. *Opere scelte*. Pequim, Casa Editrice in Lingue Estere, 1969-1975 [ed. bras.: *Obras escolhidas*, trad. Edições em Línguas Estrangeiras da Editora do Povo de Pequim, São Paulo, Alfa Omega, 1979].

_____. *Rivoluzione e costruzione*: scritti e discorsi 1949-1957. Orgs. Maria Arena Regis e Filippo Coccia. Turim, Einaudi, 1979.

MARCUSE, Herbert. *L'uomo a una dimensione* (1964). Trad. Luciano Gallino e Tilde Giani Gallino. Turim, Einaudi, 1967 [ed. bras.: O *homem unidimensional*: estudos da ideologia da sociedade industrial avançada, trad. Robespierre de Oliveira, Deborah Christina Antunes e Rafael Cordeiro Silva, São Paulo, Edipro, 2015].

_____. Repressive Toleranz. In: BRODER, Henryk M. *Kritik der reinen Toleranz*. Trad. Alfred Schmidt. Frankfurt, Suhrkamp, 1967.

_____. *La fine dell'utopia* (1967). Trad. Saverio Vertone. Bari, Laterza, 1968 [ed. bras.: *O fim da utopia*, trad. Carlos Nelson Coutinho, Rio de Janeiro, Paz e Terra, 1969].

MARGOLIN, Jean-Louis. Cina: una lunga marcia nella note (1997). In: COURTOIS, Stéphane et al. *Il libro nero del communismo*: crimini – terrore – repressione. Trad. Luisa Agnese Dalla Fontana et al. Milão, Mondadori, 1998 [ed. bras.: *O livro negro do comunismo*: crimes, terror e repressão, trad. Caio Meira, Rio de Janeiro, Bertrand Brasil, 1999].

Referências bibliográficas 223

MARX, Karl. *Grundrisse der Kritik der politischen Oekonomie (Rohentwurf) 1857-1858*. Berlim, Dietz, 1953 [ed. bras.: *Grundrisse*: manuscritos econômicos de 1857-1858 – esboços da crítica da economia política, tradução Mario Duayer e Nélio Schneider, São Paulo/Rio de Janeiro, Boitempo/Editora UFRJ, 2011].

MARX, Karl; ENGELS, Friedrich. *Werke*. Berlim, Dietz, 1955-1989.

MAZOWER, Mark. *Hitler's Empire*. Londres, Penguin Books, 2009.

MERLEAU-PONTY, Maurice. *Umanismo e terrore* (1947). Trad. Andrea Bonomi. Milão, SugarCo, 1965 [ed. bras.: *Humanismo e terror*: ensaio sobre o problema comunista, trad. Naume Ladosky, Rio de Janeiro, Tempo Brasileiro, 1968].

_____. *Le avventure della dialettica* (1955). Trad. Franca Madonia. Milão, SugarCo, 1965.

MUKERJEE, Madhusree. *Churchill's Secret War*: The British Empire and the Ravaging of India during World War II. Nova York, Basic Books, 2010.

MUSSOLINI, Benito. *Opera Omnia*. Orgs. Edoardo Susmel e Duilio Susmel. Florença, La Fenice, 1951.

NAVARRO, Mireya. U.S. Aid and "Genocide". *International Herald Tribune*, 27-29 fev. 1999, p. 3.

OLUSOGA, David; ERICHSEN, Casper W. *The Kaiser's Holocaust*: Germany's Forgotten Genocide (2010). Londres, Faber and Faber, 2011.

PONTING, Clive. Churchill's Plan for Race Purity. *The Guardian*, 20-21 jun. 1992, p. 9.

_____. *Churchill*. Londres, Sinclair-Stevenson, 1994.

ROBESPIERRE, Maximilien. *Œuvres*. Paris, Puf, 1950-1967.

ROMANO, Sergio. *Il declino dell'impero americano*. Milão, Longanesi, 2014.

_____. *In lode della guerra fredda*: una controstoria. Milão, Longanesi, 2015.

ROOSEVELT, Theodore. *The Letters*. Orgs. Elting E. Morison, John M. Blum e John J. Buckley. Cambridge, Harvard University Press, 1951.

ROSENBERG, Alfred. *Der Mythus des 20. Jahrhunderts* (1930). Munique, Hoheneichen, 1937.

ROSENKRANZ, Karl. *Vita di Hegel* (1844). Trad. Remo Bodei. Florença, Vallecchi, 1966.

RUSCIO, Alain. *Introduction*. In: HO CHI MINH. *Le Procès de la colonisation française*. Pantin, Le Temps des Cerises, 1998.

_____. Au Vietnam: un siècle de luttes nationales. In: FERRO, Marc (org.). *Le livre noir du colonialisme*. Paris, Laffont, 2003 [ed. bras.: *O livro negro do colonialismo*, trad. Joana Angélica d'Ávila Melo, Rio de Janeiro, Ediouro, 2004].

SARTRE, Jean-Paul. *L'esitenzialismo è un umanismo* (1946). Org. Franco Fergnani. Milão, Mursia, 1978 [ed. bras.: *O existencialismo é um humanismo*, trad. João Batista Kreuch, Petrópolis, Vozes, 2012].

_____. *Materialismo e rivoluzione* (1947). Orgs. Franco Fergnani e Pier Aldo Rovatti. Milão, Il Saggiatore, 1977.

_____. *Critica della ragione dialettica* (1960). Trad. Paolo Caruso. Milão, Il Saggiatore, 1990 [ed. bras.: *Crítica da razão dialética*, trad. Guilherme João de Freitas Teixeira, Rio de Janeiro, DP&A, 2002].

_____. Prefazione. In: FANON, Frantz. *I dannati della terra*. 2. ed. Trad. Carlo Cignetti. Turim, Einaudi, 1967.

224 O MARXISMO OCIDENTAL

SCHMIDT, Helmut. Verstehen Sie das, Herr Schmidt?. Entrevista a Giovanni di Lorenzo. *Zeitmagazin*, 13 set. 2012.

SCHREIBER, Gerhard. *La vendetta tedesca 1943-1945*: le rappresaglie naziste in Italia (1966). Trad. Marina Buttarelli. Milão, Mondadori, 2000.

SHULMAN, David. Israel in Peril. *The New York Review of Books*, 7 jun. 2012.

SIEYÈS, Emmanuel Joseph. *Écrits politiques*. Org. Roberto Zapperi. Paris, Édition des Archives Contemporaines, 1985.

SNOW, Edgard. *Stella rossa sulla Cina* (1938). 3. ed. Trad. Renata Pisu. Turim, Einaudi, 1967.

SPENGLER, Oswald. *Jahre der Entscheidung*. Munique, Beck, 1933 [ed. bras.: *Anos de decisão*, trad. Herbert Caro, Porto Alegre, Meridiano, 1941].

STÁLIN, Josef W. *Werke*. Hamburgo, Roter Morgen, 1971-1973.

STODDARD, Lothrop. *The Rising Tide of Color against White World-Supremacy* (1921). Westport, CT, 1971.

_____. *The Revolt against Civilization*: The Menace of the Under Man (1923). Nova York, Scribner, 1984.

STRAUSS, Leo. Progress or Return? (1952) In: ESPOSITO, Roberto. *Gerusalemme e Atene*: studi sul pensiero politico dell'Occidente. Turim, Einaudi, 1998.

SUN YAT-SEN. *The Three Principles of the People* (1924). Trad. Frank W. Price. Vancouver, Soul Care Publishing, 2011 [ed. bras.: *Três princípios do povo (San min chu i)*, trad. H. G. Lee, Rio de Janeiro, Calvino, 1944].

TAURECK, Bernhard H. F. *Michel Foucault*. Hamburgo, Rowohlt, 2004.

THIERRY, Augustin. Saggio sulla storia della formazione e dei progressi del Terzo Stato (1853). In: POZZI, Regina. *Gli scritti storici di Augustin Thierry*. Turim, Utet, 1983.

TIMPANARO, Sebastiano. *Sul materialismo* (1970). 3. ed. rev. e ampl. Milão, Unicopli, 1997.

_____. Prefazione alla Seconda Edizione (1975). In: TIMPANARO, Sebastiano. *Sul materialismo*. 3. ed. rev. e amp. Milão, Unicopli, 1997.

TODOROV, Tzvetan. *La conquista dell'America*: il problema dell'"altro" (1982). Trad. Aldo Serafini. Turim, Einaudi, 1984 [ed. bras.: *A conquista da América*: o problema do outro, trad. Beatriz Perrone Moisés, São Paulo, Martins Fontes, 1999].

_____. La guerra impossibile. *la Repubblica*, 26 jun. 2012.

TOGLIATTI, Palmiro. *Opere*. Org. Ernesto Ragionieri. Roma, Editori Riuniti, 1973-1984.

TRONTI, Mario. *Operai e capitale*. Turim, Einaudi, 1966.

_____. *Noi operaisti*. Roma, DeriveApprodi, 2009.

TRÓTSKI, Leon D. *Schriften*: Sowjetgesellschaft und stalinisticsche Diktatur. Orgs. Helmut Dahmer et al. Hamburgo, Rasch und Röhring, 1988.

TRUONG CHINH. *Ho Chi Minh* (1965). Trad. Ida Bassignano. Roma, Editori Riuniti, 1969.

TURATI, Filippo. Leninismo e marxismo (1919). In: LIVORSI, Franco (org.). *Socialismo e riformismo nella storia d'Italia*: scritti politici 1878-1932. Milão, Feltrinelli, 1979.

_____. Socialismo e massimalismo (1919). In: LIVORSI, Franco (org.). *Socialismo e riformismo nella storia d'Italia*: scritti politici 1878-1932. Milão, Feltrinelli, 1979.

WADE, Wyn C. *The Fiery Cross*: The Ku Klux Klan in America. Nova York/Oxford, Oxford University Press, 1997.

WEIL, Simone. *Riflessioni sulle cause della libertà e dell'oppressione sociale* (1934). Milão, Corriere della Sera, 2011 [ed. bras.: *Reflexões sobre as causas da liberdade e da opressão social*, trad. Maria de Fátima Sedas Nunes, Rio de Janeiro, Achiamé, 2008].

WOODWARD, C. Vann. *Le origini del nuovo Sud*: 1877-1913 (1951). Trad. Luciano Serra. Bolonha, il Mulino, 1963.

_____. *The Strange Career of Jim Crow* (1955). 2. ed. rev. Londres/Oxford/Nova York, Oxford University Press, 1966.

_____. Dangerous Liaisons. *The New York Review of Books*, 19 fev. 1998, p. 14-6.

YOUNG-BRUEHL, Elisabeth. *Hannah Arendt 1906-1975*: per amore del mondo (1982). Trad. David Mezzacapa. Turim, Bollati Boringhieri, 1990.

ZIZEK, Slavoj. Mao Tse-tung, the Marxist Lord of Misrule. In: _____. *Mao*: On Practice and Contradiction. Londres, Verso, 2007 [ed. bras.: Mao Tsé-tung, *Sobre a prática e a contradição*, apresentação de Slavoj Žižek, trad. José Maurício Gradel, Rio de Janeiro, Zahar, 2008].

_____. *In Defense of Lost Causes*. Londres/Nova York, Verso, 2008 [ed. ital.: *In difesa delle cause perse*, trad. Cinzia Arruzza, Milão, Salani, 2009; ed. bras.: *Em defesa das causas perdidas*, trad. Maria Beatriz de Medina, São Paulo, Boitempo, 2011].

_____. *Dalla tragedia alla farsa* (2009). Trad. Cinzia Arruzza. Florença, Ponte alle Grazie, 2010 [ed. bras.: *Primeiro como tragédia, depois como farsa*, trad. Maria Beatriz de Medina, São Paulo, Boitempo, 2009].

_____. De la démocratie à la violence divine. In: AGAMBEN, Giorgio et al. *Démocratie, dans quel état*. Paris, La Fabrique, 2009.

_____. *Un anno sognato pericolosamente* (2012). Trad. Carlo Salzani. Milão, Salani, 2013 [ed. bras.: *O ano em que sonhamos perigosamente*, trad. Rogério Bettoni, São Paulo, Boitempo, 2012].

ÍNDICE ONOMÁSTICO

Abd el-Kader, 139

Adorno, Theodor W., 35n, 93-101, 104, 108, 118, 156, 180

Agamben, Giorgio, 156-60, 167n

Allende, Salvador, 75, 168, 173

Althusser, Louis, 78-9, 82-6, 142, 203-4

Aly, Götz, 134n

Anderson, Perry, 9n, 10, 12-3, 33n, 63, 119, 121, 178

Applebaum, Anne, 149, 150n

Arendt, Hannah, 122-4, 126-31, 133-42, 150, 161, 163, 167, 197n

Aristóteles, 82

Badiou, Alain, 156, 174-6, 178

Bakunin, Mikhail, 34, 116, 164

Balibar, Étienne, 79n, 83n-84n, 142n

Bastid, Marianne, 21n

Beaumont, Gustave de, 195, 197n

Begin, Menachem, 126

Benjamin, Walter, 23-4, 29, 33, 37, 39

Bentham, Jeremy, 154

Bergère, Marie-Claire, 21n

Bergson, Henri, 82

Berlin, Isaiah, 175-6

Bidault, Georges, 71-2

Bloch, Ernst, 18-9, 23-4, 28-9, 36, 39, 44-6, 59, 62, 63n, 86-9, 104-5, 118, 120, 179

Bobbio, Norberto, 69, 72-4, 89

Bolívar, Simón, 169

Boulainvilliers, Henri de, 146-7

Boulez, Pierre, 143

Bryce, James, 141n

Bukharin, Nikolai, 19, 32, 35

Burke, Edmund, 126, 183

Bush, George W., 186

Buzan, Barry G., 188

Calley, William, 95

Camusso, Susanna, 187

Carr, Edward Hallett, 25n

Césaire, Aimé, 113n, 115

Chamberlain, Houston Stewart, 80

Chávez, Hugo, 168, 173

Chen Yi, 31

Chesneaux, Jean, 21n

Chomsky, Noam, 182n

Chu En-lai, 31-2

Churchill, Winston, 105, 137, 155, 182

Clinton, Hillary, 166

Clinton, William Jefferson "Bill", 168

Colletti, Lucio, 72, 74-5, 203

Collotti Pischel, Enrica, 31n

Confúcio, 211

Coppellotti, Francesco, 19n, 179n

Croce, Benedetto, 73n, 149, 198n

Cromer, Evelyn Baring, conde de, 127, 129, 136

228   O MARXISMO OCIDENTAL

Damiens, Robert-François, 143
Danielson, Nikolai Frantsevitch, 59-60, 62
Davis, David B., 73, 163n
Davis, Mike, 20n
Del Bene, Marco, 81n
Della Volpe, Galvano, 69, 72-4, 82-3, 87, 89
Deng Xiaoping, 31-2, 61
Dessalines, Jean Jacques, 169
Dew, Thomas R., 152
Disraeli, Benjamin, 125-6
Dostoiévski, Fiódor, 23
Du Bois, William E. B., 65, 81, 122
Dulles, John Foster, 71-2
Durkheim, Émile, 157-8

Eden, Anthony, 99
Eichmann, Adolf, 127, 136
Einstein, Albert, 126
Eisenhower, Dwight D., 105
Engels, Friedrich, 11, 22n, 25, 36n, 59, 74-6, 78n, 83, 110n, 145n, 152n, 157n, 164n, 177n, 191-3, 201-3, 206-7, 211
Erichsen, Casper W., 58n, 134n

Fanon, Frantz, 98, 112-3, 115, 124, 164n
Ferguson, Niall, 62n, 141n, 163n, 187n, 189, 198n
Fichte, Johann Gottlieb, 37, 114
Figes, Orlando, 29n
Fiori, Giuseppe, 18n
Fitchett, Joseph, 188n
Fontaine, André, 71n
Foucault, Michel, 142-51, 153-6
France, Anatole, 39, 87
Franco, Francisco, 136
Franklin, Benjamin, 153-4
Franklin, John Hope, 152n, 199n
Fredrickson, George M., 145n

Galilei, Galileu, 82-3
Gandhi, Mohandas K., 65, 123
Gengis Khan, 22, 120

Gernet, Jacques, 20
Gleason, Abbott, 129n
Gobineau, Joseph Arthur de, 126
Goebbels, Joseph, 54-5
Goethe, Johann Wolfgang von, 98, 160
Gorbatchov, Mikhail, 83
Gramsci, Antonio, 9-10, 47, 79, 82, 117, 157
Grigat, Stephan, 110n
Grotius, Hugo, 88
Guevara, Ernesto "Che", 62
Guilherme II, da Prússia e Alemanha, 44, 53, 62, 82, 107, 120, 184

Hamilton, Alexander, 205
Harding, Warren G., 159
Hardt, Michael, 38n, 130n, 142, 161-4, 166-7, 181n, 188n, 190, 209
Harvey, David, 172-4, 190
Haug, Frigga, 122n
Hayek, Friedrich von, 155
Hegel, Georg Wilhelm Friedrich, 96, 142n, 186, 206-8
Heidegger, Martin, 160, 169, 207
Heim, Susanne, 134n
Herzl, Theodor, 104, 131
Hess, Moses, 105
Heydecker, Joe J., 124n
Hitler, Adolf, 11-2, 54, 56-8, 66, 74, 85, 87, 90, 98-100, 105, 122-3, 131-4, 137, 141, 145-6, 148-9, 159, 163, 173, 196, 201, 206
Ho Chi Minh, 22, 27-8, 31, 39-41, 44-7, 67, 71, 89
Hobbes, Thomas, 32
Hobsbawm, Eric, 21
Hobson, John Atkinson, 153
Hofstadter, Richard, 121
Holloway, John, 181n, 182
Hoover, Herbert Clark, 159
Horkheimer, Max, 12-3, 34, 35n, 63, 89-94, 98, 100, 104, 108, 118, 121, 156, 208
Huntington, Samuel Philips, 162n

ÍNDICE ONOMÁSTICO

Iéltsin, Boris, 190

Jaffe, Hosea, 65n
James, Cyril Lionel Robert, 64
Jaspers, Karl, 123, 129
Jefferson, Thomas, 187, 200
Jesus, 27, 91, 182
João Escoto Erígena, 38
Johnson, Lyndon Baines, 104
Johnson, Paul, 189

Kadafi, Muammar, 165, 186-7
Kakel III, Carroll P., 134
Kant, Immanuel, 97-8, 160
Kaplan, Robert D., 188n
Kapur, Sudarshan, 123n
Karakhan, Lev Mikhailovich, 25
Karol, K. S., 108
Kautsky, Karl, 54, 120-1
Kelley, Robin Davis Gibran, 199n
Kennan, George Frost, 121
Kerenski, Alexander Fiodorovich, 18
Kershaw, Ian, 129n, 130n
Kissinger, Henry, 168, 171-2
Kjellén, Rudolf, 154
Korsch, Karl, 74
Kotkin, Stephen, 45, 59

Lacouture, Jean, 22n, 27n, 44n, 45n
Las Casas, Bartolomeu de, 151
Lazare, Bernard, 131n
Le Duan, 28n, 111n
Leeb, Johannes, 124n
Lênin, Vladímir I., 9, 18, 21-2, 24-5, 28-9,
    41-4, 46-7, 49-55, 61, 67, 75-7, 82-4,
    113, 116-8, 138, 140, 153-4, 169, 172-
    -4, 178-9, 183n, 185-6, 188, 196-7
Levinas, Emmanuel, 156-60
Liebknecht, Karl, 19, 51
Lin Piao, 108-9
Linguet, Simon Nicholas Henri, 208
Liu Shaoqi, 109
Lloyd George, David, 21

Locke, John, 73, 88, 91
Losurdo, Domenico, 11n, 20n, 37n, 73n,
    81n, 87n, 97n, 99n, 105n, 114n, 132n,
    135n, 137n, 139n, 145n, 150n, 154n,
    157n, 159n, 160n, 164n, 168n, 172n,
    176n, 178n, 183n, 189n, 197n, 198n,
    200n, 206n, 210n
Louverture, Toussaint, 79, 113, 117, 138,
    194, 200
Löwy, Michael, 23n
Luís XV, rei da França, 143
Lukács, György, 18-9, 23, 33n, 37-8, 117-8
Luxemburgo, Rosa, 19, 51, 122

Macaulay, Thomas B., 129, 194n
Macpherson, Crawford Brough, 176, 178
Madison, James, 73
Maduro, Nicolás, 168
Mallaby, Sebastian, 189
Mann, Golo, 128-30
Mao Tsé-tung, 25-7, 30-2, 36, 41, 46, 57,
    60-1, 66, 67n, 79, 88-9, 108-11, 114,
    119, 121, 136, 169-72, 186, 201, 211
Maquiavel, Nicolau, 205
Marcuse, Herbert, 38, 101-4, 106-7, 121,
    209
Margolin, Jean-Louis, 170n, 172
Marramao, Giacomo, 187, 190
Marx, Karl, 10-3, 19, 22, 25, 27-8, 31,
    33-6, 38, 44-5, 59n, 72, 74-6, 78, 82-5,
    93, 110, 118, 121-2, 125, 132, 137-40,
    145, 152, 157-8, 160, 164-5, 168, 177-
    -8, 191-4, 201-3, 206-8, 210
Mazower, Mark, 134
Mehring, Franz, 51
Merleau-Ponty, Maurice, 10-2, 35, 204n
Mill, John Stuart, 73,
Molotov, Viatcheslav Mikhailovitch, 20
Monroe, James, 46, 62, 75-6, 140, 162-3,
    175
Montesquieu, Charles-Louis de Secondat,
    barão de La Brède e de, 40, 73
Mukerjee, Madhusree, 137n
Mussolini, Benito, 54, 81, 99, 136

230 O MARXISMO OCIDENTAL

Napoleão Bonaparte, 79, 117, 175, 200
Nasser, Gamal Abdel, 99, 105
Navarro, Mireya, 199n
Negri, Antonio, 38n, 130n, 142, 161-4,
    166-7, 181n, 188n, 190, 209
Nietzsche, Friedrich, 98-9, 154, 208
Nolte, Ernst, 149, 150n

Olusoga, David, 58n, 134n
Orígenes, 38

Padmore, George, 64
Pedro I da Rússia (Pedro, o Grande), 56
Pétion, Alexandre, 169
Piatakov, Georgi Leonidovitch, 59
Platão, 82
Ponting, Clive, 155
Popper, Karl Raimund, 188
Proudhon, Pierre-Joseph, 78
Putin, Vladímir, 190

Radek, Karl, 53
Randolph, Asa Philip, 122-3
Reagan, Ronald, 107
Ricardo, David, 158
Robespierre, Maximilien, 91, 117, 138,
    183-4
Romano, Sergio, 163n
Roosevelt, Franklin Delano, 149, 150n
Roosevelt, Theodore, 131-2, 137, 196-8
Rosenberg, Alfred, 80, 100n, 146, 149, 159n,
    160n
Rosenkranz, Karl, 207
Rossanda, Rossana, 187
Rostow, Walt Whitman, 172
Ruscio, Alain, 27n, 40n, 44n

Salazar, Antonio de Oliveira, 136
Sartre, Jean-Paul, 111-6, 124n, 143, 164,
    180
Say, Jean-Baptiste, 158
Schmidt, Helmut, 171-2
Schmitt, Carl, 160, 207

Schopenhauer, Arthur
Schreiber, Gerhard, 55n
Shulman, David, 166n
Sieyès, Emmanuel Joseph, 147, 154
Smith, Adam, 158, 206
Snow, Edgard, 26n, 30-1, 32n, 46n
Spencer, Herbert, 195, 197n
Spengler, Oswald
Stálin, Josef V., 9, 13, 19, 25, 30, 43, 56, 66,
    69, 83, 121, 124, 148-50, 170, 201
Stoddard, Lothrop, 56n, 81, 132-3, 159
Strauss, Leo, 162
Stuart Hughes, Henry, 129n
Sukarno, 75
Sun Yat-sen, 21, 24-5, 31, 40

Taine, Hipollyte, 71n, 135
Taureck, Bernhard H. F., 143n
Thierry, Augustin, 147
Timpanaro, Sebastiano, 115-7
Tocqueville, Alexis de, 135, 139, 141-2,
    187, 195
Todorov, Tzvetan, 148n, 151n, 186n
Togliatti, Palmiro, 9, 69, 72-3, 78, 85, 174,
    178, 187
Tolstói, Liev Nikolaievich, 62
Tronti, Mario, 38, 76-9, 85-6, 109, 181n
Trótski, Leon, 19, 43, 64-6
Truman, Henry S., 171
Truong Chinh, 31
Turati, Filippo, 119-20, 179n,

Wade, Wyn Craig, 46n
Weber, Marianne, 37
Weil, Simone, 33, 34n
Wilson, Thomas Woodrow, 44, 46, 86,
    163-4
Woodward, C. Vann, 143n, 198n, 204n

Young-Bruehl, Elisabeth, 123n, 127n

Žižek, Slavoj, 121, 156n, 165-70, 172, 201,
    210

François-Dominique Toussaint Louverture (1743-1803)
por Nicolas Eustache Maurin e François-Séraphin Delpech
em litogravura do início do século XIX.

Publicado em 2018, 200 anos após o nascimento de Karl Marx e 215 anos após a morte de Toussaint Louverture, grande líder da Revolução Haitiana dos negros escravizados, este livro foi composto em Adobe Garamond Pro, corpo 11/14,3, e reimpresso em papel Avena 80 g/m², pela gráfica Lis, para a Boitempo, em março de 2021, com tiragem de 2.000 exemplares.